高校学生
学习质量评价研究

周廷勇 著

粤苑出版社

图书在版编目（CIP）数据

高校学生学习质量评价研究 / 周廷勇著. —北京：学苑出版社，2023.10
ISBN 978-7-5077-6632-5

Ⅰ.①高… Ⅱ.①周… Ⅲ.①大学生—教学评估—研究 Ⅳ.① G642

中国国家版本馆 CIP 数据核字（2023）第 212118 号

责 任 编 辑：任彦霞
出 版 发 行：学苑出版社
社　　　 址：北京市丰台区南方庄 2 号院 1 号楼
邮 政 编 码：100079
网　　　 址：www.book001.com
电 子 信 箱：xueyuanpress@163.com
联 系 电 话：010-67601101（营销部）、010-67603091（总编室）
印　刷　厂：北京建宏印刷有限公司
开 本 尺 寸：710 mm × 1000 mm　1/16
印　　　 张：18.75
字　　　 数：273 千字
版　　　 次：2023 年 10 月第 1 版
印　　　 次：2023 年 10 月第 1 次印刷
定　　　 价：88.00 元

目 录

绪论 ··· 001
  一、研究背景 ·· 001
  二、核心概念 ·· 009
  三、文献综述 ·· 015
  四、基本框架 ·· 039

第一章　中国高校学生学习质量评价实践及发展动向 ············· 041
  第一节　中国高校学生学习质量评价的发展阶段和基本形式 ········ 043
    一、选拔型学生学习质量评价时期 ································ 043
    二、教育型学生学习质量评价时期 ································ 047
    三、发展型学生学习质量评价时期 ································ 049
    四、中国高校学生学习质量评价的主要形式 ························ 052
  第二节　中国本科教学评估政策中的学生学习质量评价 ············· 057
    一、中国本科教学评估政策的发展 ································ 058
    二、合格评估中的高校学生学习质量评价 ·························· 062
    三、高校教学基本状态数据库中对学生学习质量数据搜集的基本
        倾向 ··· 065
    四、审核评估中的高校学生学习质量评价 ·························· 065
    五、专业认证中高校学生学习质量评价的指标体系 ················· 068

第三节　新时代教育评价改革背景下中国高校学生学习质量评价的
　　　　实践反思 ··· 077
　　一、中国高校学生学习质量评价实践的反思 ··· 078
　　二、新时代教育评价改革背景下高校学生学习质量评价的发展
　　　　动向 ··· 081

第二章　美国高校学生学习质量评价的实践与启示 ································ 085
第一节　美国高等教育评估的起源、发展和主要类型 ································ 088
　　一、评估概念在美国教育领域的使用场景 ·· 088
　　二、评估进入美国高等教育的背景及其主要类型 ··· 090
第二节　美国高校学生学习评价的发展历程、主要形式和评价方法 ········ 095
　　一、美国高校学生学习评价的发展历程 ·· 095
　　二、美国高校学生学习评价的主要形式 ·· 098
　　三、美国高校学生学习评价的主要方法 ·· 105
第三节　美国高校学生学习评价工具：对学习成果标准化测评工具的
　　　　分析研究 ··· 113
　　一、美国高校学生学习评估工具发展概况 ·· 113
　　二、美国大学生学习成果标准化测评工具的发展背景 ································· 114
　　三、CLA、CAAP 和 EPP 三种测评工具的异同分析 ································· 117
　　四、CAAP、EPP 和 CLA 的应用、影响及其存在的问题 ······················· 125
第四节　美国高校学生学习评价实践的启示 ·· 128
　　一、推进"以学生学习和发展为中心"的理念 ·· 128
　　二、凸显学习结果导向，兼顾学习投入导向，坚持系统评价观 ············· 129
　　三、多视角构建中国大学生学习成果的内涵，关注学生关键能力
　　　　发展评价 ··· 130
　　四、开发科学的评价工具箱，发展价值增值的评估方法体系 ················ 132

第三章　高校学生学习质量评价的理论探究 ……………………… 135
第一节　高等教育质量观的反思与审视 ………………………………… 137
一、高等教育质量的概念：从本质定义到多样阐释 …………………… 139
二、高等教育质量观的主体：从多元表达向多元协商表达 …………… 144
三、高等教育的价值问题：人文主义和现实主义教育价值观的平衡 … 147
四、基于学生发展的教育质量观 ………………………………………… 150

第二节　高等教育评价观的理论反思 …………………………………… 156
一、价值事实：高等教育评价的主要认识对象 ………………………… 157
二、"物理－事理－人理"的统一：高等教育评价的方法论原则 …… 159
三、高等教育评价之道与评价之术的融合共通 ………………………… 163

第三节　大学生发展模型：智力、能力和德性的三元互动 …………… 169
一、智力测验的兴起及其遭遇的批评 …………………………………… 170
二、从智力到能力的转变 ………………………………………………… 178
三、德性的退隐与突进 …………………………………………………… 182
四、智力、能力与德性的三元互动 ……………………………………… 192

第四节　大学生发展影响因素模型的"场域－互动"论构想 ………… 206
一、大学生发展影响因素模型构建的理路 ……………………………… 206
二、大学生发展影响因素的"场域－互动"论模型的基本思路 ……… 211

第四章　高校学生学习质量的调查研究 ………………………………… 217
第一节　高校学生学习质量调查研究设计、研究方法和技术路线 …… 219
一、研究问题与调查对象 ………………………………………………… 219
二、研究工具、数据搜集与主要变量 …………………………………… 220
三、统计分析的思路与方法 ……………………………………………… 226

第二节　高校学生学习质量调查研究结果与发现 ……………………… 229
一、描述性统计分析结果 ………………………………………………… 229

二、聚类分析结果……………………………………………………232
　　三、多层线性模型分析结果…………………………………………240
　　四、结构方程模型分析结果…………………………………………255
第三节　高校学生学习质量调查研究结果的分析和讨论……………258
　　一、关于高校学生学习投入和学习成果的差异的分析和讨论……258
　　二、关于高校学生学习成果差异的影响因素的分析和讨论………260
第四节　高校学生学习质量调查研究结果的启示……………………263
　　一、对高校教育行为改进的启示……………………………………263
　　二、对以学生发展为中心的高等教育评价的启示…………………267
　　三、对我国大学生学习成果评价研究的启示………………………269

结语……………………………………………………………………272
参考文献………………………………………………………………276

绪 论

一、研究背景

高等教育从精英到大众化的发展过程中，高等教育机构与国家、社会和个体的关系和联系日益紧密，高等教育质量及评估成为全世界都关心的核心问题。尤其是我国高等教育近三十年来经历了从精英到大众化再到普及化的发展转型，在这个过程中，高等教育质量问题在我国表现更加突出。党的"十七大"提出了全面建设小康社会和创新型国家的战略目标，以及国家近年来先后颁布和实施的《国家中长期科学和技术发展规划纲要（2006-2020年）》、《国家中长期人才发展规划纲要（2010-2020年）》和《国家中长期教育改革和发展规划纲要（2010-2020年）》等战略性政策文件，都对高等教育的人才培养提出了更高要求，使得全社会都更加关注高等教育质量问题。习近平总书记在中国共产党第二十次全国代表大会报告中提出："我们要坚持教育优先发展、科技自立自强、人才引领驱动，加快建设教育强国、科技强国、人才强国，坚持为党育人、为国育才，全面提高人才自主培养质量，着力造就拔尖创新人才，聚天下英才而用之。"① 如果说高等教育从精英到大众化的转型让高等教育质量问题突出地浮出水面的话，那么我国高等教育从大

---

① 习近平.高举中国特色社会主义伟大旗帜为全面建设社会主义现代化国家而团结奋斗——在中国共产党第二十次全国代表大会上的报告［EB/OL］.（2022-10-25）［2022-12-10］. http://www.gov.cn/xinwen/2022-10/25/content_5721685.htm.

众化阶段到普及化阶段的转型则让人们有机会将浮出水面的突出问题带入到更深层面的讨论和探究之中。

(一)高等教育质量问题的逐步显现推动高等教育评估实践和研究的发展

随着质量问题的逐步显现,世界各国都在探索适合自身特点的高等教育质量保障体系,许多国家建立高等教育评估机构,推动高等教育评估的迅速发展。例如,美国以认证、英国以院校审核、法国以政府直接评估、日本以自我评估的方式保障其高等教育的质量。[1] 美国的高等教育认证只判断被认证的高校在办学理念、教学、科研、服务等方面是否具备最基本的条件。英国的院校审核主要考察院校保障学术水准和质量水平的机制的有效性、真实性、可靠性,以及为达到既定目标而提高自身学术水准的方法技术、维持质量的规则程序及实际应用情况。法国通过政府直接评估高校的发展与国家战略目标、社会目标之间的契合度,关注高校对科技、经济、社会发展的贡献。日本主要以高校自身为评估主体,高校通过对自身的教学、科研、社会服务等进行评估,发现不足,明确改进方向,从而达到改善质量的目的。

我国高等教育评估从 1985 年"镜泊湖会议"后开始逐步走上正轨,同年早些时候颁布的《中共中央关于教育体制改革的决定》明确提出:"教育部门还要组织教育界、知识界和用人单位定期对高等学校的办学水平进行评估。"随后颁布了《关于开展高等工程教育评估研究和试点工作的通知》和《关于正式开展高等工程教育评估试点工作的几点意见》。1990 年,国家教委发布了《普通高等学校教育评估暂行规定》,启动了对高校的三类评估:合格评估、选优评估和随机评估。其中合格评估持续时间长,影响大,是教育部评估中心对全国高校开展评估的前期准备。在本科教学评估的同时,学位与研究生教育评估也开始起步。官方评估对高校教学工作产生了深远的影响。与此同时,半官方的评估机构和纯民间的教育评估机构出现。一批省立评估研

---

[1] 钟秉林,周海涛,刘臻等.总结经验教训 研究背景趋势 创新评估思路——新一轮本科教学评估基本问题探析[J].中国高等教育,2009(1):31-34.

究院在区域高等教育发展过程中已经发挥了重要的作用。网大、武书连等大学排行系统曾在国内产生广泛的影响,上海交大的世界大学排行具有国际影响。在历史的和现实的各种力量的拉扯中,我国高等教育已经进入"评估的时代。"近年来,我国正逐步探索出"管办评"分离、以学校自我评估为主,结合院校评估、专业认证及评估、国际评估和教学基本状态数据常态监测的五位一体的高等教育评估制度,并在此制度变革基础上大力推动审核评估,强调"五个度",即学校发展目标和人才培养目标对经济社会发展需要的适应度、教学条件与资源的保障度、人才培养和教学过程运行的有效度、教学效果对培养目标的达成度、学生和社会对学校教育教学的满意度。

(二)高等教育质量评估实践的发展促动人们将人才培养质量置于核心地位,更加聚焦教学质量,对教学质量的重视正在发生着由评估"教"到评估"学"的转变,评估大学生的学习质量已经成为一种世界潮流

对高等教育评估研究和实践的反思进一步推动了人们从更深层次探究过去的高等教育质量观的演变逻辑以及未来需要什么样的高等教育质量观。在这个背景下,声誉、资源、产出和过程的质量观纷纷"变脸",踏上了"让人回家"的归程。本科人才培养再一次被确认为高等教育的核心,"学生"和"学生的学习"再一次成为实践和研究的焦点。

在一些国家,对高等教育质量的讨论,其重心最后往往都放在对大学生的学习质量进行评估上,这已经发展为一种世界潮流。如美国许多高校自"一战"以来就发起了旨在评估大学生对学术知识的掌握程度的客观化考试,这类客观化考试不断吸收教育学家和心理学家的研究成果而得到不断完善,将评估学生对学术内容的掌握程度扩展到一般的推理能力上。到1980年代,美国教育目的委员会发起了"大学学习评估"(Collegiate Learning Assessment),从推理、批判性思维、问题解决和决策判断以及交流等能力的角度评价学生学习。美国大学研究会的《大学课程整合》(Integrity in the College Curriculum)和本内特(Bennett W. J)的《重申遗产:高等教育人文学科报告》(To Reclaim a Legacy: A Report on the Humanities in Higher Education)

将关注的焦点放在对学生学习和发展进行监控以及应该让学生拥有什么样的课程和学习经验等问题上。1984年，美国优质高等教育研究小组发表名为《投身学习》（Involvement in Learning）的研究报告指出，学院和大学应该应用已有的一些较为合适的研究工具评价学校的表现，以更好地促进学生的学习。这个报告推动了美国首次高等教育评估会议的召开，掀起了一场全美高等教育评估运动。美国的科罗拉多州和南加利福尼亚州首先出台了评估政策，要求大学调查自己的学习成果或产出（learning outcomes）并汇报学校从这些调查中发现的经验和教训。到1989年，美国差不多一半多的州都有了类似的高教评估政策。

（三）随着国家和社会对高等教育质量和评估的关注热情的不断升温，我国对高校学生的学习情况、学习结果或学习质量等相关的调查研究也逐步在全国各地铺展开来，但需要进一步以质量评价的视角审视这些调查的意义和价值，系统探究大学生学习质量评价的理论和实践问题

在我国高等教育评估实践中，学生的学习质量在较长一段时间里受到相当程度的忽略。以往评价高等教育质量主要有学术标准和社会取向两种价值范式。高等教育为自己确立的质量标准是对学术发展以及对学生理智、反思和批判能力的发展的贡献。但随着高等教育从社会边缘走向社会中心，高等教育正在被要求实现和满足国家与社会建构的培养目标和人才标准，它对社会的价值和功用成为重要的质量评价标准。随着社会取向的价值标准在高等教育质量评估中的主导地位的确立，我国产生了民间排行、本科教学水平评估和学生评教三种质量评估范式。不管受到怎样的质疑甚至批评，现有评估活动的积极意义是不容否定的。然而，社会取向的质量评估范式的大行其道，遮蔽了高等教育质量的重要标识或重要主体——学生的学习质量。较长一段时间以来，人们多只是以"教"为中心而忽略了以"学"为中心进行高等教育的质量评价和质量保障。大学生在大学里的学习活动和发展被在校生数、师生比等数字掩盖。传统上对学生的"学"的质量评价在形式上只限于课程考试、毕业论文或毕业设计，在结果上往往限于专业满意度、毕业率和就业

率的调查。学生究竟在大学四年里学到了什么？在经过四年的学习后得到了多大的发展？这些问题到目前都还是模糊不清的。高等院校的三大功能中人才培养是最核心的功能。舍此，高校就失去了存在的基础。狭义的高等教育质量主要是人才培养的质量。学生质量是高校质量的根本体现。离开学生这个主体的学习经验而评价高校的质量，可能会在学校的基础设施和其他条件保障上产生作用，但无法了解微观的活动和作用机制，因而也无法触及影响质量的核心要素。

最近几年来，随着国家和社会对高等教育质量和评估的关注热情的不断升温，对高校学生的学习情况、学习结果或学习质量等相关的调查研究也逐步在全国各地铺展开来，这有利于我们初步把握学生在大学里的学习情况，同时对于转变全社会的高等教育质量观和评价观等都具有非常重要的影响。但其中有一个核心和关键的问题有待进一步探索，即如何将高校学生学习质量的调查研究纳入本科教育质量评价体系之中，将之转化为能够改进大学生学习和发展、改进大学教育方式以及形成国家高等教育评估政策的支撑资源？回答这个问题，也就意味着需要深入研究高校对学生学习质量的影响方式是什么？影响程度怎样？以及各种不同的影响因素的作用各有什么差异？找准这些问题的答案，是我们将研究的结果用于行为和实践改进的不可忽视的前提条件。

（四）探索学生学习质量评价范式的变革和创新，其主要目的既是更有效地促进学生学习和发展，也是为高校建立内部质量保障体系奠立基础，更希望以此为国家高等教育评估政策提供参考依据

在教育质量问题成为国家和社会各界关注焦点的宏大背景下，当各界将关注的重点放在学生学习经验上，将评价范式重点聚焦到评价学生学习质量时，需要我们探索学生学习质量评价的理论和方法的范式变革和创新，这有利于学生个体和学校组织更有针对性地采取有效的方法和措施以改变和干预个体和组织的学习与教育行为，促进学生个体不断取得更好的发展，推动学校和国家高等教育更好地走科学发展和内涵发展之路，提升学校和高等教育

质量。具体来说，研究大学生学习评价的主要目的，一是为学生提供反思材料，更有效地促进学生学习和发展。通过对大学生学习质量的分析和评价，我们可以揭示学校这个"黑箱"中发生了什么，获得学生的大学产出的信息，了解学生学习的效果、学生发展的现状及问题，以为学生下一步的学习提供有益的建议和指导，促进学生的发展。二是为高校建立内部质量保障体系提供数据基础。从学生学习的效果及问题中，我们可以总结学校办学经验，发现学校对学生成长的影响作用，清楚地了解学校在哪些方面做得好，在哪些方面还有待改进。在这样的基础上，我们能够探索出有效大学教育实践的标准，进而通过这些有效教育标准的比较对学校的办学水平和教育质量做出有理有据的评价，以便准确、及时地为高校改进办学实践提供有力支持，真正实现"以评促建，评建结合"的原则，为高校质量监控体系的建立奠定坚实基础。三是为国家高等教育评估政策提供参考依据。我国高等教育评估实践中的"见物不见人"和"见人不见物"这两种倾向都是需要竭力避免的。"见物不见人"的倾向表现为：将良好的资源和优越的条件看作衡量大学质量的重要方面，忽略师生对学校资源和条件的使用及其受益程度。"见人不见物"的倾向表现为：只是从高等教育价值关系中主体的需要和情感，或者是由评价者的意志、愿望和自我感受等判断本科教育的质量；或者只是关注学生对教师的"教"的感受，或者仅仅关注学生对自身在本科教育活动中的收获与发展的认识和判断。在当前学生学习和发展备受关注的背景下，开展高校学生学习质量评价研究，可以丰富我们对如何将学生学习质量的评价整合到国家高等教育评估政策之中的相关讨论和研究。

（五）研究大学生学习质量评价的理论和实践问题，既需要反思和重塑我们的本科教育质量观，也需要反思高校学生学习质量的评价观，让人们能够对高校人才培养质量做出科学、客观的理性判断

本科教育是大学存在的基础，人才培养是大学教育最核心的职能。无论人们对大学的理解是认识论的还是政治论抑或是工具论的，它在现实中的一切活动都是以人才培养为基础、以教师和学生围绕"学习"为核心而展开的。

教师的学习是为了更好地"教",教师的"教"是为了让学生更好地"学",学生的"学"是为了获得符合他自身及社会所期待的"发展"。这是大学在历史和现实的活动中始终没有改变的一条主线。在这个社会中,我们有许多其他专门的科学研究机构、社会服务机构和文化传承机构,但没有哪一个机构能够像学院或大学那样是以"教师和学生的学习活动为中心和基础"展开其在现实中的活动的。缺少了这个基础,大学是不可能完成它为自身或者是社会为它提出的科学研究、社会服务和文化传承等功能的。因此,对什么是本科教育质量这个问题的思考应该回归到大学作为"学术组织"、作为"学习机构"的组织性质上。不过即使将大学看作学术组织或学习机构,这本身还没有完全触及到最核心和根本的问题。更重要的问题是,这个学术组织或学习机构是谁的?大学教师常常认为大学是他们的。教学和研究是大学最重要的使命,而这一使命正掌握在教师手中。没有教师,就不成其为大学。大学管理者是宣称对大学拥有所有权的另一个重要的群体。如果没有他们的管理,大学的日常运作就会很成问题。但是,大学作为学术组织和学习机构,如果没有学生,大学教师的学术成就终归会枯萎,大学管理者的活动也就无所指向了。因此,即使在最坏的预期中无法获得人们对"大学是学生的"观念的认可,但是在最根本的现实上来说,大学本质上是为了学生而存在的。"为学生而存在"的大学之质量也就是指其"为学生而存在"的质量。"一所大学的学生在哪里,这所大学就在哪里。"即是说:一所大学培养的学生在社会中的"位置",也就是这所大学在社会和人们心中的"位置"。在世界各国大学发展的历史和现实中,那些有影响力的大学,并不仅仅是因为它们有"大楼"和"大师",更是因为它们培养了在社会各领域取得杰出成就的学生。本科教育质量最终将取决于"学生的质量"。对大学质量的评价也就始终应该围绕这条主线来展开。

世界范围内的高等教育在从精英到大众化的转型过程中一般都伴随着日益加剧的教育质量问题。这个问题在我国高等教育自21世纪初实现大众化的转型过程中表现更加突出。尽管国家近年来的高等教育投入持续快速增加,但由于高等教育成本的增加和人们对优质高等教育资源的追求,可以预计高等教育质量问题在今后一段时间内还会存在。国家实施的科教兴国、人才强国和科学发展三大战略对高等教育改革、特别是人才培养提出了更高的要求。提高人才培养质量，培养高素质人才和拔尖创新人才，已经成为高等教育改革和发展的核心任务。实施和推进这个核心任务首先需要解决一个核心问题，这就是如何对高等学校的人才培养质量做出客观科学的判断和评价以便采取更有针对性的方法获得更多更好的教育成果？提高人才培养质量作为一项能动的、自觉的、有组织、有计划的实践活动，首先和通常是建立在人们对所处环境和现实各种关系的某种"理性判断"的基础上的。人们只有如此才能让自己的行动更有方向，更有针对性，才能据此不断地改进和调整自己的行为。对环境和现实的"评价"则是这种"理性判断"的最主要的构成部分。学生质量是高校人才培养质量的最根本体现，学生的学习质量则是决定学生质量的最根本变量。通过对学生学习质量的调查研究我们能够了解到学生的学习效果、学生发展的现状和问题，了解学校在哪些方面做得好，在哪些方面有待改进，以便于对高校人才培养质量做出理性判断。

英语国家如美国学术界在长期的经验和实证性研究的基础上已经发展出比较成熟的、多样化的大学生发展理论。这些理论来源于实践却又对美国高等教育实践尤其是学生事务管理发挥了重要的指导作用、对美国本科教育质量产生了重要的积极的影响作用。不过这些理论模型是在美国社会和文化背景下形成的，虽然可以作为中国借鉴和进一步研究的基础，但是不能照搬。在今天中国的各个领域，对"本土"的呼唤无疑是一股强劲的潮流，这不仅是因为我们的文化自信随着经济力量的增长而上升，而且更是因为在经历多年的改革引进后人们发现了许多"水土不服"的后遗症。对我国高校学生学习质量开展大量的、持续的和长期的经验性、实证性研究，对于探索我国大学生的学习行为特点和素质特征，对于了解我国大学生的实际情况，并在此基础上构建和发展符合我国社会和文化特点的大学生发展理论以更好地指导我国高校人才培养实践，具有重要的学术价值。

二、核心概念

（一）测量（measurement）、评估（assessment）和评价（evaluation）

测量、评估、评价是学生学习质量评价领域的关键概念，学生学习质量评价的实践和理论研究正是随着这些概念不断丰富和发展起来的。但是这些概念在现实中经常被交替使用，往往带来一定的混乱，使得人们难以在共同的语义环境中进行沟通、交流和行动。因此，有必要对这些概念进行辨析。

测量（measurement）是学生学习评价领域乃至教育评价领域率先产生的一种实践，也可以说它是学生评价研究中需要阐释的第一个关键概念。测量是自然科学中一种重要的方法，它是按照一定的测量尺度获取数量结果的步骤，例如对重量、身高、长度等的测量，它们都有一种取得公义的绝对的客观的测量单位或标准。本质上，测量是以某些规则和程序对物的某些属性分配数值，使这些数值代表这些属性的量。但是，与这种物理测量相比，教育测量面对的人的属性，却是不能采用这种直接测量的方法的。首先对人的某种属性是很难下一个明确的具有公义的定义的，其次是对人的属性缺乏作为测量单位的基本标准。① 在教育评价史上，人们发展出测验的方法来解决这两个问题。首先，虽然人的属性难以有明确的定义，但是可以在人的某种属性和它的效应之间建立一种关系。例如，温度是难以直接测量的，但是可以从玻璃管中水银柱的膨胀（温度的效应）获得对于温度的量值。同样，例如对于智力的测量，可以通过设计任务和问题，根据人对任务和问题的反应的结果来测量。其次，通过统计分析方法找到欲测属性的量的标准单位。即：用一套固定的测验题目，考察各种人是如何解答这些题目的，然后对这些解答进行标准化，例如参照集中趋势的度量，如平均数，以及离中趋势的度量，

---

① 瞿葆奎主编. 陈玉琨，赵永年选编. 教育学文集·教育评价 [M]. 北京：人民教育出版社，1989：747.

如标准差，通过这些分数分布的基础来解释被测对象的测量结果。因此，教育测量实际是通过测验将学生的属性及其效应之间建立关系，赋予数值，形成测量的尺度，从而对学生的属性进行数值的分配过程。

关于评估（assessment）的概念，我国《教育大辞典》（1998版）的释义是："评议和估价，是对事物和过程的一种判断。是一个包含一系列的步骤和方法的连续性的系统过程。其一般程序是：规定目的，系统地采集信息，分析资料，运用包括数学在内的科学手段，对某一对象进行综合的评议和估价。它为决策者提供信息和资料，为决策服务。"[1]

在欧美国家，评估概念的使用范围非常广泛，主要有：

1. 课程学习评估。通常采用能够进行评分的测试和作业，既对学生个人进行评分，又要通过汇总评估结果察看学生作为整体实现课程关键学习目标的情况。

2. 专业学习评估。专业学习是综合性的，是课程学习的集合体，且大于各部分的总和，有着更广泛的目标。课程学习评估一般检查学生能否解决特定类型的问题，而专业学习评估则检查学生是否可以采用适当的方法来解决学科和专业中的各种问题。采用的方法一般包括：毕业论文、学位论文、口头答辩、展览、表演、演讲和研究项目，以及实习、实践等。

3. 通识教育核心课程评估。与专业学习一样，通识教育核心课程目标是综合的，是美国本科教育的独有特点。帕默巴和班特（Catherine Palomba & Trudy Banta，1999）提出了通识教育课程评估的三种方法。[2]一是让教师对他们所教授的通识教育课程进行嵌入式评估。但这种方法很难汇总结果，也很难了解整个学院的学生在实现通识教育目标方面的总体情况。二是全校范围内的评估，如采用通识教育技能测试等方法。虽然这样可以很容易地获得学生学习的整体情况，但教师可能无法看到结果如何与他们的班级联系起来，

---

[1] 顾明远. 教育大辞典·增订合编本（下）[M]. 上海：上海教育出版社，1998：1187-1188.

[2] PALOMBA, BANTA. *Assessment essentials: Planning, implementing and improving assessment in higher education* [M]. San Francisco: Jossey-Bass, 1999.

或者如何使用结果来改善学生的学习。三是由教授一组相关学科或科目的教师来确定一个共同的评估策略。例如,教授科学实验课程的教师们可能会同意将某些关键因素纳入他们对学生实验练习的评分标准。

4. 院系评估或院校评估。美国许多大学对所有学生都有总体的学习目标,无论他们的专业是什么。这些学习目标通常是通过通识教育核心课程来实现的。因此,院系或院校评估实际就等同于通识教育课程评估。但是,一些大学的使命宣言和战略目标并没有体现在通识教育课程中。在这种情况下,院系或院校评估则超越了通识教育课程评估。

5. 院系或院校效能评估。美国的认证组织、立法者和公众越来越多地要求评估院校效能和学生学习情况。院系或院校效能评估更多关注社区服务、建立多样化的社区,或者塑造某些价值观,以及院校主要目标的实现程度。

尽管评估概念的使用范围如此广泛,但是实际上欧美国家对评估概念的使用从起源上看主要是指对人而非对事物的评议和估价,而且从当下的使用情境看主要指向的是学生学习的变化和进展,是为了给教师提供信息让他了解其教学让学生所达到其教学目标的程度。评估的方法和形式非常多样,包括各种标准化的成就和能力倾向测验、客观测验、论文、口试以及实践能力测验等。美国学者哈特尔(Hartle,T. W)指出,评估是六个相互区别但又相互关联的活动:[1]

1. 评估是使用多种方式进行测量和观察,跟踪学生智力成长和个人发展的情况;

2. 评估是对学生的"学习增值"进行测量的方法;

3. 评估是各州对学生和专业进行评价的法定要求;

4. 评估是指运用标准化考试测量学生对知识的掌握情况;

5. 评估是政策制定者用来奖励那些按照已建立的标准进行学生成绩评估的学校;

---

[1] HARTLE. The growing interest in measuring the educational achievement of college students [C]. CLIFFORD. Assessment in American higher education: issues and contexts, Washington, DC: Office of Educational Research and Improvement, U. S. Department of Education, 1985.

6. 评估是对学生主观认识和价值观变化的测量。

美国高等教育研究的著名专家阿斯汀（Alexander. W. Astin）指出，评估不仅指对信息的搜集活动，而且指对搜集的信息进行使用的活动；评估的对象不仅包括人，而且包括教育机构。在他看来，"评估是指对高等教育的学生、教师和机构的机能（functioning）的信息的搜集过程。搜集的这些信息可能是也可能不是量化的形式，但是这种信息搜集的基本目的是改进高等教育机构及其参与者的机能。所谓机能指的是学院或大学的社会目的：促进学生学习和学生发展，推进知识前沿和为社区及社会服务"①。

美国学者安吉洛（Angelo, T. A.）认为：评估是一个持续进行的过程，它包括：(1) 创设清晰、可衡量的学生学习预期结果；(2) 确保学生有足够的机会达成这些结果；(3) 系统地收集、分析和解释证据，以确定学生学习与教师期望的匹配程度；(4) 使用由此产生的信息来理解和改进学生的学习。②

评价（evaluation）的定义也是多种多样的。一种观点认为评价是使用评估信息对"学生是否达到了为他们制定的学习目标、教学和学习策略的优点和不足以及改进目标和教学策略的思路"等方面的事情做出明智的判断。另一种观点认为评价是对一个项目、工程或事项的质量或价值做出判断。这两种观点相同之处都是将评价等同于判断。现在可以明确的是，这种判断是以对事情的成就和价值设定为基础的。在价值哲学研究中，评价被视为"一定价值关系主体对这一价值关系的现实结果或可能后果的意识"，认为它"是以一定的价值事实为对象的反映"③。作为评价的一种特殊形式，教育评价实际上也是以价值事实为主要认识对象的一种实践性认识活动。无论是将教育评价看作考察教育组织或活动达到目标的能力的活动，还是将教育评价看作考

---

① ASTIN A W. *Assessment for Excellence：the Philosophy and Practice of Assessment and Evaluation in Higher Education* [M]. New York：Macmillan Publishing Company, 1991.

② ANGELO. Reassessing (and redefining) assessment [Z]. AAHE Bulletin, 1995,48 (3)：7-9.

③ 李德顺. 价值论 [M]. 北京：中国人民大学出版社, 2007：233.

察教育活动参与者所取得的实际成效的活动，甚至是将教育评价的本质特征看作"价值判断"的观点，价值事实都是理解教育评价不可回避的关键要素。教育价值事实主要体现为国家、高校、社会和个体与教育之间相互作用的结果。例如：在高校本科教学评估中，学生和教学的关系是最基本的一对主客体关系，学生是价值关系的主体，教学是价值关系的客体。学生和教学之间相互作用的结果所产生的价值事实，是高校本科教学评估所应把握的最基本的价值事实。具体地说，高校本科教学水平评估所要把握的价值事实是教师、学生、家长和社会等高等教育利益相关者对"学生和教学之间相互作用的结果"所形成的各自的认识和判断。在教育评价中，评价者不仅需要搜集反映教育这个客体基本情况的事实和对教育利益相关者的基本需要和发展状况的事实，而且更需要搜集教育利益相关者与教育的相互关系和相互作用的实际过程及结果所产生的价值事实。尽管考察教育本身怎么样、有什么和能够有什么很重要，但主要应把重点放在教育给不同主体带来了什么，考察不同主体从教育那里得到了什么。

通过对测量、评估和评价的概念梳理，可以看到，测量主要是提供数量化的客观数据。评估是考察数据和目标之间的关联，重点考察目标是怎么实现的。评价则是从目标的实现过程对目标的效果做出价值判断。可以说，测量是寻找数据或量度的过程，评估是寻找事实的过程（数据或量度与目标之间是什么关系的事实），评价则是寻找价值的过程（对评估中寻找到的事实的内涵进行解释，并对其事实的内涵进行价值判断）。这三个概念虽然相互区别，但相互关联成一个整体的存在。离开测量和评估，评价很难存在。离开评估和评价对事实和价值的关切，测量也很难成立。另外，对评估和评价来说，现代评估和评价非常重视数量化的结果，但对非数量化的资料如观察和陈述等资料的重视也与日俱增。

（二）学习质量

理解学习质量这个概念一般的和通常的路径是回到构成它的基本语词上去，将之拆分为"学习"和"质量"两个概念进行分别阐述，进而实现某种程度上的叠加或组合。就迄今对质量的各种不同概念表述之实质来看，对质量这个概念的理解主要有两个角度：一是将质量看作实体的特性或属性。二是将质量看作实体对人的某种需求的满足程度，或是实体对人的相对价值。目前看来，这两个角度是不可偏废的，单独从其中一个角度获得的质量概念都是不完整的。某实体之所以有质量，是指它的属性或特性为人所需要，或是说某实体的属性或特性被人认为有一定的价值。由此看来，质量实际上是主体性和客观性相统一的概念。实体独立存有的"客观"属性和特点与人这个所谓的主体对它的价值判断结合起来时，才能对实体的"质量"有所言说。

学习在我们的日常生活中常常被提及，在教育心理学中，对学习的研究文献多如牛毛。我们在这里并不想专门对学习这个概念作历史或学派的分析，那样将会是一本厚厚的学习论专著。从所掌握的文献来看，对学习的理解主要有三个角度：一是认知的角度，认为学习是个体认知结构的改变；二是行为主义的视角，认为学习是刺激和反应之间的联结或加强；三是人本主义的观念，将学习看作个体自我概念的变化。这三个角度实际上也是可以整合在一起的。因为我们至今仍然脱离不了从认知、行为和心理三方面去观察和判断个体的变化与发展，而个体在这三方面之所以有所发展，除了生理的自然成熟之外，主要取决于个体的学习。

从学校场域来看，大学生学习既可以发生在学位课程和学科专业的教学活动中，也可以发生在学位和专业之外的课程和社会实践活动中，同时也可以发生在一些旨在促进学生学习和发展的研究训练中。即是说，大学生在校期间的学习既包含正式学习，也包含非正式学习。我们认为，大学生学习不是孤立的课程和专业学习的简单组合，而是被有目的地设计成一种连贯的、综合的学习体验，学生在大学课程内外的学习经验，无论是正式的还是非正式的学习体验，都属于学习。因此，我们使用整体性的学习观念来指称学生在大学期间的学习经验所带来的认知、行为、能力和情感等方面的比较持久的变化。

从上面对质量和学习的概念的阐述来看，学习质量这个概念可以被理解为：学生学习的属性或特性是否满足或符合利益相关人的需求或价值判断。

学生的学习质量主要包含两方面：一是学生在校期间的经验的质量（或者说是学习参与的质量），经验的质量是由学生在大学期间的学习参与和投入的程度来判断的。二是学生的学习成果的质量，学习成果的质量是由学生在大学期间认知、能力和情感等方面的变化和发展来判断的。在"大学生学习质量"这个概念中，其实它首先意指的是个体的学习质量，即某个大学生的学习质量，其次，它可指代群体的学习质量，即大学生这一特定群体的学习质量，再次可以指代组织的学习质量，如一所大学、一个地区、一个国家的大学生的学习质量。本书主要从群体和组织这两个层面运用"大学生学习质量"这个概念。

大学生学习的利益相关人的构成是非常多元化的。学生、教师和大学管理者是直接的利益相关人。学校的举办者、社会用人单位和学生家长是间接的利益相关人。不同利益相关人对学生学习的需求或价值判断的视角不尽完全相同。尤为值得提出的是，大学生作为大学的利益相关人的特殊性。从经济学的视角看，大学生既是大学的产品，也是掏钱付费给大学的消费者。他们在被其他利益相关人评价的同时，也在评价着学校的教育行为和他自身的学习行为。在众多利益相关人中，对学生的评价和学生对其自身的学习行为和学校教育行为的评价，具有相当重要的意义和价值。因此，笔者将学生学习质量评价理解为：从学生作为学习主体的角度，搜集他们在学校里是如何利用学校的学习资源、如何参与到学校学习之中并从中取得成果以及他们在学习中的参与和他们取得的成果之间的关系等方面的数据或事实，通过这些数据或事实对学生的学习质量做出价值判断。

三、文献综述

世界范围内高等教育实践中对大学生学习质量的关注热度的提升，激发了许多教育研究人员的热情，他们随着实践的变化和要求，不断拓展相关研究的视角、理论和方法，使得相关领域的研究文献不断涌现。根据拟开展研究的问题的性质和范围，我们重点从当今学生学习和发展评估的发展趋势、大学生发展研究，尤其是大学生发展理论和大学生发展影响因素研究等方面梳理相关文献，从而更加有针对性地锁定拟开展研究的问题的范围，让我们更好地进行深入的研究。

（一）大学生学习评估的研究现状

高等教育机构认证和民间大学排行曾经是高等教育评估中备受关注的热点问题。但随着高等教育学术界对各种高等教育评估形式的理性反思，人们发现，高等教育最为本质的活动是培养学生，对高等教育质量的评价，无论如何也不能绕过学生的质量问题。因此，对学生学习和发展的评估研究成为当前高等教育评估的相关研究中的一股强劲潮流。但是这股强劲潮流并非新现象，而是历经了长期的发展演变。以美国为例，在1930年代美国就已经在学生学习和发展评估方面形成了大量较为成熟的文献。第一次世界大战期间，美国逐渐将基础教育领域的客观化考试移植到高等教育领域。起初，卡内基教学促进基金会（The Carnegie Foundation for the Advancement of Teaching）引领了这场旨在以客观化考试评估学生学习进而改进高等教育质量的运动。这些客观化考试关注的重点是评估学生对学习内容的掌握程度。许多教育心理学家如桑代克（Thorndike, E. L.）和布鲁姆（Bloom, Benjamin）等人的研究对美国客观化考试和学生学习与发展评估产生了巨大的影响和推动作用。尤其是布鲁姆的掌握学习理论和他在《教育目标分类学》一书里提出的认知、情感和技能的教育目标分类形式对学生学习和发展评估产生了重要的影响。美国沿着以客观化考试直接测量学生学术成就之路，已经发展了形式多样的考试形式。

1960年代，美国学术界开始测量和研究大学生的态度、兴趣和人格的其他方面（如学习动机等）的特征，以及研究学生学业成就的影响因素。譬如美国学者费德曼（Feldman, Kenneth A）和纽康姆（Newcomb, Theodore M）等人对不同类型学校、不同学科大学生的特点、学习行为及变化的研究，以及科尔曼（Coleman, J. S）等人对学生投入和学习成就关系的探讨等，是 1960 年代以前有关学生学习评估的经典研究文献。① 这些关于教育测量和学生学习评价的早期研究曾在一定意义上为美国高等教育评估的兴起奠定了理论基础。但由于美国高等教育在从社会边缘走向社会中心的发展历程中，高等教育被要求实现和满足国家与社会建构的培养目标和人才标准，它对社会的价值和功用成为重要的高教评估标准；高等教育为自己确立的学术标准——对学术发展以及对学生理智、反思和批判能力的发展的贡献——受到忽视。早期的关于学生学习和发展评估的研究文献不仅受到冷落，而且曾一度面临"断层"的危险。然而，美国高等教育学术界和实践界在经历了种种评估样式、兜了个大圈之后，学术标准又被重新重视，学生质量逐渐被认为是高校质量的根本体现，大学生在学校里的学习活动再一次进入研究者的视野。

自 1960 年代至今，在罗伯特·佩斯（Robert·Pace），亚历山大·阿斯汀和乔治·库（George·Kuh）等人的推动下，美国学术界关于大学生学习评估的研究进入了新的发展阶段。由起初的"大学生就读经验问卷调查"（College Student Experience）到现在的"全国学生学习投入调查"（National Survey of Student Engagement）以及"加州大学本科生就读经验调查"等，都使得本科生学习经验、学习参与和学习投入等方面的调查研究成为美国大学生学习与发展评估研究的主要潮流。随着学生评估实践和研究的发展，为更好地指导和规范学生学习评估实践，美国高等教育研究会组织高等教育评估专家撰写了《评估学生学习的九条好原则》，总结了美国在学生学习评估方面的经验，这九条好原则是：第一，评估学生学习须厘清教育价值。第二，评估学生学习的有效性的关键在于对学生学习的本质有清晰的认识。学习是多层面的复杂过程，不仅包括知识和能力而且还包含那些影响个人成就的价值观念、态度和思维习惯。第三，当具有明确清晰的目的时，才能较好地展开评估活动。第四，评估学生学习不仅要关注产出，而且要关注导致这些产出

---

① FELDMAN, NEWCOMB. (1970) *The Impact of College on Student* [M]. San Francisco: Jossey-Bass, 1970. COLEMAN, et al. *Equality of Educational Opportunity* [M]. Washington, DC: US Government Printing Office, 1966.

的经验。第五，只有评估是持续的才能有效发挥评估的功用。第六，评估若要促进学校改进须吸引最广泛的人群参与进来。第七，只有关注人们真正关心的问题，评估才有意义。第八，评估若要形成学校改进的行动需认识到评估是促进变革的重要组成部分。第九，应认识到评估是教育者向学生和公众负责任的表现。①

（二）关于大学生发展理论的研究进展

大学生学习评估研究的发展一方面受到高等教育实践发展的刺激，另一方面也与大学生发展理论研究的推动和支持有紧密联系。大学生发展的相关理论问题是研究大学生学习质量评价的重要基础，对相关理论研究进展的梳理，有助于我们更好地开展大学生学习质量评价的相关研究。

在美国学术界有纷繁复杂的大学生发展理论。这些理论研究并非一蹴而就，它们是学术界在大学生发展研究的基础上经过长期的积累和沉淀得以形成的。美国的大学生发展研究经历了三个阶段。

一是 1900 年代至 1960 年代初。在这个阶段，美国的大学生发展研究虽然在数量上急剧增长，但研究的水平并不高，还只是一些非常初步的探索。正如齐克瑞（Arthur Chickering）指出，当时关于大学生发展的研究"毫无例外都是探索性的。没有一定的理论框架，一些假设也是未经检验的。因此，尽管这些研究产生了许多有用的知识，但仍然很零散"②。尽管如此，早期的这些研究却为大学生发展理论研究在 1960 年代中晚期的迅猛发展奠定了坚实的经验基础。譬如，在美国高等教育学术界具有较高威望的阿斯汀和佩斯等人的大学生发展理论都是基于他们在 1960 年代以前的经验研究。

1960 年代以前，美国大学生发展研究主要受到三个方面的影响。其一，受到心理学和社会学学科在美国早期学院和大学里的产生和发展的影响。这两门学科在人类行为与发展方面的研究激发了当时的美国学院和大学采取了

---

① American Association for Higher Education. Nine Principles of Good Practice for Assessing Student Learning [EB/OL]. http://www.aahe.org/assessment/principl.htm.
② CHICKERING. *Education and identity* [M]. San Francisco: Jossey-Bass, 1969.

两个重要的行动：一是将培养学生道德品性的发展作为它们的教育目标，① 二是聘用那些懂得个体发展相关知识的专家从事学生人事管理工作。② 其二，受到当时美国社会经济和高等教育发展实践的推动。早期的学生人事管理工作关注的重心是对学生进行职业指导并让学生在高等教育机构里做好职业准备，并不关注如何以一种完整的方式培养学生。③ 美国高等教育入学人数在1930年代开始的大萧条时期得到相当大的增长，但这个时期美国的失业率却高达25%。④ 这进一步促使当时美国的许多高等教育机构联合工商业界进行知识创造和工人培训活动。其三，受到美国教育研究会（American Council on Education）等专业研究团体的研究活动的影响。在美国教育研究会的指导下，美国学者积极寻找评价大学生及其需求的办法，开发出一些诸如学生个性分类量表等测评工具以评价大学生的能力和成就。另外，企业和大学之间的紧密联系以及只关注学生职业发展的倾向在当时受到了许多批评和警示。一种声音认为，大学与商业的紧密结合不利于学术自由和学术诚信。⑤ 另一种观点来自实用主义哲学。这种观点认为，只有当学生的理性和情感被整合起来时，才会发生最优学习（optimal learning）。因此，教育者应该更多地考虑学生的完整教育而非仅仅提供给学生职业发展上的准备。⑥ 美国教育研究会显然接受了这些观点，在它于1937年发表的"学生人事管理的视角"的声明中，明确地指出促进学生个性发展和职业发展是高等教育机构值得追求的崇

---

① UPCRAFT, MOORE. *Evolving theoretical perspectives of student development* [M] // BARR, UPCRAFT, ASSOCIATES. *New futures for student affair: Building a version for professional leadership and practice*. San Francisco: Jossey-Bass, 1990: 41-68.

② NUSS. *The development of student affairs* [M] // KOMIVES, WOODARD, ASSOCIATES. *Student services: A handbook for the profession* (4th ed). San Francisco: Jossey-Bass, 2003: 65-88.

③ ARBUCKLE. *Student personnel services in higher education* [M]. New York: McGraw-Hill, 1953.

④ http://en.wikipedia.org/wiki/Great_Depression.

⑤ VEBLEN. *The higher learning in America* [M]. New York: Hill & Wang (Original work published 1918), 1946.

⑥ CARPENTER. *The philosophical heritage of student affairs* [M] // RENTA. *Student affairs functions in higher education* (2nd ed). Springfield, IL: Thomas, 1996: 3-27.

高目标，尤其强调教育者必须以培养"完整的人"为指导原则，引导学生潜在能力的全面发展，以为良好社会体系的形成做出贡献。①

　　二是1960年代中晚期之后到1990年代。在这个阶段，美国大学生发展理论研究与起步阶段相比已经发生了质的飞跃。学术界围绕大学生的学习经验和发展这个宏大主题，借鉴心理学关于个体发展的研究成果，发展了精致的实证研究范式探索大学生成长和发展的维度与结构、解释大学生成长和发展得以形成的机制，从而产生了独具特色的大学生发展理论。② 这个时期的理论具有三个特点。一是深受心理学和社会学的影响，心理学的研究范式占据主导地位。如社会心理学家库温（Kurt Lewin）提出的个体和环境互动的公式"B=f（P×F）"（即：个体行为是个体和环境互动的结果）成为这个时期研究校园环境、人际互动和学生发展之间的关系的理论基础。许多心理学家以大学生为研究对象探讨个体的发展。例如，桑福德（Nevitt Sanford）是最早研究大学环境和学生从少年到青年的转变与发展间的关系的心理学家。他提出的大学生发展过程中的"分化与整合"和"支持与挑战"两种发展类型的划分至今仍然影响着美国大学生发展理论研究。其次，这个时期产生的许多理论大多成为美国学术界后续研究的基础理论，它们对该研究领域的影响是持久而深刻的。例如齐克瑞、阿斯汀、赫什（Douglas Heath）、费德曼和纽康姆等人都相继在这个时期提出了自己的大学生发展理论。赫什基于对男大学生的研究，从智力、价值观、自我认识和人际关系四个方面描述了大学生发展的五个维度，首次提出了大学教育产出的模型。③ 费德曼和纽康姆以社会学的研究范式对不同类型学校、不同学科大学生的特点、学习行为及变化进行了深入研究，开了美国学术界对"大学生发展的院校影响研究"的

---

　　① EVANS, FORNEY, GUIDO, et al. Student Development in college: Theory, research and practice [M]. 2nd ed. New York: John Wiley & Sons, Inc, 2010: 8.
　　② PASCARELLA, TERENZINI. How college affects students: Findings and insights from twenty years of research [M]. San Francisco: Jossey-Bass, 1991: 18.
　　③ HEATH. Explorations of maturity: Studies of mature and immature college men [M]. New York: Appleton-Century-Crofts, 1965.

先河。① 这个时期的理论研究的第三个特点是一方面强调学生事务管理工作应更多地参考学术界的研究成果，另一方面强调理论对实践的指导性和可应用性。布朗（Brown，R. D.）在他于1972年出版的在当时颇有影响力的专著《明日高校中的学生发展：回归学术》一书中质疑道：高校里是不是应该只由学生事务管理这一个单独的部门来关心学生发展？离开了学术研究的支持和影响，是否能够促进学生发展？② 之后不久，美国学生事务管理研究会试图对大学生发展研究专家的角色进行定位，同时试图缩小理论与实践之间的鸿沟。在这样的背景下，佩斯等人着手开发针对大学生发展成果以及院校对学生发展影响的评估工具，并以此为依据指导学生事务管理工作，同时寻求学生发展理念的经验证据。③

1990年代至今是美国大学生发展理论研究的第三个阶段。美国大学生发展理论研究在深化和发展前期不同的研究传统的基础上正走向一个全新的发展时期。主要表现为三个特点：第一个特点是大学生发展理论更为精致和多样。帕斯卡瑞拉（Ernest T Pascarella）等人在齐克瑞的研究基础上归纳出美国学术界现有的四类大学生发展理论模型：（1）心理学的发展理论。它将学生发展看作个体在思维、情感、行为、价值观等方面的量的变化。（2）认知-结构理论。它描述学生的思维发展及其信念和价值观的演进框架。（3）类型学理论。这种理论在学生的学习风格、个性类型、品性或学生的家庭经济背景等类型下探索学生发展的特征。（4）个人和环境互动理论。它主要研究个体的特征与环境的互动，研究环境如何影响学生的行为。在这四类不同的发展理论模型下，又存在不同的研究倾向。第二个特点是这个时期的大学生发展理论更加强调对于实践的指导性和可应用性。具体来说，这

---

① FELDMAN, NEWCOMB. *The impact of college on students* [M]. San Francisco: Jossey-Bass, 1969.

② BROWN. *Student development in tomorrow's higher education—A return to the academy* [M]. Alexandria, VA: American College Personnel Association, 1972.

③ PACE. *Measuring the quality of college student experience: An account of the development and use of the College Student Experiences Questionnaire* [Z]. Los Angeles: University of California, Higher Education Research Institute, 1984.

时期的理论研究强调大学生发展理论不仅要能够指导学生事务管理部门的日常工作，同时要能够通过它更好地理解美国大学生，了解他们的学习行为、特点和学习的效果或质量。1990年代以来，许多关于大学生学习与发展的测量工具不断地走向成熟，其最主要的依据和基础是这个时期以来大学生发展理论研究的精致和成熟。第三个特点是大学生发展理论研究与美国社会对教育质量的关注之间具有更加紧密的联系。对大学生的学习和发展进行测量和评估，是当前美国高等教育研究中的一股强劲潮流。在长期的教育和评估实践中，美国高等教育研究界已经充分认识到，诸如考试等所谓的客观化评价方式并不能完整反映学生在知识、能力和价值观念等方面的产出和质量。因此，许多人将关注的重心放到学生的学习行为和学习收获上来。大学生发展理论为这样的学生发展评价潮流提供了重要的理论基础。尤其是大学生发展理论中关于学生发展模型的相关研究为此提供了非常重要的观察框架，为大学生学习和发展评估工具的开发奠定了坚实的基础。

（三）关于大学生发展影响因素的研究进展

大学生发展影响因素的研究是大学生发展理论研究中的重要课题。厘清学生发展的影响因素，不仅能够更好地指导实践，而且能够较为客观科学地评价学校教育对学生发展的影响作用。

大学生发展的影响因素问题是教育学、社会学和心理学等多学科关注的重点领域，教育学研究关注的焦点是院校影响力，社会学研究关注家庭的社会经济背景等对学生发展的影响，心理学研究关注大学生行为与心理及其家庭结构对大学生发展的影响路径。尽管这几个学科研究大学生发展影响因素的立场和视角不同，但它们都牵涉到大学生作为个体存在与社会系统或结构（如家庭和学校）之间的关系问题。因此，我们依据这条主线进行文献梳理。

1. 大学生个体因素对大学生发展的影响

大学生的个体因素主要被划分为个体的学习行为和心理特质两方面。美国高等教育界在探索院校因素对大学生发展的影响过程中凸显出对大学生的学习行为与其发展的关系的研究兴趣，形成了三种理论观点，在世界范围内产生了重要影响。

一是佩斯的"努力的质量"（quality of effort）的观念，这是他在开发《美国大学生就读经验问卷》的过程中逐渐提出的思想，于1984年发展成熟。① 他指出，"努力的质量"决定着大学生发展，尽管大学有责任为学生提供学习设施、课程和教学等学习环境以促进学生发展，但是，大学生为了自己的发展也有责任将时间和精力投入到学习中。"努力的质量"与"经验的质量"的内涵相同，大学生在大学教育过程中所付出的努力所具有的挑战性，可以被理解为大学生就读经验的复杂性，这决定着大学生是否能够获得更好的发展。

二是阿斯汀于1984年提出的"学生参与"理论（Student Involvement）。② "参与"这个词和弗洛伊德（Sigmund Freud）的"倾注"（Cathexis）概念很相似。"参与"的概念虽然包含心理的成分（如动机等），但阿斯汀更多是在行为层面运用它。他认为，大学生发展与学生的学习参与直接相关，学生的学习参与可以被量化，也可以从质性上给出观察描述。大学是否提升了学生的学习参与能力，是判断大学教育的效率或质量的重要标准。

三是乔治·库等人于2006年提出的"学生学习性投入"（Student Engagement）理论。"学习性投入"有两方面的含义：③ 一是指学生在学习或其他教育活动中所投入的时间和精力的总量；二是高校创设条件（如配置资源、提供学习机会和学习服务等）促进学生参与大学的教育活动。"学习性投入"蕴含的观念可以追溯到泰勒（Ralph Tyler）在1930年代开展的学习时间

---

① PACE R C. *Measuring the Quality of College Student Experiences: An Account of Development and Use of the College Student Experiences Questionnaire* [Z]. Higher Educational Research Institute, Graduate School of Education, University of California, 1984: 4-5.

② ASTIN A W. *Student Involvement: A Developmental Theory for Higher Education* [Z]. Higher Educational Research Institute, Graduate School of Education, University of California, 1984: 10.

③ KUH G, KINZIE J, BUCKLEY J, et al. What Matters to Student Success: A Review of Literature [Z]. National Postsecondary Education Cooperative (NPEC) Commissioned Paper, 2006: 31.

对学生学习的影响的研究，也与佩斯的"努力的质量"的观念有许多相似之处，尤其是与阿斯汀的"学生参与"理论相一致。阿斯汀曾对此表示，"学生学习性投入"概念与"学生参与"理论不存在根本上的差异。乔治·库对此也认同，他表示 Involvement 和 Engagement 说的其实是一回事，只是在不同时空下用词不同。①

乔治·库等人的大学生学习性投入理论忽略了影响大学生发展的心理因素，偏重于探究大学生个体行为对大学生发展的影响。行为化的"投入"（Engagement）概念在美国学术界引起一定的争议，以致有人批评说它是一种"套套逻辑"。阿斯汀当初提出"学生参与"理论时，并没有否认大学生的心理因素（如动机、价值观等）对大学生发展的影响作用。自2003年以来，阿斯汀开始研究影响大学生发展的心理因素，他领导的团队在美国高校中开展了大学生精神性（Spirituality）发展的调查研究，探讨大学生内在的情感体验、存在信念和生活信仰以及对群体归属感等对大学生的学习成果（如学术能力、领导能力、对大学的满意度等方面）的影响。②

国内学界着重从学习观、学习动机和学习策略等研究学习行为中的心理因素对学生学业成绩和学习收获的影响。陆根书教授编制了大学生学习观量表，从大学生的不同学习观（知识吸收、知识建构和知识应用的学习观）、不同的学习取向（证书取向、意义取向和成就取向）以及不同的学习策略（学习的浅层和深层加工策略以及学习的内容的和过程与结果的管理策略）的角度，探索它们对学生学业成绩的影响。③ 史秋衡教授将大学生学习观分为应用知识学习观和记忆知识学习观，研究发现大学生的学习观既直接影响他们的学习收获，也通过影响学生的学习方式间接影响学习收获。记忆知识的学习观对表层学习方式的影响较大，对学习收获有直接的促进作用。应用知识

---

① AXELSON R D, FLICK A. Defining Student Engagement [J]. Change, January/February, 2011: 38-43.
② ASTIN A W, ASTINAND H S, LINDHOLM J A. *Cultivating the Spirit: How College Can Enhance Students' Inner Lives* [M]. San Francisco: Jossey-Bass, 2011: 12-26.
③ 陆根书. 学习风格与学习成绩的相关分析 [J]., 高等工程教育研究, 2005（4）: 44-48.

的学习观对深层学习方式影响较大，并通过深层学习方式来影响学习收获。①

2. 家庭对大学生发展的影响

心理学和社会学的相关研究都非常重视探讨家庭对大学生发展的影响。心理学视角主要受到精神分析学、行为主义和社会学习论以及认知流派的混合影响。弗洛伊德的精神分析理论尽管受到许多争论，但激发了心理学家从行为主义和社会学习及社会认知等多角度开展个体人格发展研究。通过这些研究，大多数心理学家都认为，家庭作为个体生活的重要环境之一，它对个体人格发展具有重要的影响作用。阿德勒（Alfred Adler）强调父母对儿童的人格形成和发展的作用，他指出父母对孩子的溺爱和忽视这两类行为会导致儿童后来的人格问题。②皮亚杰指出，个体的人格形成始于8~12岁阶段，到17~18岁时才发展出完整人格。许多人格特征、行为方式都是在幼年时形成的。③埃里克森提出的个体发展的八阶段理论中的前五个阶段都是个体与家庭关系最紧密的时期。④这些理论观点催生了许多研究关注家庭（如遗传、家庭的结构及特点、父母的教养方式、亲子关系等）对大学生人格发展（如大学生的行为方式、性格特征、自我认同、情绪控制、社会性发展等）的影响。这些研究的基本立场是：⑤大学生虽然远离家庭，但家庭的影响仍然持续

---

① 史秋衡，郭建鹏. 我国大学生学情状态与影响机制的实证分析 [J]，教育研究，2012（2）：109-121.

② 伯格. 人格心理学：第六版 [M]. 陈会昌，等译. 北京：中国轻工业出版社，2004：72.

③ PIAGET J, INHELDER B. *The Psychology of the Child* [M]. New York: Basic Books, 1969: 267.

④ ERIKSON E H. Identity and the life cycle [J]. Psychological Issues Monograph, 1959, 1（1）: 18-164.

⑤ ARSETH A K, KROGER J, MARTINUSSEN M, et al. Meta-Analytic Studies of Identity Status and the Relational Issues of Attachment and Intimacy [J]. Identity, 2009, 9（1）: 1-32. AZAM A, HANIF R. Impact of Parents' Marital Conflicts on Parental Attachment and Social Competence of Adolescents [J]. European Journal of Developmental Psychology, 2011, 8（2）: 157-170. ARMSDEN G C, GREENBERG M T. The inventory of parent and peer attachment: Individual differences and their relationship to psychological well-being in adolescence [J]. Journal of Youth and Adolescence, 1987（16）: 427-454. 意法建. 父母教养方式与大学生社会化的研究 [J]. 青年研究，1998（12）：29-37. 王树青，张光珍，陈会昌. 大学生亲子依恋、分离—个体化与自我同一性状态之间的关系 [J]. 心理发展与教育，2014（2）：145-152.

存在。家庭的教养方式、父母的婚姻关系和亲子关系等是家庭影响中的重要因素，影响大学生的社会性、自我认同等方面的形成与发展。

社会学的研究从家庭和学校在阶级、社会和文化再生产中的作用出发，关注家庭所体现的社会阶层因素对大学生发展（主要用学业成就、学习态度和价值观等来定义）的影响。这种研究传统的主要代表性人物有法国的布尔迪厄（Pierre Bourdieu）、美国的科尔曼（James S. Coleman）、阿普尔（Michael W Apple）以及英国的麦克.F. D. 杨（MichaelF. D. Young）和伯恩斯坦（Basil Bernstein）等人。布尔迪厄和科尔曼在这方面的研究具有开创性，影响深远。

布尔迪厄非常关注由家庭显现的社会等级制度或社会出身对学生发展的影响。在他看来，社会出身是唯一把影响扩散到大学生经历的各个方面和各个层次的影响因素，它影响大学生在学习期间的专业选择以及他们在学业处于重大转折时期的价值观和态度，也会决定不同社会阶级大学生的学习成功率。① "文化资本"是布尔迪厄讨论社会出身和大学生发展的关系时运用的重要概念。他认为，大学生发展的差异是建立在文化资本、先赋资源的差异基础之上的，大学生发展的分化并不能完全归因于大学生个体能力的欠缺，而是与大学生所属的阶级有根本的关系。科尔曼等人在1964年发表的"科尔曼报告"中指出，② 如果将学生的家庭社会经济地位作为控制变量，学校环境对来自不同种族的学生学业成就的解释力就比较小且有差别，即学生家庭的社会经济地位与学生学业成就有较强的相关性。《科尔曼报告》尽管没有否认学校因素对学生学业成就的影响，但他们发现，学校中的设施、课程和教师等因素对白人学生的学业成就的影响较小，对少数民族学生的学业成就影响较大。

3. 学校对大学生发展的影响

学校是影响大学生发展的关键因素。社会学的相关研究主要从"社会

---

① 布尔迪厄, 帕斯隆. 继承人：大学生与文化 [M]. 邢克超, 译. 北京：商务印书馆, 2002：22.

② COLEMAN J S. *Equality of Educational Opportunity* [Z]. Washington, DC：US Government Printing Office, 1966：8—22.

化"的角度讨论学校对大学生发展的影响。在不同的理论传统中,"社会化"的内涵和意义是不同的,因而对学校影响的判断角度也不同。帕森斯(Talcott Parsons)和普拉特(Gerald M. Platt)在《美国大学》一书中对学校在大学生社会化过程中的影响提出了一种不同于通常理解的看法。[①] 在他们看来,本科教育是独特的社会化阶段。"学生期"(studentry)就是在这一阶段完成的。大学生的社会化是对社会价值观的"内化"(internalization),包含情感和认知的社会化。大学对学生社会化的影响是它在与社会系统和文化系统的错综复杂的渗透关系中实现的。从社会系统看,现代社会体现出"制度化的个体主义"特征,个体和集体的行动能力和自由得以扩展的同时,社会有机团结的纽带却被削弱。从大学系统看,大学呈现出多样化的团体环境与平等主义混杂的特征,学生群体与非学生群体、年轻人与老年人、学生与教师及管理人之间形成界限更鲜明的团体情感。文化发展和社会结构变迁要求大学加大力度发展科学研究和研究生教育,结果导致大学教师学术角色的进一步分化,教师更多关注科学研究,大学的认知合理性得以强化,这加剧了原本由不对称的等级形成的师生关系的矛盾和冲突,所有这些都干扰了大学生社会化过程。但是,在一个多样的、包容的和支持性的大学学术生活中,也存在着影响大学生社会化的积极因素。大学结构的分化和分层,尤其是教师和学生的分层,能够促进学生的有效社会化和认知学习。有效管理、组织和控制大学生课外生活和大学的研究课程,以及让大学生有限参与学校决策和大学治理等,都增强了学生自治能力。教师对大学生社会化的影响很关键。但教师需要在坚持"拒绝互惠原则"(Denial of reciprocity)并有效运用"奖惩权力"(Manipulation of rewards),以学生的学习成就为依据,提供给他们多样化的机会,让他们频繁接触特定学科范围内的认知标准,使之感受到这种认知标准与实践和生活的"关联性",这样教师才能将大学的认知合理性价值和群体归属感内化到学生行为中。总而言之,在帕森斯等人的论述中,大学中

---

① PARSONS T, PLATT G M. *The American University* [M]. Cambridge: Harvard University Press, 1971: 163-224.

分化、分层的大学结构、学生同辈群体文化、大学教师运用"拒绝互惠原则"和"实施奖惩权力"的能力等都是影响大学生社会化的主要因素，这些因素又与大学的价值和文化是紧密相连的。

对于布尔迪厄来说，社会化意味着社会结构、阶级结构和文化的再生产。他从场域与习性、位置与性情倾向、社会结构与心智结构等概念之间的辩证关系出发，在文化再生产理论视角下研究学校教育体系的作用和影响。[①] 他认为，随着教育层次的提高，学校对学生的心智和认知的影响会逐渐超越早期家庭对学生的影响。学校教育延续和强化了学生进入学校时的文化资本的差异。那些具有上层文化资本的学生能够更迅速有效地积累学校所赏识的知识技能、审美品位、生活方式。学校将最初的文化资本上的不平等"转译"为某种学业资格，引导着社会空间中特定位置的继承者走向与其前辈相似的社会位置，并使之拥有适合该位置的一系列社会资源，进而再生产出既存的社会等级制。学校"制造了一种假象，即社会的不平等是由个体能力和欲求不同所导致的，这使得社会特权和地位的沿袭相承在民主社会里合法化、永久化。"[②]

在福柯（Michel Foucault）眼中，现代学校是一个典型的规训机构，它以知识和权力为中介，通过运用规训和惩罚的技术实现学校对学生的影响。这种规训不是为了压制学生发展，而是为了让学生发展符合规训者的期望和需要，以制造和生产符合规范和纪律要求的"产品"。尽管福柯没有特别分析大学，但是他从权力、知识和规训角度呈现的学校对个体发展的影响，富有创新和冲击力。在《规训与惩罚》一书中，福柯考察了学校教育中的规训与惩罚技术，揭示了学校场域中规训权力对学生产生影响的隐秘机制。[③] 这套隐秘机制包含着规训者对学校场域的时间、空间、结构和机制的精心设计和规

[①] 布尔迪厄，帕斯隆. 再生产——一种教育系统理论的要点 [M]. 邢克超，译. 北京：商务印书馆，2002：64-79.
[②] 张似韵. 学校教育体系与社会等级制的再生产——布尔迪厄文化再生产理论述评 [J]. 社会，2002（1）：14-17.
[③] 福柯. 规训与惩罚 [M]. 刘北成，杨远婴，译. 北京：生活·读书·新知三联书店，2003：65-182.

划以及对学生身体姿势的控制。这套机制体现出"层级监视"和"规范化裁决"的特点,使得贯穿其中的纪律能够畅行无阻,保证规训权力的实施及其对学生行为的导向和规训作用。

以麦克. F. D. 扬和伯恩斯坦为代表的英国新教育社会学和美国的阿普尔(Michael W Apple)等将布尔迪厄的文化再生产理论和福柯的知识及权力的视角整合起来,从学校中教育知识的编码与控制、课程和教学中社会意识形态控制等角度批判性地分析和揭示学校再生产社会的阶级和文化结构的过程及其对学生发展的影响。①

在教育研究领域,许多研究对影响大学生发展的学校因素进行了细化和分解。早期的研究集中在学校的资源和物质环境(如学校的设施、设备和空间等)对学生个体发展的影响。随着研究的深入,学者们发现学校的资源或物质环境对学生发展的影响非常有限。因此,学者们逐渐关注学校的行为、文化层面的环境的教育效果。科尔曼等人指出,学校中教师的质量、学生和其同伴的教育背景和动机等因素与学生的学业成就的相关性更高。② 费德曼(Kenneth. A Feldman)和纽康姆(Theodore M Newcomb)研究了美国大学对学生发展的影响。他们将学校环境因素分解为院校类型的特点、专业类型的特点、住宿群体、学生文化和教师等方面,并分析了这些因素对学生的影响。③ 霍兰德(John. Holland)的职业个性选择理论对研究学校环境的教育效果产生了重要影响。④ 他的主要思想是:个体的个性与环境的互动催生了个体职业选择行为的发生。个体的职业选择既与他的动机、知识、个性和能力有关,也与由人的兴趣、能力和行为构成的个性类型的聚集所构建的环境有关。个

---

① 扬. 知识与控制——教育社会学新探 [M]. 谢维和, 朱旭东, 译. 上海:华东师范大学出版社, 2002. 阿普尔. 意识形态与课程 [M]. 黄忠敬, 译. 上海:华东师范大学出版社, 2001.

② COLEMAN J S. *Equality of Educational Opportunity* [Z]. Washington, DC: US Government Printing Office, 1966: 418–442.

③ FELDMAN K A, NEWCOMB T M. *The Impact of College on Students* [M]. San Francisco: Jossey-Bass, 1969: 325–338.

④ HOLLAND J. Making Vocational Choices: A Theory of Vocational Personalities and Work Environments [M]. Englewood Cliffs: Prentice-Hall, 1985: 198–202.

体的个性与环境相适应时,他的行为相对稳定;个体的个性与环境不相适应时,他的行为可能会发生改变使他去寻找适合他的工作环境。

霍兰德的理论让学界认识到,应从个人与环境互动的角度探索大学生的学习成果和发展的原因。佩斯、阿斯汀和乔治·库等人的研究都受到霍兰德的影响。佩斯在其学术生涯中投入大量的精力研究了大学环境对大学生的影响,他认为大学生对学校设施以及学习机会的利用程度既是衡量学生在学期间的精力投入的重要尺度,也是衡量学生发展的关键因素。① 阿斯汀在他的"学生参与理论"中确认了学生与大学环境的互动对其发展的影响,认为学生的积极参与是大学环境影响大学生发展的前提。② 汀透将学校因素分解为学术系统和社会系统两大类,并通过研究指出,学生退学行为的发生,是因为他们无法将大学里的学术系统和社会系统整合到自己的学习当中。③ 我国学界也很重视运用实证调查方法探索院校环境对大学生发展的影响。许多研究确证了院校资源条件、物质环境以及院校人际和文化层面的环境对大学生发展的促进作用,验证了学校的各种因素是通过作用于学生个体的自觉行为而对大学生发展产生正面或负面的影响。④

4. 现代传媒对大学生发展的影响

在当下高度分化的"累积性"社会里,农业时代的痕迹没有消失,工业社会和后工业社会的要素正在发生着力量角逐,在信息技术的挟裹下,信息和知识的载体正经历着从印刷媒介到广播电视再到以互联网为主的现代传

---

① PACE R C. *Measuring the Quality of College Student Experiences: An Account of Development and Use of the College Student Experiences Questionnaire* [Z]. Higher Educational Research Institute, Graduate School of Education, University of California, 1984: 54-87.

② ASTIN A W. *What Matters in College? Four Critical Years Revisited* [M]. San Francisco: Jossey-Bass, 1993: 52.

③ TINTO V. Dropout From Higher Education: A Theoretical Synthesis of Recent Research [J]. Review of Educational Research, 1975(45): 89-125.

④ 周廷勇,周作宇. 高校学生发展影响因素的探索性研究[J],复旦教育论坛,2012(3):48-55,86. 白华. 本科生就读经验影响学习收获的路径研究——基于结构方程模型[J]. 中国高教研究,2013(6):26-32. 郭建鹏,杨凌燕,史秋衡. 大学生课堂体验对学习方式影响的实证研究——基于多水平分析的结果[J]. 教育研究,2013(2):111-119.

媒的变迁与融合过程。这个历程所展现出的一种共同的社会结构形态,被卡斯特(Manuel Castells)命名为"网络社会"。在这样的社会中,个体的存在样式体现为尼葛洛庞蒂(Nicholas Negroponte)所说的"数字化生存"。数字化生存让学生受到的影响已不再局限于家庭和学校,学生的学习能超越时空的限制而随时随地发生。这是学校教育及其中的个体面临的宏大推力。最近几年,"慕课"的兴起只是这宏大推力呈现的冰山一角,但这已经足以让传统的、以印刷媒介为主要基础的现代学校教育体系显得有些不知所措。网络社会所带来的知识和信息爆炸尤其值得关注。[1] 正是在此背景下,现代传媒对大学生发展的影响的研究才开始进入研究者的视野。现代传媒的形式是非常多样的,但互联网以其方便快捷等诸多特征成为现代传媒中的新贵,取得了霸权地位。以互联网技术为基础的传媒就有诸如社交媒介(微博、微信、社交网站)和移动设备等多种形式的媒介。相关领域的研究也是庞杂多样的。

早期研究主要强调互联网对学生发展的负面影响。克劳特(Robert Kraut)等人关注个体上网对其社会参与和心理健康的影响,他们认为,互联网是一种致人疏离的技术,个体因为沉溺上网而减少了与他人的接触,个体的社会联系减弱了,上网越多的人就比较容易感受到诸如孤独、沮丧和压力等消极情绪的困扰。[2] 许多研究者沿着这样的思路研究互联网对青少年的心理发展的影响,创造了多种术语描述个体在互联网的过度使用中引发出来的心理障碍。如古德伯格(Ivan Goldberg)的互联网成瘾障碍(Internet Addiction Disorder)、杨(Kimberly. Young)的病态网络使用(Problematic Internet Use)、霍尔(Alex S. Hall)和帕森(Parsons)等人的网络行为依赖(Internet

---

[1] 联合国教科文组织. 从信息社会迈向知识社会[EB/OL]. http://www.un.org/chinese/esa/education/knowledgesociety/index.html.

[2] KRAUT R, PATTERSON M, LUNDMARK V, et al. Internet Paradox: A Social Technology that Reduces Social Involvement and Psychological Well-being?[J]. American Psychologist, 1998, 53(9): 1017-1031.

Behavior Dependence)等概念。① 同时开发了各种量表和问卷调查、测量和诊断互联网的过度使用行为。如布伦纳（Viktor Brenner）的《网络成瘾行为问卷》（Internet-Related Addictive Behavior），阿姆斯庄（Lynette Armstrong）等人编制的《网络使用调查问卷》（The Internet Usage Survey）等。② 这种研究思路或许是互联网初兴时"数字化移民"在适应和抗争新环境过程中的心理投射。随着互联网渗透到个体和社会的日常生活，在"数字化土著"的产生和兴起背景下，许多学者开始辩证地探讨互联网对学生发展的影响，在将互联网视为双刃剑的前提下，研究它对大学生的认知过程、学习行为、社会性发展和人格发展等方面的积极影响。达柏（Nada Dabbagh）等人指出，③ 互联网为大学生的学习准备了一个新的环境，学生不再是被动的信息接受者和消费者，而是积极的内容生产者，尤其是在基于社交媒体的学习环境中，学生的学习更具有自我驱动、自主性和非正式性的特点，这已经成为大学生大学经验的组成部分。社交媒体能够帮助学生创建新型学习环境，促进大学生在其中共享他们的学习成就、参与集体知识的生产和形成他们自身的意义感。互联网也还能为个体营造一个与现实有所不同的社会关系网络。大学生在使用社交媒体、社交网站等过程中，会获得一种社会支持，促进他们的社会性发展。佩普克等人（Tiffany A. Pempek）认为，④ 社交网站为大学生

---

① GOLDBERG I. Internet Addiction Disorder［EB/OL］.http://www-usr.rider.edu/ ~ suler/psycyber/supportgp.html. YOUNG K. Internet Addiction：The Emergence of a New Clinical Disorder［J］. Cyber Psychology & Cyber Psychology & Behavior，1998，1（3）：237-244. HALL A S, PARSONS J. Internet Addiction：College Student Case Study Using Best Practices in Cognitive Behavior Therapy［J］. Journal of Mental Health Counseling，2001，23（4）：312-327.

② WIDYANTO L，GRIFFITHS M D，BRUNSDEN V. A Psychometric Comparison of the Internet Addiction Test, the Internet-Related Problem Scale，and Self-Diagnosis［J］. Cyber psychology，Behavior，and Social Networking，2011，14（3）：141-149.

③ KITSANTAS D A. Personal Learning Environments，Social Media，and Self-regulated Learning：A Natural Formula for Connecting Formal and Informal Learning［J］. Internet and Higher Education，2012（15）：3-8.

④ PEMPEK T A，YERMOLAYEVA Y A，CALVERT S L. College Students' Social Networking Experience on Facebook［J］. Journal of Applied Developmental Psychology，2009（30）：227-238.

人际交往提供了一个方便易得的通道，大学生能够更快地从他人那里获得反馈，这种交往能够增进大学生与他人建立关系的能力，促进大学生自我认同的发展。

5. 大学生发展影响因素的综合模型

很多学者发现大学生的个体行为、家庭、学校等诸因素并不是独立地而是联合地影响大学生发展，学者们因此提出了很多综合模型以期从不同角度分析大学生发展的影响因素。在帕斯卡瑞拉和特仁兹尼（Patrick T. Terenzini）的综述基础上，[1] 我们主要介绍以下五个模型：

一是阿斯汀的"输入－环境－输出"（Input-Environments-Output）模型。[2] 阿斯汀着重强调：除了受到学生在进入大学前所具有的特点的影响之外，学生在大学里的发展变化主要受到学生与大学环境的互动的影响。阿斯汀所指的大学环境既是指客观存在的大学的物质和文化环境（如资源、课程、政策等），也是指学生对这种客观环境的心理感知和体验，以及对环境的利用、参与和浸入所形成的人际环境。

二是汀透的大学生退学模型。[3] 汀透指出，大学生带着之前形成的人际模式和学术品性及能力进入大学，他们根据大学前的经历对大学产生期待并确立自己的大学目标。在与大学里的学术和社会系统互动的过程中，大学生将它们整合到自己的行为模式之中，并据此不断修正和重塑他们进入大学时的目标和对大学的期待。如果学生能够很好地整合他的目标和院校制度的关系、能够与院校中的师生共享一套价值观，那么他便会取得较好的发展，产生较高的满意度，从而倾向于继续在这个学校学习。如果学生在与院校的互动中，不能很好地进行学术整合和社会整合，那么他就会产生负面的经历，这种经历越多就越会影响他的学习成就，从而促使他选择离开这个学校。

---

[1] PASCARELLA E T, TERENZINI P T. *How College Affects Students: Findings and Insights from Twenty Years of Research* [M]. San Francisco: Jossey-Bass, 1991.

[2] ASTIN A W. *What Matters in College? Four Critical Years Revisited* [M]. San Francisco: Jossey-Bass, 1993: 7.

[3] TINTO V. Leaving College: Rethinking the Causes and Cures of Student Attrition [M]. Chicago: University of Chicago Press, 1987: 25-28.

三是帕斯卡瑞拉的大学生发展的综合因果模型。① 帕斯卡瑞拉指出，大学生发展受到五方面因素的直接和间接影响，这五方面因素包括：学校结构和组织特征（如师生比、招生规模等）、学生个体背景和入学前特征（个性、期望、入学成绩等）、院校环境、学生努力的质量以及学生的社会性互动（与教师和同伴的交往）。院校环境包括学校结构与组织特征和学生个体背景与入学前特征。学生努力的质量包括学生背景特征、学校综合环境以及同伴和教师的影响。大学生发展受到学生背景和特征、社会性互动以及学生的努力质量这三方面的影响。学校结构特征只是间接而非直接影响大学生的发展，它的影响以学校的综合环境、学生的努力质量以及学生与同伴和教师的互动为中介。

四是乔治·库等人的大学生学习成就影响因素模型。② 这个模型从较广阔的视角研究大学生发展的影响因素，重点关注学生在大学里的学习参与和投入。影响大学生发展的外部因素主要包括：经济力量、国家政策、国际化、高等院校的生源数量、认证、地方政策以及大学生入学前的经验（如入学选择、学术准备、学习兴趣等）。影响大学生发展的内部因素主要包括：学生行为（如学习习惯、同伴关系、师生互动、学习兴趣等）和院校条件（如学术支持、校园环境、同伴支持和教学方法等）。

五是魏德曼（John C. Weidman）的本科生社会化模型。③ 这个模型特别关注大学生在非认知领域的变化和发展（如职业选择、生活方式、成就动机和价值观）。魏德曼从社会学的视角，试图整合心理学因素和社会结构性因素以解释大学生发展。他的基本假设是：高校不是一个封闭的环境，大学生

---

① PASCARELLA E T. College Environmental Influences on Learning and Cognitive Development: A Critical Review and Synthesis. In J C Smart (ed.), Higher Education: Handbook of Theory and Research. New York: Agathon, 1985: 1-62.

② KUH G D, KINZIE J, BUCKLEY J A, et al. *Piecing Together the Student Success Puzzle: Research, Propositions and Recommendations* [Z]. ASHE Higher Education Report, 2007, 32 (5): 70.

③ WEIDMAN J. Undergraduate Socialization: A Conceptual Approach, In J C Smart (ed.), Higher Education: Handbook of Theory and Research. New York: Agathon, 1989: 289-322.

在学校期间仍然会与学校外部的人（如父母、亲人和朋友）有交往并受到他们的影响。影响大学生发展的因素有三类：（1）家庭社会化（社会经济地位、生活方式、亲子关系）；（2）学生入学前特征（社会经济地位、态度、职业偏好、动机和价值观）；（3）大学经验，包含常规环境和学生社会化过程。常规环境指学校结构，如学科和研究领域，或是正式班级之外的同辈和教师间的非正式交往环境。学生社会化过程包括人际交往、自我内化（Intrapersonal）和学习活动，以及将自己融入到校园的学术和社会生活之中。

上述五个模型与斯塔弗尔比姆（Daniel L. Stufflebeam）的CIPP评估模式的思想在结构上有许多共通之处。CIPP模式的核心概念是脉络（Context）、投入（Input）、过程（Process）和产出（Product）评估。① 上述五个模型基本上都是从这四个层面进行理论构建的：学生个体的和学校组织的背景特征可以被视为影响学生发展的脉络因素；学生投入和学校投入可以被看作影响学生发展的投入因素；学校行为和学生个体行为的互动以及学生个体的内化行为可以被看作影响学生发展的过程因素和产出因素。

（四）我国学术界在相关研究领域的研究进展

我国学术界早期对大学生的研究主要是从学生的心理、思想政治教育等角度切入。随着我国高等教育从精英到大众化转型过程中教育质量问题的凸显和逐步升温，学术界对大学生发展和学习成果评价的相关文献不断增多。尤其是我国本科教学工作水平评估成为高等教育各界关注和讨论的热点问题以来，学术界产生了一场关于评估观念转向的讨论，学生作为"高等教育质量的主体"的问题被提出来并得到较为广泛的响应，测量和评估学生的学习经验获得了学界的认可。② 北京师范大学、北京大学、清华大学、厦门大学等高校的高等教育研究专家都相继开展学生学习经验或"学情"调查。在此

---

① 斯塔弗尔比姆. 评估模型［M］. 苏锦丽，王丽云，郭昭佑，等译. 北京：北京大学出版社，2007：323.
② 周作宇，周廷勇. 大学生就读经验：评价高等教育质量的一个新视角. 大学研究与评价［J］. 2007（1）.

过程中，国外关于大学生发展以及学生学习成果的相关研究受到国内学界的重视和广泛讨论，① 这些讨论和研究主要将焦点放在"测量与监控学生学习过程或学习投入对于高等教育质量评估的价值和意义上。② 许多研究者试图通过研究学生学习行为特征和学生能力发展的影响因素以为高等教育质量改进提供政策咨询意见。③

我国学术界目前还处于借鉴他国有关大学生发展理论开展大学生学习成果研究的阶段。不过目前已经开展起来的大学生学习调查和评价方面的研究逐步丰富了探索中国特色的大学生发展理论所需的经验证据。在对大学生学习成果现状把握的基础上，大学生学习发展和学习成果的影响因素的相关问题是当前备受关注的重要问题之一。周廷勇和周作宇采用多元回归分析的方法研究了大学师生交往对学生发展的影响，发现师生交往对学生的智力、科技能力、社会性发展等方面呈显著的正向影响。④ 鲍威的研究发现，高校学生的学业成就不仅取决于所在高等院校的组织性特征、高校教学质量、学生基本特征以及他们与教师、同学之间的互动，同时也受到学生本人学习参与投入程度的直接影响。⑤ 杨朴和许申的研究指出本科学生与高职高专学生的

---

① 罗晓燕，陈洁瑜. 以学生学习为中心的高等教育质量评估——美国 NSSE "全国学生学习投入调查解析" [J]. 比较教育研究，2007（10）：50-54. 孙超. 对美国大学生学习产出研究的反思 [J]. 高教发展与评估，2009（6）：81-84. 黄海涛. 美国高等教育中的"学生学习成果评估"：内涵与特征 [J]. 高等教育研究，2010（7）：97-104.

② 罗斯，罗燕，岑逾豪. 清华大学和美国大学在学习过程指标上的比较：一种高等教育质量观 [J]. 清华大学教育研究，2008（2）：36-42. 罗燕，史静寰，涂冬波. 清华大学本科教育学情调查报告 2009——与美国顶尖研究型大学的比较 [J]. 清华大学教育研究，2009（5）：1-13. 蒋华林，李华，等. 学习性投入调查：本科教育质量保障的新视角 [J]. 高教发展与评估，2010（7）：45-53. 吴素梅，宋彩萍. 关于高校学生学习性投入状况的调查研究——以上海 W 大学为例 [J]. 教育理论与实践，2010（7）：3-6. 鲍威. 扩招后中国高校学生的学习行为特征分析 [J]. 清华大学教育研究，2009（2）：78-87.

③ 李文利. 高等教育之于学生发展：能力提升还是能力筛选？[J]. 北京大学教育评论，2010（1）：2-16. 鲍威. 未完成的转型——普及化阶段首都高等教育的人才培养与学生发展 [J]. 北京大学教育评论，2010（1）：27-44.

④ 周廷勇，周作宇. 关于大学师生交往状况的实证研究 [J]. 高等教育研究，2005(3)：79-84.

⑤ 鲍威. 扩招后中国高校学生的学习行为特征分析 [J]. 清华大学教育研究，2009(2)：78-87.

学习参与程度对在校成长具有的不同影响机制，学习参与、社会活动参与和集体活动参与的积极与否对个人能力发展有显著影响。① 朱红以阿斯汀提出的学生参与理论为基础，采用结构方程模型的方法分析了学生参与度与大学生成长之间的影响机制，验证了阿斯汀的学生参与理论在中国大学情境下的适切性。② 周廷勇和周作宇采用多层线性模型的方法探索了大学生发展的影响因素，研究发现，大学生学习成果存在显著的群体差异（性别、父母学历等），同时揭示了学生个体的在校学习行为和学校环境对大学生学习成果产生影响的机制。③ 吴凡基于院校影响模型，采用结构方程模型分析了学习成果的影响机制，结果表明，对我国研究型大学本科生学习成果产生积极影响的主要因素有教学方式方法的效果、学生主动学习、大学教育对能力与素质的强调程度、学生满意度、学业任务以及时间分配。④ 陆根书等人的研究发现，第一代与非第一代大学生、城乡大学生之间存在发展差异，在家庭经济社会地位方面，第一代大学生明显处于弱势，他们父母的教育投资和家庭教育能力均有限。⑤ 张华峰等人研究指出，来自不同地域的大学生具有不同的文化特征、截然相异的生活经历与经验，他们在自我同一性确立和发展方面差异明显。⑥ 牛迎春的研究发现，区域教育发展不均衡导致大学生初期学业表现产生差异。⑦ 杨立军等人的研究发现，来自不同地域大学生的发展水平四年

---

① 杨钋，许申. 本专科学生能力发展的对比研究——基于"2008年首都高校学生发展状况调查"相关数据的分析 [J]. 教育发展研究，2010（5）：17-22.

② 朱红. 高校学生参与度及其成长的影响机制——十年首都大学生发展数据分析 [J]. 清华大学教育研究，2010（6）：35-43，63.

③ 周廷勇，周作宇. 高校学生发展影响因素的探索性研究 [J]. 复旦教育论坛，2012（3）：48-55.

④ 吴凡. 我国研究型大学本科生学习成果的影响机制——兼论大学生学习经验的特殊性 [J]. 高等教育研究，2017（9）：56-64.

⑤ 陆根书，胡文静. 师生、同伴互动与大学生能力发展——第一代与非第一代大学生的差异分析 [J]. 高等工程教育研究，2015（5）：51-58.

⑥ 张华峰，赵琳，郭菲. 第一代大学生的学习自画像——基于"中国大学生学习发展和追踪调查"的分析 [J]. 清华大学教育研究，2016（6）：72-94.

⑦ 牛迎春. 迎头赶上：来自不同地域学生的大学学业表现的实证案例研究 [J]. 清华大学教育研究，2018（1）：91-124.

间差异显著并与生源地经济水平显著相关，家庭背景对大学生发展水平的影响最大。① 包志梅研究了高水平大学本科生学业表现的不同类型与其个体投入、家庭支持和学院制度之间的关系。②

总的来说，我国学术界近年来在大学生发展和学习评价研究上取得的进展是比较大的，学生发展和学习成果的影响机制的相关研究也得到了相当多的讨论。学术界从学校环境与条件、学生个体背景与特征以及学生学习参与和努力等方面探索了学生发展的影响机制，为揭开学校教育这个"黑箱"的面纱做出重要贡献。但是，实践中的大学生发展和学生学习成果是差异性和统一性的结合，针对全国不同地区高校大学生的学习成果的现状有待进一步深入而全面的把握。在学校教育这个黑箱中，揭示它发生了什么固然重要，这是研究得以深入的基础或前提。但揭示黑箱里的一切是怎么发生的、为何发生的，对于以改进为目的的教育评价也同样重要。尽管关于学生发展和学习成果的影响因素的相关研究受到相当的重视，尤其最近的趋向开始逐步关注大学生学习成果的差异性及其影响因素，但是还有一些重要问题需要进一步深入研究：一是大学生学习成果在院校内部和院校之间的调查研究有待深入；二是对大学生学习成果差异的影响因素的系统性分析研究相对比较少见，多数研究关注的重点在院校影响力方面。但是学校、学生都不是孤立的存在，他们处于同一生态系统之中，不断地和系统发生交互作用和交互影响。从理论上简化地看，学生学习成果，既受院校行动的影响，也受学生个体的行动和努力的影响，同时还可能受到家庭的影响。这几种因素对学生学习成果差异的影响路径和效果怎样？究竟是学生个体的行为和心理，还是学生家庭结构和社会经济因素，亦或是院校行动与实践决定了学生大学期间的学习成果？这些问题都需要持续不断地探索。三是对"高校是缩小了再生产还是扩大了学生学习成果的差异？"这个问题的科学分析同样需要持续深入调查研

---

① 杨立军，徐隽. 区域背景如何影响大学生发展——基于 CCSS 调查的大学生发展指数 GTWR 模型分析 [J]. 高等教育研究，2021（2）：82-90.

② 包志梅. 我国高水平大学本科生差异化学业表现的影响因素研究 [J]. 高等教育研究，2021（10）：79-87.

究。总而言之，大学生学习成果的影响因素是复杂多样的，不同的影响因素之间也还可能会发生相互影响。譬如：学生由于家庭社会经济背景可能通过选择更好的学校和教师以及接触到优质的社会资源从而对他的发展产生间接影响，其结果就会导致在估计学校教育的作用时出现偏差。国外已有的研究采取了各种复杂的计量方法力图控制这种间接影响而获取对学校教育的"净影响"的认识和判断，但国内对学校教育的"净影响"的实证研究还未足够重视。其后果是不但使我们不能有效根除对学校教育作用估计的偏差问题，而且会使我们将学生学习投入或学生学习成果作为衡量高等院校人才培养质量的标准时缺乏实证基础和理论支持。因此，如果要使得相关研究能够为高校促进学生学习和建立内部质量保障体系以及为国家实施高等教育质量评估的相关政策提供参考依据，就应充分讨论大学生学习成果的差异和分化及其影响因素。

四、基本框架

本书主要探究以下几方面的内容：

（一）中国高校学生学习质量评价的实践及反思。从学校层面和国家本科教学评估政策层面，梳理高校学生学习评价的主要形式，探究国家本科教学评估政策对学生学习质量评价的要求和标准等问题，反思中国高校学生学习质量评价实践的特点和问题。

（二）美国高校学生学习质量评价的实践及反思。从美国高等教育评估的起源、发展历程之中，梳理美国高校学生学习评价的形式、方法和工具，反思美国高校学生学习质量评价实践对中国的启示和借鉴。

（三）高校学生学习质量评价的理论探究。首先，在梳理高等教育质量观的演进逻辑基础上，反思以学生发展为中心的教育质量观的主要内涵和基本要求。其次，从评价的对象、评价的方法论等层面，对高等教育评价观进行深入的理论探讨。再次，研究大学生发展模型和大学生发展影响因素模型构建中的关键理论问题，并分析它们对学生学习评价的意义和价值。

（四）高校学生学习质量的调查研究。通过实证调查数据，一是对大学生的学习参与和投入进行分析，了解他们是如何利用学校环境和资源的；二是对大学生学习结果进行分析，了解学生在大学里究竟学到了什么、在哪些方面得到了发展；三是探究大学教育如何影响学生的学习质量和学生的发展；四是在此基础上反思，如何将对大学生的学习质量的调查研究转化到本科教育质量评价体系之中，从而促进学生学习和发展，改进大学教育方式。

第一章
中国高校学生学习质量评价实践及发展动向

在中国高等教育学术界和实践界的语义环境中,目前已经生长出学生评价、学生学业评价、学生综合素质测评、学生学习评估、学生学习成果评估等概念体系,这些概念体系指向的是中国高校学生学习质量评价的行动领域。中国高校学生学习质量评价主要有两个视角,一是高校内部对学生学习进行的评价,主要包括期中和期末考试、毕业论文评价、社会实践评价、学期和学年综合素质测评等形式;二是国家和社会层面的高等教育质量保障体系和评估实践对学生学习质量的评价。围绕中国高校学生学习评价的实践和理论问题,中国的学者开展了大量可供借鉴的研究,在这些研究的基础上,仍然有必要进一步清晰地勾勒出我国高校学生学习质量评价实践的进展线索和脉络,反思我国高校学生学习质量评价实践的成就和问题。

第一节 中国高校学生学习质量评价的发展阶段和基本形式

中国的学生学习质量评价历史悠久，源远流长，在与世界的学生学习质量评价实践的相互借鉴中不断传承和创新。出于政治生活和社会管理的需要，中国远古时期的先民在探寻如何发现优秀社会管理人才的过程中创造出一种独具中国特色的考试制度。考试作为一种竞争性、选拔型的学习评价方式，一度是中国教育系统评价学生学习质量最重要的制度和方式。随着中国传统教育向西方学校教育转型，中国学校教育系统的学生学习质量评价步入了教育测量阶段。中华人民共和国成立以后尤其是改革开放以来，伴随着中国开启的波澜壮阔的教育现代化历程，对学生学习质量评价进入了聚焦学生学习和发展的评价阶段。可以说，中国经历了以考试为主的选拔型学生学习质量评价、以教育测量为主的教育型学生学习质量评价以及以学习和发展为主的发展型学生学习质量评价三个阶段。这三个阶段不是相互替代而是累积叠加、融合共生的具有连续性的历史过程。选拔型学生评价并没有因为教育型学生评价的出现而消亡，教育型学生评价也没有因为发展型学生评价的兴起而销声匿迹，三者相互交融共同存在于中国高校学生学习质量评价实践之中。

一、选拔型学生学习质量评价时期

选拔型学生学习质量评价是指，评价者对学生学习质量的评价以选拔适合进一步接受教育的学生为目的。考试是选拔型学生学习质量评价最主要的方式。在英国和美国最早开始探索以心理测量学原理为基础的考试制度之前，中国就已经发明了考试并运行了几千年。《史记》里讲述的尧舜禅位的过程，蕴含着中国古代最早的考试形式：尧选舜做他的接班人之前对舜进行了三年之久的"德才"考核："妻二女"以观其齐家之德，"和五典"以考其教化之道，"入百官"以察其治理之能，"宾四门"以考其外交之才，使其"入山林川泽"以炼其心智品格。《学记》里写道："比年入学，中年考校。一年视离经辨志，三年视敬业乐群，五年视博习亲师，七年视论学取友，谓之小成。九年知类通达，强力而不反，谓之大成。"这段话表明，早在西周时期，中国教育体系里就已经形成了比较完整的考试制度，并以此对学生学习质量进行评价，其中对修业年限、"考校"时间频率、"考校"内容和标准都有明确的说明：经过七年完成"小成"学习阶段，在这个阶段，要在入学后的第一年、第三年、第五年和第七年分别进行"考校"，从"离经辨志、敬业乐群、博习亲师、论学取友"等四方面考查学生的学习质量；再经过两年的学习则完成"大成"阶段的学习，对这一阶段的学习评价的标准是"知类通达，强力而不反"。这些考查内容，既强调考查学生掌握学业知识的能力，又考察学生品性和人格养成以及道德和社会实践的能力。

自中国隋唐时期产生科举制度以后，经历宋、元、明、清时期的发展演变，中国形成了一套非常完善的考试制度。科举制度实质上是各地分别预选，全国统一考试的人才选拔制度。它分为地方考试、省级考试和中央考试三种类型。考生首先参加县试，然后参加府试。通过的考生被称为童生，有资格参加由各省学政（或称学道、学台）主持的院试。院试录取者称为生员，即俗称的秀才。在省城举行的省级考试称为乡试，乡试录取者称为举人。第一名举人称为解元。举人可于第二年进京参加在礼部举行的中央考试，即会试。会试录取者称为贡士或中式进士，第一名称会元。会试后，凡贡士或中式进士均参加殿试。殿试是科举制度中最高一级的考试。殿试后，按三甲（三等）公布成绩和放榜，一甲三人称进士及第，二甲若干人称进士出身，三甲若干人称同进士出身。一甲第一名称状元，一甲第二名称榜眼，一甲第三名称探花，合称三鼎甲。如果乡试、会试、殿试均考取第一名，即解元、会元和状元获得者，俗称连中三元。殿试以后，无须再经吏部考试，可以直接授官。

隋唐实施科举制度以前，中国古代统治阶级的选人途径主要以推荐为主，虽然偶有考试，但考试只是推荐的补充，不占主导地位。例如，在汉代的自上而下的"征辟""制举"和自下而上的"察举"，魏晋南北朝的"九品中正制"（即由在中央任职的官吏担任家乡州郡的中正官，负责品评本地人物，分为九等推荐给中央，根据品级授予不同的官职）下，推荐对于人才的进退取舍都具有决定意义。虽然推荐制度对于人才也有一定的考察标准，例如隋唐以前主要的标准无外乎是家世、德行和才能三种，但是，由于缺乏鉴别这三种标准的工具，才能无法比较，德行又难以触摸到，而唯有家世易于考查。以家世为唯一标准的推荐制度，其致命的问题，一方面是统治阶级不能在更大范围内选拔人才，不能争取更多社会阶层的支持，往往会因此进一步激化社会矛盾。另一方面是助长故弄玄虚、投机钻营之类的不正之风，败坏社会风气。这两大问题都不利于社会发展和统治阶级的稳定。科举制度将考试纳为选才用人的唯一标准，对于克服这两大问题，都具有重要意义和价值，从这个意义上看，科举制度尽管有其脱离实际、腐朽僵化、荒谬绝伦的一面，但它的产生也不得不说有其历史的进步意义和合理性所在。

科举制度自隋朝开始至清朝结束，历经十几个朝代一千多年，各代选才用人的标准各不相同，各代各科考试内容和方法也不尽相同。但就选才用人标准来说，大致注重三方面：一是强调严格的政治审查。家庭出身不好、触犯统治阶级法律、违反道德伦常等不符合统治阶级标准的异己分子都不能参加考试。二是强调严格的文化考查。前文已指出，考生必须经历县试、府试、院试、乡试一次又一次的筛选，才能够取得全国统考的资格，去参加会试、殿试。三是注重身体健康方面的考查。如唐代科举考中之后，吏部还要从"身、言、书、判"方面进行考试。"身"主要是指外貌和健康状况。由此可见，中国历史上的考试，很早就注意到了从德智体三方面来衡量人才。

就考试方法来说，主要有：（1）帖经和墨义。帖经类似当今的默写和填空。由主试者将经书任揭一页，任取其中一行，将左右两边蒙上，然后裁纸为帖，遮盖其中三个字或五个字，要求考生将被遮盖字写出来。墨义类似现在的简答题或名词解释题。由主试者取儒家经典中的句子让考生回答，或要求对答下一句，或要求对答句子本身的含义。（2）诗赋和杂文。主要考查考生的文学修养和创作能力。诗赋类似今日的命题作文，杂文类似现在的应用文写作。诗赋要求考生根据儒家经典的主题思想、前人的诗句或景物为题，当场作诗写赋。杂文要求考生以官员常用的表、论、赞等为题材作文。（3）策论和口试。策论有经史策和时务策，以历史典章、理论或现实社会问题为题，让考生分析问题，提出自己的主张和解决办法。口试类似现在的面试。由主试者面对面向考生提问，要求考生当场口头回答问题，或者由主试者将考题制成考签，由考生任意抽取，做出口头回答，主试者可以视考生回答情况继续追问或补充提问。（4）经义。类似现在的读后感。以儒家经典的一段话或不同章节的同一主题的句子为题，让考生阐述自己的理解和认识。

就考试内容和评价标准来看，历代的侧重点也是变化各异的，但大致包括：（1）政治理论、政治素养。儒家学说一直是历代的思想武器和理论基础，是自隋以后科举考试的正统的政治教材。在宋代甚至将政治理论考试放在最重要的位置，正所谓"经义定去留，律义定高下"，专业知识成绩只是能否被录取的参考，而经义成绩则是决定能否被录取的关键。（2）文化素养、写作能力。诗赋虽一直受诟病，但在科举考试的历史上只有短暂的几次中断，一直被认为是考察候选人写作水平最好的工具。（3）分析问题和解决问题的能力。策论的目的是使知识分子留心重大的理论问题和现实问题。统治者一方面需要具有分析问题和解决问题能力的人才，但另一方面又不需要具有独到见解、思想活跃的人才，因为担心这样的人才有损其威望和统治地位。所以，在考察人才的分析问题和解决问题的能力方面，科举考试往往左右摇摆。

1905年，清光绪帝采纳袁世凯"推广学堂必先停科举"的奏议，决定从1906年起，所有乡试、会试和各省岁科考试一律停止。有着一千三百多年历史的科举制度被废除了。但是，帖经（填空题）、墨义（简答题）、策问（政论题）、诗赋（作文题）和口试等考试方法一直延续至今。以选拔为目的的考试也一直是现在最重要最受民众关注的形式。

选拔型学生学习质量评价秉持竞争信念和原理，坚持公开考试、平等竞争、择优选拔的考试原则，对参加竞争的学生根据竞争的最终结果，选出合格者，淘汰不合格者。它有其合理、公平、有效的优势一面，但是，它可能带来的结果是用学生在选拔性考试中的成绩取代学生在学习过程中所取得的成长和发展，学生参加考试的目的也就很容易演变为"为了分数而考"，而不再是"为学习、为发展而考"，选拔性学习质量评价就与学生的日常学习和学校的日常教育活动相互脱离，不利于学生的成长成才。

二、教育型学生学习质量评价时期

教育型学生学习质量评价是指，评价者对学生学习质量的评价不以选拔为目的，而是回到教育过程之中，关注教学，通过寻找客观的工具去评定学生对教师所教知识的掌握程度，察看学生是否实现了教师预定的学习目标，从而以此为基础，改进目标设定和教学方式，促进学生学习。这个时期虽然不以选拔为目的，但仍然运用考试的方式来评价学生学习质量。尽管考试是中国的发明，尽管英国和美国的考试制度是从中国学过去的，如孙中山先生所说："现在各国的考试制度，差不多都是学英国的。穷根溯源，英国的考试制度，原来是从我们中国学过去的"，[①] 但是，英美国家并没有照搬中国的考试制度，而是对考试进行了现代化的改造，其改造的宗旨便是对考试成绩进行客观化，客观化的基础和依据则是对智力的理论探索及其对心理测量的深入探究，努力追求学生成绩评定的客观标准。

教育型学生评价主要依赖的工具或方式有两个：（1）测量量表。通过编制各种量表作为评定学生学习成绩的标准。最早源于英国教师费希尔（George Fisher）于1864年通过收集学生书法、拼字、算术、语法、作文、历史、自然、图画等学科成绩的样本，并依据一定的标准，编制《量表集》，以此作为评定学生成绩的参照标准。《量表集》采用5分计分制，费希尔为5分、4分、

---

① 周朝森. 教育评价理论的新探索——美国"第四代评价"述评［J］. 教育研究，1992(2).

3分、2分和1分配备了相应的样本。教师评定学生时，可以参照《量表集》提供的样本，给出相应的分数。（2）标准化测验。标准化测验的目的是提高测验的准确性、可靠性和可比性。它要求测验的每一个环节都要达到标准化，包括测验题目的标准化、施测过程的标准化、评分和计分的标准化以及评价结果解释的标准化。在施测时，让全体考生在相同的测试环境里，回答同样的测验题目。由于测验题目、施测条件、评分和计分都是"标准化的"，因此就提高了评价结果的准确性和可靠性，不同学生、不同班级、不同学校或不同地区之间的分数也就有了可比性。标准化测验最早源于1897年至1898年期间，美国学者莱斯（Joseph Rice）对三万多名小学生进行的拼字测验。

1905年中国正式废除科举制度时，英美国家的教育型学习评价正在兴起，这引起了中国当时学术界和教育实践界的重视。俞子夷于1918年编制的《小学国文毛笔书法量表》，是中国最早的标准测试量表。廖世承和陈鹤琴于1921年出版了《智力测验法》，这是中国最早介绍心理测量的著作。1922年麦考尔（Mccall，W. A.）应中华改进社的邀请来中国讲学，并指导中国学者编制测验量表。[①] 在20世纪前30年里，中国许多教育测验达到了比较高的水平。麦考尔当时评价说："中国的教育测验至少都与美国标准相符，有许多甚至比美国的还好"。[②] 1931年，在陈鹤琴等人的倡导下，成立了中国教育测验学会，这是中国第一个专门从事教育测验理论研究的学术研究组织。中华人民共和国成立后，通过自主研究和向国外学习交互融合，教育型学生学习评价的理论研究和实践操作水平都取得了极大的进步。标准化的测验在各级各类学校里都已经发展得非常成熟。

在一定意义上，标准化测验的科学性不是传统的考试方法可以比拟的，然而，它也有其自身的问题。一是其客观性只是结果上的客观性，但其实测试题目的选择和形成过程中不可避免地体现出测试者个人的主观意向。二是选择题的测试中无法阻止考生猜题。三是难以考查学生的能力、情感、态度

[①] 瞿葆奎主编．陈玉琨，赵永年选编．教育学文集·教育评价 [M]．北京：人民教育出版社，1989：58．

[②] 刘本固．教育评价的理论与实践 [M]．杭州：浙江教育出版社，2000：16．

和兴趣等。① 毋宁说，标准化测验比较适合自然科学类学生的学习评价，但是对人文社会科学类学生的评价来说，不仅标准化测验的客观性程度会大大降低，而且它还无法对学生学习质量进行全面准确的评价。

教育型学生学习质量评价时期，虽然看似对学生学习的评价回归到教育过程之中，但是由于这个时期的教育发生的社会背景是工业革命带来的工业社会运行机制，教育不可避免地带有工业社会的痕迹，接受教育的人被视为有待加工的原材料，教育的最大价值就是将这个"原材料"改造成为符合市场需要的高质量的产品，即高素质的人才。在这种教育文化下，教育型学生学习质量评价无疑也难以摆脱工业社会的这种价值观念的影响，因而难以呈现出教育型学生学习质量评价的教育性。丹尼尔·贝尔（Daniel Bell）非常明晰地指出，准确、效率和公平，是工业社会的基本原则。② 这些原则刺激了整个社会对标准化的崇拜。阿尔文·托夫勒（Alvin Toffler）对工业社会的标准化崇拜进行了独到精细的描述，他指出："在整个工业体系中……为了准备青年进入劳动力市场，教育家设计了标准化的课程，标准化的智力测验，学校升级原则，入学条件，学分计算也都标准化了"。③ 对标准化的追求，则让教育型学生评价陷入完全技术性的、机械性的形式主义之中，评价成为从外部强加给学生的，对学习目标的预设是教育者所代表的社会的而非学生自己的，在这种评价中，学生失去了自我决定的能力和自我创新的可能性，标准化测验让人们看到的进步只有一种，甚而至于窄化了学生成长和进步，遮蔽了对学生进步的其他可能形式和表现的鉴赏。

三、发展型学生学习质量评价时期

发展型学生学习质量评价是指以学生的成长和发展为评价标准，旨在促进学生发现自我、发展自我的评价观念、评价方法和评价实践的聚合。这个

---

① 王斌华. 学生评价的发展轨迹［J］. 华东师范大学学报（教育科学版），2012（1）.
② 贝尔. 后工业社会［M］. 彭强，编译. 北京：科学普及出版社，1985：19.
③ 托夫勒. 第三次浪潮［M］. 黄明坚，译. 北京：生活·读书·新知三联书店，1983：94.

时期，在选拔型学生学习质量评价和教育型学生学习质量评价阶段发展起来的考试技术和教育测量技术等仍然是重要的评价技术，但这两个阶段发展出来的评价技术一方面不再是唯一的评价技术，另一方面它们被作为评价技术的运用是服务于教育价值观、教育目的观的转变和实现的。发展型学生学习质量评价既注重回归教育本质，也注重人的发展，特别注重凸显评价的教育价值。发展型学生评价并不一味地寻求将社会的发展观强加在学生身上，也不一味地迎合学生自身发展的需求，而是将学生发展的需求和社会发展的需求结合起来，强调教育对学生内在发展需求的引领和促进作用，侧重于考察教育对学生发展的影响作用，并将这种影响作用的考察放在时间的坐标中来进行衡量。评价者更关心的是学生在学习过程中的成长、进步，以及通过评价诊断阻碍学生学习进步的因素，寻找学生还需要哪些帮助，通过改变阻碍学生学习进步的因素，鼓励学生自我改进、自我完善。

发展型学生学习质量评价趋势和潮流是在教育系统应和中国全面实施改革开放而开展教育改革的时代大背景下形成和发展的。素质教育的提出和实施，是中国自1978年以来由中央政府直接推动的重大教育改革之一，素质教育改革行动是推动中国进入发展型学生学习质量评价时期的标志性事件。或者说，素质教育改革行动的靶子首先就是"应试教育"，就是要解决选拔型学生评价带来的教育问题。1985年5月《中共中央关于教育体制改革的决定》提出，"教育体制改革的根本目的是提高民族素质，多出人才、出好人才"，虽未明确提出"素质教育"，但是旗帜鲜明地将教育改革与"民族素质"关联起来，引发全社会对教育与国民素质之关系的讨论。1993年2月中共中央、国务院颁发的《中国教育改革和发展纲要》指出："基础教育是提高国民素质的奠基工程……中小学要由'应试教育'转向全面提高国民素质的轨道，面向全体学生，全面提高学生的思想道德、文化科学、劳动技能和身体心理素质，促进学生生动活泼地发展，办出各自的特色。"其中，"素质"一词出现20多次。这标志着素质教育正式进入官方话语和政策体系之中。1996年3月，第八届全国人民代表大会第四次会议通过的《中华人民共和国国民经济和社会发展"九五"计划和2010年远景目标纲要》提出："改革人才培养模式，由'应试教育'向全面素质教育转变"。第九届全国人民代表大会第一次会议的《政府工作报告》强调，要"实施全面素质教育，加强思想品德教育和美育，改革教学内容、课程体系和教学方法，以适应社会对各类人才的需要"。1995年，国家教委开始有计划有组织地在高校开展大学生文化素质教育试点工作。在总结试点工作经验的基础上，教育部于1998年4月颁发《关于加强大学生文化素质教育的若干意见》，其中提出："加强文化素质教育是时代发展的要求""是我国高等教育改革的需要""是大学生全面发展的需要"；要"采取多种途径与方式，加强文化素质教育""必须将文化素质教育贯穿于大学教育的全过程"。1999年6月，中共中央、国务院召开第三次全国教育工作会议，通过了《关于深化教育改革全面推进素质教育的决定》，指出，"实施素质教育应当贯穿于幼儿教育、中小学教育、职业教育、成人教育、高等教育等各级各类教育，应当贯穿于学校教育、家庭教育和社会教育等各个方面"，"建立符合素质教育要求的对学校、教师和学生的评价机制"。这标志着国家对素质教育政策导向的顶层设计全面成型并进一步向教育领域全面铺开。

1980年代至1990年代确立的素质教育政策的实质是革除应试教育的弊端，造就"全面发展"的社会主义建设者和接班人。1999年，时任国务院副总理的李岚清在全国第三次教育大会上指出，素质教育改革首先是要改变应试教育的评价方法，尤其是改变过分强调考试的筛选功能。[①] 实际上，素质教育政策的这种初衷和指向其来有自，应该说在1950年代就有所讨论和探索。1951年教育部在第一次全国中等教育工作会议上提出"要使青年一代在德育、智育、体育、美育等方面获得全面发展"的教育目标。1955年，教育部发布的《关于减轻中小学校学生过重负担的指示》明确地指出，负担过重"严重地损害了学生的身心健康"，而且"使学生只能被动地忙于应付作业和考试，忙于死记硬背""不能消化及运用，使知识质量也难真正提高"。

---

① 李岚清. 深化教育改革，全面推进素质教育，为实现中华民族的伟大复兴而奋斗（摘要）——在第三次全国教育工作会议上的报告 [G]. 中国教育年鉴1999. 北京：人民教育出版社，2000：14–16.

在素质教育理念和政策的推动下,高校学生学习质量评价开始探索发展型学生评价模式,从评价标准、评价内容、评价方式等方面探索学生评价制度建设,取得了一些突破性的进展。在学生评价标准上,把社会参照标准与个体参照标准二者有机结合起来,使学生评价既体现学生的个性特长,又能符合社会发展需要;在学生评价内容上,不仅关注学生学习成绩,而且关注学生良好的道德品质、心理素质、人际交往能力等方面的发展,注重学生评价内容的丰富性、多元性与全面性;在学生评价方式上,积极探索结果性评价、诊断性评价与形成性评价的有机结合,努力探索如何通过形成性评价及时调整学生的学习,促使其不断提高自身素质。

四、中国高校学生学习质量评价的主要形式

中国高校学生学习质量评价主要有课程学习质量评价、综合素质测评、实习评价、毕业论文或毕业设计答辩等形式。

(一)课程学习质量评价

这是学生在大学学习期间接受的最重要的评价。这种评价是一种合格、达标评价,只要学生达到合格标准即表示通过。高校将学生划分到各个专业进行培养,各个专业根据专业自身的性质制定人才培养方案,在人才培养方案中,一般从知识、能力和素养三个方面对专业的培养目标和学生的毕业要求做出说明,同时对实现专业培养目标以及学生达到毕业要求所要经历的培养过程和教学环节做出规定。专业培养目标和毕业要求实际上是对学生学习质量进行评价的导向性标准。学生如果要顺利毕业,就需要通过公共课程、专业课程、专业实践和社会实践这几个环节的考核。这种考核一般是以学分制的形式来进行,修完所要求的学分即可顺利毕业。学分的获得,最主要的是由课程学习考核、毕业论文(设计)和社会实践考核来决定的,在每一门课程或每一个项目中获得及格以上即算通过该课程或项目,并获得该课程或项目的学分。由此可见,在人才培养方案中,课程设置是实现专业培养目标

和学生达到毕业要求的最关键的部分。这决定了对学生课程学习质量的评价在学生学习质量评价中的重要地位。

对学生课程学习质量的评价根据课程的性质（专业必修课和专业选修课）有所不同。一般来说，专业必修课的主要评价方式是考试，专业选修课的评价方式则比较灵活，可以是考试，也可以是论文或其他方式如产品设计等。必修课的考试，主要由主讲教师根据课程教学大纲和课程教学过程中实际的学习内容来命题出试卷，试卷一般包括填空题、选择题、名词解释、简答题和论述题等题型。选修课的论文考核则由主讲教师根据课程教学大纲和教学内容自命题让学生撰写论文进行考核。无论对必修课还是对选修课的学习评价，考试或论文不是唯一的衡量标准。实际上，在中国高校大多数教师对学生课程学习质量的评价方法除了总结性评价之外，通常还使用形成性评价，主要的方式有：

1. 考勤。记录学生上课的出勤率。
2. 课堂参与情况。如学生参与课堂讨论、参与课堂小组分享等。
3. 平时作业。根据学生交作业是否及时、作业质量高低打分。
4. 期中考试（考核）。

最后，课程主讲教师将这四项过程性评价和期末考试一起，分别赋予一定的权重，在课程结束后，给予学生最终的课程学习成绩，一般都以百分制的分数呈现。学生通过这门课程的考试（考核）后，即获得此门课程的学分，此学分便被记录到学生在大学期间的学习表现里。课程学习成绩除了是获得学分的依据，作为学生达到专业培养的毕业要求的重要组成部分之外，还可以被用来作为学生参与各种奖学金评选的依据，尤其是一年一度的综合素质测评的重要依据。

（二）综合素质测评

这是最受学生关注的评价形式，也是高校学生学习质量评价最重要的形式。这种评价关注学生在学期间综合能力和素质的表现情况，也是评定奖学金、评选三好学生、优秀学生干部，确定入党积极分子，推荐优秀毕业生的重要参考依据。这实质上是一种追求卓越和优秀的评价。不同高校的学生综合素质测评在目的、内容、标准、程序和方法方面都有一定的差异。一般来说，综合素质测评的指标体系主要包括：

1. 思想行为表现。遵纪守法情况，社会公德情况，参加公益活动、社会工作、集体活动情况，劳动卫生情况，人际交往情况

2. 专业学习情况

3. 参加文体活动情况

4. 参加社会公益活动情况、科研情况、参加学科竞赛情况等。

（三）实践能力评价

许多高校都将学生社会实践分为专业实践、社会实践与志愿服务和创新创业实践。专业实践主要指专业实习。社会实践与志愿服务主要包括校级社会实践、学术讲座报告、参加志愿者服务、文体活动等。创新创业实践包括参加创新创业项目、学科竞赛等。实践环节的考核都是以修满规定的学分为依据。对学生实践能力的评价主要取决于各类实践的指导者。

（四）毕业论文（设计）

本科生毕业论文（设计）是学生综合运用所学基础理论、专业知识和基本技能进行科学研究工作的一次集中训练，是实现培养目标，培养学生实践能力和创新精神的一个重要必修实践环节。毕业论文的质量也是衡量教学水平，学生毕业与学位资格认证的重要依据。在我们考察的高校中，M大学对毕业论文评价的流程和规定具有代表性，从基本规范与过程、进度计划、成绩评定和校级优秀毕业论文评选等方面做了明确的规定。

1. 基本规范与过程

在选题环节，主要要求：（1）论文题目应符合专业培养目标，体现教学计划对学生知识、能力和素质的要求，注重发挥专业的优势和特长。应有新意，有科学研究或实际应用价值，能够反映国家经济建设、科技进步和社会发展中的实际问题，有一定的学术水平。各专业选题时可根据自身特点有所

侧重。（2）题目难易适度，不宜过大。应考虑学生的专业要求和实际能力，能够在规定的期限内独立完成。

在开题环节的主要要求是：学生应在指导教师指导下撰写开题报告，包括论文选题依据、研究内容、理论和实践意义、研究方法和手段、撰写提纲、研究进度、参考文献等内容。

对论文撰写的主要要求有：（1）观点明确，论据充分，数据准确，逻辑性强，无疏漏或片面性。（2）结构完整，表达准确清楚，符合学术规范，按专业学术论文体例撰写（可参照本专业有代表性期刊的格式）。人文社会科学类一般为8000~15000字，理工科一般为6000~10000字。（3）论文摘要应以浓缩的形式概括毕业论文的内容，中文摘要300字左右，外文摘要以250个左右实词为宜，关键词以3~5个为妥；毕业设计总说明主要介绍设计任务来源、标准、原则及主要技术资料，中文在1000字以内，外文以500个左右实词为宜，关键词以3~5个为妥。

对答辩环节的要求：（1）学生获得毕业论文成绩必须参加毕业论文答辩。（2）院（系）应进行本科生毕业论文公开答辩。应成立答辩小组，成员一般不少于3名教师，可包括指导教师。（3）答辩小组主持具体答辩工作，对学生毕业论文完成质量及答辩情况进行评价，并按照《本科生毕业论文评定表》中"本科生毕业论文（设计）成绩评定标准"给出最终评定成绩。（4）每位学生的答辩时间一般为10分钟，答辩过程记录在《本科生毕业论文（设计）答辩记录表》中。

2. 毕业论文成绩评定

主要要求是：（1）指导教师根据学生论文质量和《本科生毕业论文评定表》中"本科生毕业论文（设计）成绩评定标准"，评阅毕业论文，写出论文评语，并确定是否具有答辩资格。通过者方可参加公开答辩。（2）经过论文答辩，答辩小组根据《本科生毕业论文评定表》中"本科生毕业论文（设计）成绩评定标准"，考查学生论文完成和答辩情况，综合评定成绩。（3）成绩评定采取五级记分制，即优、良、中、及格、不及格。

（五）毕业资格和学士学位授予规定

1. 毕业资格

从程序上来说，高校学生在修业期满后，其所在院系会根据学校的毕业资格规定对学生的政治表现、各学习项目的考核成绩、毕业论文（设计）成绩及毕业鉴定材料逐项进行审核，成绩合格，达到学校毕业要求的，由学院提出毕业名单，然后由学校教务部门等管理部门复核并汇总，报学校学位评定委员会审查，通过者由学校颁发毕业证书。

学生毕业时的资格审查主要从德、智、体三方面进行，从知识、能力和素质三个维度进行，内容包括政治态度、思想意识、道德品质以及学习、劳动和健康状况等方面，重点察看学生是否修习完教学计划规定的全部课程和修满规定的学分，成绩是否合格等。

2. 学士学位授予规定

高校对学士学位授予也有明确的标准和要求，这些标准和要求都是在《中华人民共和国学位条例》的指导下做出的，每个高校的规定一般来说都包含以下几方面：

（1）拥护中国共产党领导，拥护社会主义制度，热爱祖国，遵纪守法，品行端正，无学术不端行为。

（2）完成教育教学计划规定的各项要求，经审核准予毕业；

（3）掌握本专业的基础理论、专业知识和基本技能，具备从事科学研究和担负专门技术工作的初步能力。

（4）通过学校要求的学位外语考试（主要是全国大学外语考试），或达到学校学士学位授予要求的外语水平。

中国高校在长期办学过程之中形成的课程考核、综合素质测评、实践能力考核、毕业论文考核和毕业资格与学位授予审核等制度，构建了从过程到结果这一稳定的学生学习质量评价和保障体系，具有鲜明的中国特色。

第二节 中国本科教学评估政策中的学生学习质量评价

1980年代以来，中国高等教育改革的重心和焦点逐步转移到"质量和效益"上。中国主要从三方面着手提高高等教育质量。一是在宏观层面上，特别注意将高等教育作为一个整体和系统来看待，坚持区域、规模、结构、质量和效益协调发展，注重国家高等教育体系的协调发展、内涵发展和可持续发展。二是在微观层面上，聚焦人才培养质量，紧紧围绕以人才培养为中心和本科生教育这条主线，切实把专业、课程、教材、实验室、实践教学基地、教师队伍等基本建设作为提高质量的重要手段。尤其注重探索实践教学与人才培养模式的改革创新。三是以本科教学评估制度建设为抓手，着力加强高等教育质量保障体系建设。经历自1980年代至今的40多年的探索和发展，中国目前已经构建了学校自我评估、国际评估、院校评估、专业认证、教学基本状态数据常态监测"五位一体"的评估体系。在这三方面的实践行动中，中国越来越关注学生的发展，旨在培养具有实践能力和创新精神以及知识、能力和素质有机统一的创新型人才，越来越聚焦学生学习质量，将学生学习质量和人才培养质量更加紧密地关联起来。

一、中国本科教学评估政策的发展

自1980年代以来，中国本科教学评估政策的发展可以分为以下四个阶段：

（一）研究阶段（1983—1994年）

1983年在武汉召开的中国改革开放后的第一次高等教育工作会议上，首次提出了建立高等教育评估制度和开展高等教育评估理论研究的设想，会议后中国就开始组织力量进行高等教育评估的研究工作。1984年，中国正式参加了国际教育评估委员会（IEA，成立于1961年，受联合国教科文组织赞助）。1985年5月，《中共中央关于教育体制改革的决定》明确指出："国家及其教育管理部门要加强对高等教育宏观指导和管理。教育管理部门要组织教育界和用人部门定期对高等学校的办学水平进行评估，对成绩卓著的学校给予荣誉和物质上的重点支持，办得不好的学校要整顿以至停办。"1986年6月，在黑龙江召开了高等工程教育评估问题专题讨论会，对高等工程教育评价的理论、目的、方法、制度与实施等问题，进行了深入的研究与讨论，会后编辑出版了《高等教育评估的理论与方法初探》。

1987年7月16日，国家教委发出了《关于正式开展高等工程教育评估试点工作的几点意见》。1989年12月，国家教委在郑州召开了全国高等工程教育评估工作会议，总结了"七五"期间高等教育评估的理论研究与试点工作。与此同时，国务院学位委员会从1985年起陆续进行了18个学科专业硕士、博士学位授予质量评估的试点工作。1990年10月31日由国家教委第14号令正式颁布《普通高等学校教育评估暂行规定》，对高等教育评估的目的、基本任务、主要形式、评估机构和评估程序等都做出了规定，这是中国颁布的第一个高等教育评估的政策文件，标志着中国开启了现代高等教育质量保障体系的建设历程。随着中国对高等教育宏观质量监控体系和评估制度的探索与实践的深入，专业性评估机构在中国纷纷建立。

1993年由中共中央、国务院印发的《中国教育改革和发展纲要》(以下简称《纲要》)进一步体现了国家和政府"将教育摆在优先发展的战略地位，努力提高全民族的思想道德和科学文化水平"的决心。这个文件的颁布是中国深化教育改革的重要标志。《纲要》对各级各类教育的形势、任务、目标、战略和指导方针做出了明确的说明和规定。《纲要》提出，高等教育的重大任务是"培养高级专门人才、发展科学技术文化和促进现代化建设"，将集中力量办好100所左右重点大学和一批重点学科、专业。尤为重要的是，《纲要》重点提出了要建立各级各类教育的质量标准和评估指标体系，全面提高教育质量。要求高等教育应走内涵发展为主的道路，在教育质量、科学研究和管理方面，达到世界较高水平。高等教育质量是人们一直关心的问题，中国政府在《纲要》中首次明确地系统地提出要着力解决质量的问题。

(二)评估的试点和实践探索阶段(1994—2002年)

自1994年开始，中国以1990年颁布的《普通高等学校教育评估暂行规定》为指导，将本科教学评估推进到试点和实践探索阶段，先后经历了合格评估(1994年开始，对象是新建本科院校)、优秀评估(1996-2000年，对象是办学历史较长、水平较高的重点大学)、随机性水平评估(1999-2001年，对象是介于新建院校和重点大学之间的院校)。

合格评估(鉴定)是国家对新建普通高等学校的基本办学条件和基本教育质量的一种认可制度，由教育部组织实施，在新建高等学校被批准建立之后有第一届毕业生时进行，鉴定结论分为合格、暂缓通过、不合格三个等次。

优秀评估是在高等学校中进行的评比选拔活动，其目的是在办学水平评估的基础上，遴选优秀，择优支持，促进竞争，提高水平，优秀评估分省(部门)、国家两级；根据优秀评估结果排出名次或确定优选对象名单，予以公布，对成绩卓著的给予表彰、奖励。

随机性水平评估，亦即办学水平评估，是对已经鉴定合格的学校进行的经常性评估，它分为整个学校办学水平的综合评估和学校中思想政治教育、专业(学科)、课程及其他教育工作的单项评估，评估结束后对每个被评单位分别提出评估报告并做出评估结论，结论分为优秀、良好、合格、不合格四种，不排名次。

1994—2002年，国家试点和探索性评估的高校共196所。对结果为"暂缓通过"的36所院校进行复评并给予黄牌警告，此举对高校和地方政府的触动很大。1996—2000年间，对华中理工大学等16所办学历史较长、水平较高的"211工程"高校进行了优秀评估，其中14所获得"通过"的结果。1999—2002年间，对长沙铁道学院等26所有一定本科教学历史、介于新建本科和重点高校之间的本科高校进行了随机性水平评估。①

1998年8月，国家颁布了《中华人民共和国高等教育法》，以法律的形式对高等学校及其相关利益群体的权利、责任和义务以及对高等教育的方针、任务和制度等做出了详细规定。其中提出"国家按照社会主义现代化建设和发展社会主义市场经济的需要，根据不同类型、不同层次高等学校的实际，推进高等教育体制改革和高等教育教学改革，优化高等教育结构和资源配置，提高高等教育的质量和效益"。

1999年6月，《中共中央国务院关于深化教育改革，全面推进素质教育的决定》发布，再一次为教育指出了方向，要求各级各类学校实施素质教育，全面贯彻党的教育方针，"以提高国民素质为根本宗旨，以培养学生的创新精神和实践能力为重点，造就'有理想、有道德、有文化、有纪律'的德智体美等全面发展的社会主义事业建设者和接班人"。

（三）正式评估阶段（2003—2008年）

进入21世纪之初，中国教育部颁布的《2003—2007年教育振兴行动计划》是正式评估阶段的纲领性指导文件，它进一步聚焦高等教育质量，在高校教学质量评估与保障机制方面提出了两条指导性意见：一是健全高等学校教学质量保障体系，建立高等学校教学质量评估和咨询机构，实行以五年为一周期的全国高等学校教学质量评估制度。二是规范和改进学科专业教学质量评

---

① 杨延，陈栋. 中国本科教学评估制度：历程、经验与前景［J］. 新疆师范大学学报（哲学社会科学版），2020（5）.

估,加强高等学校教学质量评估信息系统建设,形成评估指标体系,建立教学状态数据统计、分析和定期发布制度。

2002年,教育部将合格评估、优秀评估和随机性水平评估三种方案合并为一个方案,即《普通高等学校本科教学工作水平评估方案》。为了体现不同高等学校的特点,在使用一个方案评估的同时,还根据不同类型的高等学校,分别制定了一个补充说明(对财经政法、师范、医药、外语类院校以及"211工程"学校指标调整做了补充说明),与总方案同时使用,体现了分类指导原则。2003年,教育部贯彻"以评促建、以评促改、以评促管、评建结合、重在建设"的指导思想,正式开展五年一轮的高校教学工作评估。2004年8月,教育部成立了高等教育教学评估中心,专门负责组织实施高校教学评估工作。2007年连续发布对医药类、体育类、艺术类高校及部分重点高校评估指标的调整说明和本科教学评估的补充通知,对2002年版的本科教学评估方案和评估指标进行了修订及调整,促进了本科教学评估制度的规范化发展,保障了本科教学评估制度得以有序进行。2003-2008年,589所普通高校接受了高等教育评估中心的教学工作水平评估,获得优秀的为424所,良好141所,合格24所。①

正式评估阶段从组织、制度和程序等方面进行了较大的改进和完善,评估形式从整体的水平评估转向分类评估,评估理念旨在引导高校增加教学投入、完善教学条件、规范教学建设,以保障高校基本的教学水平。这些新发展,标志着中国高等教育教学评估工作步入了规范化、制度化、科学化和专业化的发展阶段。

(四)评估政策调整和评估实践深化阶段(2008至今)

2010年颁布的《国家中长期教育改革和发展规划纲要(2010-2020年)》提出要健全高等教育质量保障体系,改进教学评估工作。为执行纲要内容,2011年教育部正式下发了《关于普通高等学校本科教学评估工作的

---

① 刘振天. 我国新一轮高校本科教学评估总体设计与制度创新[J]. 高等教育研究, 2012(3): 23-28.

意见》(以下简称《意见》),进行院校评估(合格评估),未参加过教学工作评估的各类新建普通本科院校都要参加此次评估。《意见》提出了"五位一体"的教学评估制度,五位是指"高校自我评估、院校评估、专业认证与评估、教学基本状态数据常态监控以及国际评估"。

根据2011年颁发的《意见》,教育部决定对高等院校进行审核评估;2013年12月,教育部颁发了《教育部关于开展普通高等学校本科教学工作审核评估的通知》。"2013年4到5月,南京大学、同济大学、黑龙江大学和五邑大学等四所院校接受了教育部评估中心的审核评估试点工作。2013年12月9~13日,华中师范大学和山东农业大学也接受了审核评估。"至此,我国高等教育本科教学审核评估正式开始,全国各高校纷纷投入到此项工作中。截至2018年底,共有650所学校参加了审核评估。2021年2月,教育部印发了《普通高等学校本科教育教学审核评估实施方案(2021-2025年)》,在总结上一轮审核评估经验和不足的基础上,对"十四五"新发展阶段普通高等学校本科教育教学审核评估工作做出了整体部署和制度安排,进一步应合新时代党和国家对高等教育的新要求。

二、合格评估中的高校学生学习质量评价

最早的合格评估是从高等工程教育评估开始试点的。在《关于正式开展高等工程教育评估试点工作的几点意见》中颁布的《高等工业学校办学水平评估指标体系》对高校人才培养提出了基本的评价指标,其中涉及学生学习质量评价的指标体系主要是:(一)政治素质和思想表现,(二)专业基础理论,(三)基本技能训练(运算、制图、实验、实习、计算机应用、科技写作),(四)外语能力,(五)科学研究能力(本科生指进行科学研究初步训练的状况,研究生指科研能力训练状况),(六)身体形态、机能,以及身体素质,(七)社会综合评价(见表1-1)。

表1-1 高等工业学校办学水平评估指标体系（人才培养部分）[①]

序号	主要观测点
2—1	规模比（在校生数与计划应达规模之比）
2—2	师生比
2—3	办学层次比（主要指本科与研究生之比）
2—4	博、硕士点数及其占学校学科（专业）总数之比
2—5	人才培养费用
2—6	教学计划、培养方案的合理程度及其实施状况
2—7	正副教授上课率（包括本科、研究生）
2—8	实验开出率及其水平
2—9	政治理论学习水平
2—10	思想政治表现（包括政治态度、道德品质、遵纪守法、学风）
2—11	学生党员比例
2—12	基础理论掌握程度（本科指各种基础课，研究生包括深、广度）
2—13	基本技能训练（指运算、制图、实验、实习、计算机应用、科技写作）
2—14	外语能力
2—15	科学研究能力（本科生指进行科学研究初步训练的状况，研究生指科研能力训练状况）
2—16	毕业设计（论文）、学位论文质量
2—17	优秀学生比例（指提前毕业、获双学位、直接攻读硕士、直接攻读博士、获得部委、省市以上奖励的比例）
2—18	身体形态、机能
2—19	身体素质
2—20	省市以上体育比赛获奖率
2—21	社会综合评价（政治表现、业务能力、外语水平、健康状况）

2004年《普通高等学校本科教学工作水平评估指标体系》将对学生学习质量的评价放到学习风气和教学效果部分。学习风气包括：学生遵守校纪校

---

① 高等工业学校办学水平评估指标体系（草案）[Z].水利电力高教研究，1985（02）.

规、学风建设、课外活动。教学效果主要包括：基本理论与基本技能，毕业论文或毕业设计，思想道德修养、体育、社会声誉和就业。并对这些评价指标的内涵、观察和考察要点进行了进一步的规定。其评价的出发点和方式是从教学这个方面进行的，是作为教学效果的评估，主要的依据是考试的分数等。在评估时，学校按照国家制定的评估指标准备评估材料；这样的评估指标是按照重点、一般本科进行粗略划分的，不能体现学校的特色，更难以反映学生个人的状况。

表1-2 普通高等学校本科教学工作水平评估指标体系

一级指标	二级指标	主要观测点
1. 办学指导思想	1.1 学校定位 1.2 办学思路	学校的定位与规划 教育思想观念、教学中心地位
2. 师资队伍	2.1 师资队伍数量与结构 2.2 主讲教师	生师比、整体结构状态与发展趋势 专任教师具有硕、博士学位的比例 教师资格、教授上课情况、教学水平
3. 教学条件与利用	3.1 教学基本设施 3.2 教学经费	校舍、实验室、图书馆、校园网、运动场 四项经费占学费的比例、生均四项经费增长情况
4. 专业建设与教学改革	4.1 专业 4.2 课程 4.3 实践教学	专业结构布局、培养方案 教学内容与课程体系改革、教材建设、教学方法、双语教学 实习、实践教学内容、实验
5. 教学管理	5.1 管理队伍 5.2 质量控制	结构与素质、教学管理改革及成果 教学规章制度、教学环节的质量标准
6. 学风	6.1 教师风范 6.2 学习风气	教师的师德修养和敬业精神 学生遵守校纪校规、学风建设、课外活动
7. 教学效果	7.1 基本理论与基本技能 7.2 毕业论文或毕业设计 7.3 思想道德修养 7.4 体育 7.5 社会声誉 7.6 就业	理论与技能的实际水平、创新精神 选题的性质与难度、论文或设计的质量 学生思想道德培养与文化心理素质 体育 生源、社会评价 就业情况
特色项目		

此表根据教育部2004年《普通高等学校本科教学工作水平评估方案》整理得来。

三、高校教学基本状态数据库中对学生学习质量数据搜集的基本倾向

2007年底,教育部开始立项建设全国高校教学基本状态数据库系统(简称"教学基本状态数据库"),经过一年研究形成了本科教学基本状态数据库的整体框架和采集数据项。至今回看,"教学基本状态数据库"在本科教学工作评估历程中具有奠基性的作用,为中国高校自我评估、院校评估、专业认证的开展提供了数据支撑,发挥了协同作用,各高校通过填报本科教学基本状态数据,对照评估指标完成自查、自建工作,为高校自评报告、校长报告、本科教学质量报告等评估材料的撰写提供了精准的数据支撑;数据填报完成后,国家数据平台生成高校本科教学基本状态数据报告,与高校自评报告等质性材料一并提前提供给评估专家,使评估专家进校考察前能更为全面地了解被评高校。其中,关于学生的数据收集,反映了国家政策层面对学生学习质量评价的基本倾向。

"教学基本状态数据库"对学生学习质量数据的搜集主要包括:(一)入口数据:1. 本科生招生类别情况(实际报到数、特长生、本省学生、新办专业招生数等),2. 本科生录取标准及人数。(二)过程数据:本科生课外科技、文化活动项目(国家大学生创新性实验计划项目+省部级项目+学校项目),本科生境内境外交流情况,本科生社团参与情况,本科生实验、毕业综合训练情况。(三)出口数据:本科生就业情况(其中包括考取本校和外校研究生人数、免试推荐研究生人数)。(四)本科生学习成果:1. 学科竞赛获奖(国际、国家和省部级),2. 本科生创新活动、技能竞赛获奖,3. 文艺、体育竞赛获奖,4. 英语四级和六级考试通过率,5. 体质合格率。

四、审核评估中的高校学生学习质量评价

基于普及化阶段高等教育多样化发展趋势,新一轮审核评估方案提供

了两类评估方案。第一类审核评估方案适合于以建设世界一流大学为办学定位，以培养一流拔尖创新人才为目标的高校。审核的重点主要聚焦于世界一流大学建设所必备的质量保障能力以及具有影响力的本科教育教学综合改革举措与成效，强调对学生发展与支持的评估，主要包括三方面：（一）面向农村和贫困地区、民族地区等以及"强基计划"的招生、培养举措与实施成效；（二）促进学生德智体美劳全面发展，建立系统化的学生发展和学业指导体系，探索学生成长增值评价，重视学生学习体验、自我发展能力和职业发展能力的具体措施及实施成效。（三）近五年专业领域的优秀毕业生十个典型案例及培养经验。其中主要观测点包括：1. 专职辅导员岗位与在校生比例 $\geqslant 1:200$；2. 专职从事心理健康教育教师与在校生比例 $\geqslant 1:4000$ 且至少 2 名；3. 专职就业指导教师和专职就业工作人员与应届毕业生比例 $\geqslant 1:500$；4. 学生毕业必须修满公共艺术课程学分数 $\geqslant 2$ 学分；5. 劳动教育必修课或必修课程中劳动教育模块学时总数 $\geqslant 32$ 学时；6. 实践教学学分占总学分（学时）比例（人文社科类专业 $\geqslant 15\%$，理工农医类专业 $\geqslant 25\%$）；7. 以实验、实习、工程实践和社会调查等实践性工作为基础的毕业论文（设计）比例 $\geqslant 50\%$；8. 本科生体质测试达标率；9. 本科生在国内外文艺、体育、艺术等大赛中的获奖数。

第二类审核评估的对象包括以学术型人才培养或以应用型人才培养为主的高校。对这类高校审核评估的指标体系主要包括办学方向与本科地位、培养过程、教学资源与利用、教师队伍、学生发展、质量保障、教育教学成效等。第二类审核评估方案对学生学习质量评价的基本倾向有：（1）在人才培养目标和规格上体现分类思想，分为两类。一是高素质创新型人才或创新型应用人才；二是高素质应用型人才，突出培养学生专业能力和实践应用能力。（2）主要从理想信念、学业成绩和综合素质、国际视野等角度对学生发展进行评价（见表1-3）。

表 1-3　第二类审核评估对学生发展评价的指标体系及观测点①

一级指标	二级指标	审核重点
学生发展	1. 理想信念	1.1　学生理想信念和品德修养
		1.2　加强学风建设，教育引导学生爱国、励志、求真、力行情况
	2. 学业成绩及综合素质	2.1　B1 学生基础理论、知识面和创新能力 【可选】本科生以第一作者/通讯作者在公开发行期刊发表的论文数和本科生获批国家发明专利数 B2 学生综合应用知识能力和独立解决生产、管理和服务中实际问题能力 【可选】在学期间获得国家认可的职业资格证书学生数占在校生数的比例 【可选】本科生以第一作者/通讯作者在公开发行期刊发表的论文数和本科生获批国家发明专利数
		2.2　开展通识教育、体育、美育、劳动教育的措施与成效 【必选】体质测试达标率
		2.3　社团活动、校园文化、社会实践、志愿服务等活动开展情况及育人效果 【可选】省级以上艺术展演、体育竞赛参赛获奖学生人次数占学生总数的比例
	3. 国际视野	3.1　与国（境）外大学合作办学、合作育人以及与本科教育相关的国际交流活动和来华留学生教育开展情况
		3.2　国际先进教育理念、优质教育资源的吸收内化、培育和输出共享情况
		3.3　学生赴国（境）外交流、访学、实习、竞赛、参加国际会议、合作研究等情况 【可选】在学期间赴国（境）外交流、访学、实习的学生数占在校生数的比例
	4. 支持服务	4.1　领导干部和教师参与学生工作的情况
		4.2　学校开展学生指导服务工作（学业、职业生涯规划、就业、家庭经济困难学生资助、心理健康咨询等）情况，学业导师、心理辅导教师、校医等配备及师生交流活动专门场所建设情况 【必选】专职辅导员岗位与在校生比例≥1:200 【必选】专职从事心理健康教育教师与在校生比例≥1:4000 且至少 2 名 【必选】专职就业指导教师和专职就业工作人员与应届毕业生比例≥1:500
		4.3　与学分制改革和弹性学习相适应的管理制度、辅修专业制度、双学士学位制度建设情况
		4.4　探索学生成长增值评价，重视学生学习体验、自我发展能力和职业发展能力的具体措施及实施成效

---

①　普通高等学校本科教育教学审核评估指标体系（试行）[Z]（2021-01-21）[2022-12-21].http://www.gov.cn/zheng ce ku/2021/02/07/content_5585584.htm.

五、专业认证中高校学生学习质量评价的指标体系

（一）工程教育专业认证中的学生学习质量评价

1980年代中期，中国开始探索工程教育专业认证制度。经历多年的探索和发展，中国许多高校都参加了国际实质等效工程教育专业认证。迄今为止，工程教育专业认证标准在中国经历了四次修订，最近一次的修订是2022年发布的《工程教育认证通用标准解读及使用指南》。在工程教育专业认证探索实践经验基础上，中国进一步从整体设计本科专业三级认证，分类推进专业认证，提出三级认证组织体系构建思路，目前已研制完成理学、农学、人文、社科、医学类专业三级认证标准和实施办法，并在四个专业点进行了认证试点探索。启动师范类专业认证，省部两级共开展35个专业的认证试点。

工程教育认证已形成以学生、培养目标、毕业要求、持续改进、课程体系、师资队伍和支持条件7个通用标准要素为核心的成熟制度体系。对学生学习质量评价的主要内容涉及：

1. 培养目标。有公开的、符合学校定位的、适应社会经济发展需要的培养目标。专业培养方案中对培养目标的表述完整，说明学生毕业5年左右从业的专业领域、职业特征和所具备的职业能力，体现德智体美劳全面发展的社会主义建设者和接班人的教育方针。

2. 毕业要求。从培养的视角，体现了认知过程和学生毕业时能力要求的核心要素，为专业优化课程体系提供指导性依据，主要有12项通用标准。如果专业的毕业要求或其观测点不能体现标准的含义，即使专业照抄12项通用标准也未必就能证明"覆盖"；如果专业毕业要求或其观测点无法落实和评价，即使进行了达成度评价，其结果也不能证明达成。

（1）工程知识：能够将数学、自然科学、工程基础和专业知识用于解决复杂工程问题。

（2）问题分析：能够应用数学、自然科学和工程科学的基本原理，识别、表达并通过文献研究分析复杂工程问题，以获得有效结论。

（3）设计/开发解决方案：能够设计针对复杂工程问题的解决方案，设计满足特定需求的系统、单元（部件）或工艺流程，并能够在设计环节中体现创新意识，考虑社会、健康、安全、法律、文化以及环境等因素。

（4）研究：能够基于科学原理并采用科学方法对复杂工程问题进行研究，包括设计实验、分析与解释数据并通过信息综合得到合理有效的结论。

（5）使用现代工具：能够针对复杂工程问题，开发、选择与使用恰当的技术、资源、现代工程工具和信息技术工具，包括对复杂工程问题的预测与模拟，并能够理解其局限性。

（6）工程与社会：能够基于工程相关背景知识进行合理分析，评价专业工程实践和复杂工程问题解决方案对社会、健康、安全、法律以及文化的影响，并理解应承担的责任。

（7）环境和可持续发展：能够理解和评价针对复杂工程问题的工程实践对环境、社会可持续发展的影响。

（8）职业规范：具有人文社会科学素养、社会责任感，能够在工程实践中理解并遵守工程职业道德和规范，履行责任。

（9）个人和团队：能够在多学科背景下的团队中承担个体、团队成员以及负责人的角色。

（10）沟通：能够就复杂工程问题与业界同行及社会公众进行有效沟通和交流，包括撰写报告和设计文稿、陈述发言、清晰表达或回应指令，并具备一定的国际视野，能够在跨文化背景下进行沟通和交流。

（11）项目管理：理解并掌握工程管理原理与经济决策方法，并能在多学科环境中应用。

（12）终身学习：具有自主学习和终身学习的意识，有不断学习和适应发展的能力。

3. 培养过程。包括资源、制度和人员三方面。

（二）师范类专业认证中的学生学习质量评价

2014年12月，教育部启动了普通高等学校师范类专业认证试点工作，其主要目的是通过先行试点工作进一步系统地全面地完善师范专业认证标准，制定符合中国国情具有中国特色的师范专业认证实施办法。① 认证试点工作于2016年12月顺利完结，在取得阶段性认证成果的基础上，为师范类专业认证的全面推广做好了铺垫，为探索专业认证的成功模式做出了巨大贡献。2017年10月，教育部印发《普通高等学校师范类专业认证实施办法（暂行）》。2018年，教育部进一步推出《普通高等学校师范类专业认证工作指南（试行）》，对师范类专业认证的实施办法与各级认证标准进行解读。2018年1月10日，教育部办公厅发表声明成立师范类专业认证专家委员会，公布第一届专家委员会名单，共25人，设有主任委员1人、副主任委员2人，任期至2020年12月。2021年3月24日教育部办公厅公布第二届专家委员会名单，共27人，设主任委员1人、副主任委员4人，任期至2025年12月。

普通高校师范类专业认证的核心理念主要是：

其一，以学生为中心。首先，师范类专业认证密切关注学生的核心能力素养。它不仅对学生是否掌握专业知识进行严格把关，而且更关注学生是否会将所学知识在工作实践中有效输出的问题。此外，关注学生本身，尊重学生成长规律，充分利用教学和开展教学实践。其次，高度重视学生对社会主义核心价值观的认同。引领学生从思想上和情感上等对中国特色社会主义的认同，并将这些纳入学生的毕业要求里，以社会主义核心价值观认同来促进学生对培养目标的认同。

其二，以产出为导向。师范类专业认证对培养结果是否与培养目标相一致极为关注。它重视学生的学习成果，关注学生具体学到了什么，未来怎么使用以及后续学生自身的发展。

第三，持续改进。师范类专业认证从"保障体系、内部监控、外部评价、

---

① 李威. 筑牢大国良师培养之基——师范专业认证政策的阶段性审视与反思[J]. 现代教育科学，2021（1）：65-71.

持续改进"四个方面构建了认证的质量保障体系；师范类专业认证从"实施、跟踪、评价与改进"的角度对课程、实践、师资水平等方面都设置了评价环节。

师范类专业认证从 2017 年 10 月的三级三类评价体系（包括学前教育、小学教育和中学教育的一级、二级、三级认证标准）到 2019 年 10 月职业技术师范教育和特殊教育的一级、二级和三级认证标准的确立，最终形成了三级五类认证体系。学前、小学和中学教育专业的第一级认证标准是国家对师范类专业开设的基本条件的监测，它根据课程与教学、合作与实践、师资队伍和支持条件 4 个维度划分了其必须满足的办学质量监测指标；第二级认证标准是合格水平指标，其中包含了师范类专业目标定位、师范生的毕业要求、课程结构、教学实践、师资力量、内外支持条件、各培养阶段的质量保障以及师范生的发展等 8 个一级指标和 38 个下属二级指标；第三级认证标准是卓越指标，其中包括同第二级一致的 8 个一级指标和 42 个下属二级指标（其中学前教育为 41 个二级指标）（见表 1-4）。

表 1-4 师范教育专业认证标准（毕业要求）

		学前教育专业认证标准（毕业要求）		小学教育专业认证标准（毕业要求）		中学教育专业认证标准（毕业要求）	
		第二级认证标准	第三级认证标准	第二级认证标准	第三级认证标准	第二级认证标准	第三级认证标准
践行师德	师德规范	1. 践行社会主义核心价值观，增进对中国特色社会主义的思想认同、政治认同、理论认同和情感认同，立志成为有理想信念、有道德情操、有扎实学识、有仁爱之心的好老师。2. 贯彻党的教育方针，以立德树人为己任，遵守中小学教师职业道德规范，具有依法执教意识，有扎实学识、有仁爱之心的好老师					
	教育情怀	1. 具有从教意愿，认同教师工作的意义和专业性，具有积极的情感、端正的态度、正确的价值观 2. 具有人文底蕴和科学精神，富有爱心、责任心、工作细心、耐心，做幼儿健康成长的启蒙者和引路人		1. 具有从教意愿，认同教师工作的意义和专业性，具有积极的情感、端正的态度、正确的价值观 2. 具有人文底蕴和科学精神，尊重学生人格，富有爱心、责任心、耐心，做学生锤炼品格、学习知识、创新思维的引路人		1. 具有从教意愿，认同教师工作的意义和专业性，具有积极的情感、端正的态度、正确的价值观、事业心，工作细心 2. 具有人文底蕴和科学精神，富有爱心、责任心、事业心，奉献祖国的引路人	
学会教学	学科素养	具有一定的科学和人文素养，理解幼儿身心发展规律和学前教育特点，了解相关学科基本知识，掌握幼儿教育教学的基本方法和策略，注重知识的联系和整合	1. 掌握通识知识、儿童发展知识、学前教育专业学习领域知识体系，思想与方法，专业领域核心素养的内涵	1. 具有较好的人文与科学素养。扎实掌握教学学科的基本知识、基本原理和基本技能，理解学科基本思想与方法，重点理解和掌握学科核心素养内涵 2. 掌握兼教学科的基本知识、基本原理和基本技能，了解其他学科的基本知识，对学习相关知识有一定的了解	1. 具有较好的人文与科学素养。扎实掌握主教学科的知识体系、思想与方法，重点理解和掌握学科核心素养内涵 2. 掌握兼教学科与社会实践的联系，了解学习相关知识体系基本思想和方法	1. 掌握所教学科的基本知识、基本原理和基本技能，理解学科知识体系基本思想和方法 2. 了解所教学科与其他学科的联系，了解教学学科与社会实践的联系，对学习相关知识有一定的了解	1. 扎实掌握学科知识体系、思想与方法，重点理解和掌握学科核心素养内涵 2. 了解跨学科知识，对学习学科相关知识能理解整合并初步运用，初步形成基于核心素养的学习指导方法和策略

续表

		学前教育专业认证标准		小学教育专业认证标准		中学教育专业认证标准	
		第二级认证标准	第三级认证标准（毕业要求）	第二级认证标准	第三级认证标准（毕业要求）	第二级认证标准	第三级认证标准（毕业要求）
学会教学	学科素养		2. 了解领域融合与知识整合，对学习相关知识能理解并初步运用，能综合领域教学知识。初步形成基于核心素养的学习指导方法和策略		3. 了解学科整合在小学教育中的价值，了解所教学科与其他学科的联系，以及与社会实践、小学生活实践的联系		3. 了解小学其他学科基本知识、基本原理和技能，具有跨学科知识结构；对学习科学相关知识能理解并初步应用，能整合教学知识，初步形成基于核心素养的学习指导方法和策略
	教学能力	能够依据《幼儿园教育指导纲要（试行）》和《3—6岁儿童学习与发展指南》，根据幼儿身心发展规律和学习特点，运用幼儿保育与教育知识，科学规划一日生活，合理组织活动，具有观察幼儿、记录与分析幼儿行为能力；具有幼儿活动设计并能有效实施教育的能力	理解教师是幼儿学习和发展的促进者。能够依据《幼儿园教育（试行）》和指导纲要《3—6岁儿童学习与发展指南》，以学习者为中心，根据幼儿身心发展规律和学习特点，整合各领域的内容，科学规划一日生活，综合实施教育，创设教育环境，具有针对性地指导学习过程，实施和有效运用多种方法评价，进行学习评价	在教育实践中，能够依据所教学科课程标准，针对小学生身心发展和认知特点，运用学科教学知识和信息技术，进行教学设计，实施教学评价，获得教学体验，具备教学基本技能，具有一定的教学能力和初步的教学研究的能力	理解教师是学生学习和发展的促进者。依据所教学科课程标准，在教育教学实践中，能够以学习者为中心，创设适合的学习环境，指导学习过程，进行学习评价	在教育实践中，能够依据所教学科课程标准，针对中学生身心发展和学科认知特点，运用学科教学知识和信息技术，进行教学设计，实施教学评价，获得教学体验，具备教学基本技能，具有初步的教学研究能力和一定的教学研究能力	理解教师是学生学习和发展的促进者。依据所教学科课程标准，在教育教学实践中，能够以学习者为中心，创设适合的学习环境，指导学习过程，进行学习评价
	技术融合	[只对小学和中学第三级认证要求] 初步掌握应用信息技术优化学科课堂教学的方法技能，具有运用信息技术支持学习设计和转变学生学习方式的初步经验					

续表

		学前教育专业认证标准（毕业要求）		小学教育专业认证标准（毕业要求）		中学教育专业认证标准（毕业要求）	
		第二级认证标准	第三级认证标准	第二级认证标准	第三级认证标准	第二级认证标准	第三级认证标准
学会育人	班级指导	掌握幼儿园班级的特点，建立班级秩序与规则，合理规划利用时间与空间，创设良好班级环境，充分利用各种教育资源，建立良好的同伴关系和师幼关系，营造良好班级氛围，发挥自身榜样作用	1. 掌握班级建设、班级教育活动组织、幼儿发展指导、综合素质评价、与家长及社区沟通合作等班级常规工作的方法，研究班级工作的特点、规律 2. 建立良好的班级秩序与规则，合理划分时间与空间，创设安全舒适的班级环境，充分利用各种教育资源，建立良好的同伴关系和师幼关系，营造尊重、平等、积极向上的班级氛围	1. 树立德育为先理念。了解小学德育原理与方法。掌握班级组织与建设的工作规律与基本方法 2. 能够在班主任工作实践中，参与德育和心理健康教育等教育活动的组织与指导，获得积极体验	1. 树立德育为先理念。了解小学德育原理与方法。掌握班级组织与建设的工作规律与基本方法 2. 掌握班集体建设、班级教育活动组织、学生发展指导、综合素质评价、与家长及社区沟通合作等班级常规工作要点 3. 能够在班主任工作实践中，参与德育和心理健康教育等教育活动的组织与指导，获得积极体验	1. 树立德育为先理念。了解中学德育原理与方法。掌握班级组织与建设的工作规律和基本方法 2. 能够在班主任工作实践中，参与德育和心理健康教育等教育活动的组织与指导，获得积极体验	1. 树立德育为先理念。了解中学德育原理与方法。掌握班级建设的工作规律与基本方法 2. 掌握班集体建设、班级教育活动组织、学生发展评价、与家长沟通合作等班主任工作要点 3. 能够在班主任工作实践中，参与德育和心理健康教育等教育活动的组织与指导，获得积极体验
	综合育人	1. 了解幼儿社会性-情感发展的特点和规律，注重培育幼儿良好意志品质和行为习惯		1. 了解小学生身心发展和养成教育规律。理解学科育人价值，能够有机结合学科教学进行育人活动	1. 树立育人为本的理念，掌握育人基本知识与技能，善于抓住教育契机，促进学生全面和个性发展。理解学科育人价值，能够结合学科教学进行育人活动	1. 了解中学生身心发展和养成教育规律。理解学科育人价值，能够有机结合学科教学进行育人活动	1. 具有全程育人、立体育人意识，理解学科育人价值，了解学校文化和教育活动的育人内涵和方法

续表

		学前教育专业认证标准（毕业要求）		小学教育专业认证标准（毕业要求）		中学教育专业认证标准（毕业要求）	
		第二级认证标准	第三级认证标准	第二级认证标准	第三级认证标准	第二级认证标准	第三级认证标准
学会育人	综合育人	2. 理解环境育人价值，了解园所文化和一日生活对幼儿发展的价值，充分利用多种教育契机，对幼儿进行教育 3. 综合利用幼儿园、家庭和社区各种资源全面育人	2. 理解环境育人价值，理解园所文化和一日生活对幼儿发展的价值。将社会合作一情感教育内容灵活渗透在一日生活之中，通过环境影响感染幼儿。综合利用幼儿园、家庭和社区各种资源全面育人	2. 了解学校文化和教育活动的育人内涵和方法，参与组织主题教育和社团活动，促进学生全面、健康发展	3. 了解学校文化和教育活动的育人内涵和方法，积极参与组织主题教育和少先队活动和社团活动	2. 了解学校文化和教育活动的育人内涵和方法，参与组织主题教育和社团活动，对学生进行有效的教育和引导	2. 能够在教育实践中将知识学习、能力发展与品德养成相结合，自觉在学科教学中有机进行育人活动，积极参与组织主题教育和社团活动，对学生进行有效的教育和引导
学会发展	自主学习		具有终身学习与专业发展意识。了解专业发展核心内容和发展阶段路径，能够结合就业愿景制订自身学习和专业发展规划，养成自主学习习惯，具有自我管理能力		具有终身学习与专业发展意识。了解专业发展核心内容和发展阶段路径，能够结合就业愿景制订自身学习和专业发展规划，养成自主学习习惯，具有自我管理能力		具有终身学习与专业发展意识。了解专业发展核心内容和发展阶段路径，能够结合就业愿景制订自身学习和专业发展规划，养成自主学习习惯，具有自我管理能力
	国际视野	具有全球意识和开放心态，了解国外学前教育改革发展的趋势和前沿动态。积极参与国际教育交流。尝试借鉴国际先进教育理念和经验进行教育教学					

续表

	学前教育专业认证标准（毕业要求）		小学教育专业认证标准（毕业要求）		中学教育专业认证标准（毕业要求）	
	第二级认证标准	第三级认证标准	第二级认证标准	第三级认证标准	第二级认证标准	第三级认证标准
学会反思	具有终身学习与专业发展意识。了解国内外学前教育改革发展动态，能够适应时代和教育发展需求，进行学习和职业生涯规划。初步掌握反思方法和技能，具有一定的创新意识，运用批判性思维方法，学会分析和解决问题	理解教师是反思型实践者。运用批判性思维方法，关注和分析教育实践中的问题。掌握研究幼儿行为和教育教学的方法，具有一定的创新意识和教育教学研究能力	具有终身学习与专业发展意识。了解国内外基础教育改革发展动态，能够适应时代和教育发展需求，进行学习和职业生涯规划。初步掌握反思方法和技能，具有一定批判性思维方法，学会分析和解决问题	理解教师是反思型实践者。运用批判性思维方法，养成从学生学习、课程教学、学科理解等不同角度反思分析问题的习惯。掌握教育实践研究的方法和指导学生探究学习的技能，具有一定的创新意识和教育教学研究能力	具有终身学习与专业发展意识。了解国内外基础教育改革发展动态，能够适应时代和教育发展需求，进行学习和职业生涯规划。初步掌握反思方法和技能，具有一定批判性思维方法，学会分析和解决教育教学问题	理解教师是反思型实践者。运用批判性思维方法，养成从学生学习、课程教学、学科理解等不同角度反思分析问题的习惯。掌握教育实践研究和指导学生科研的方法和技能，具有一定的创新意识和教育教学研究能力
沟通合作	理解学习共同体的作用，具有团队协作精神，掌握沟通合作技能，具有小组互助和合作学习体验					

第三节　新时代教育评价改革背景下中国高校学生学习质量评价的实践反思

1970年代，美国著名高等教育学者马丁·特罗以高等教育毛入学率和高等教育多样性为依据，将高等教育划分为精英（高等教育毛入学率15%以下）、大众化（毛入学率在15%~50%之间）、普及化（毛入学率在50%以上）三个阶段。[①]2019年，中国有普通高等学校2688所（其中，本科院校1265所，高职、专科院校1423所），高等教育在学总规模4002万人，高等教育毛入学率51.6%。根据马丁·特罗的理论，中国已经于2019年进入高等教育普及化阶段。在高等教育普及化阶段，高等教育从教育管理走向教育治理，从注重政府外部评估转向关注多元评价、放权分权，激发高校内生动力，鼓励利益相关者问责。高等教育发展方式从以规模扩张和空间拓展为特征的外延式发展，转变为以提高质量和优化结构为核心的内涵式发展，坚持立德树人、加强内涵建设、兼顾优质与公平。高校从单一发展模式转向分类发展模式，强调分类指导、多样化发展；高校教学评价的重点从以教为中心转向以学为中心，强调学生学习结果和全面发展的评价。[②]如果说精英阶段的教学质量的标准倾向于较高的学术标准，大众化阶段的质量评价标准趋于多样化，那么，

[①] 马丁·特罗，徐丹，连进军. 从精英到大众再到普及高等教育的反思：二战后现代社会高等教育的形态与阶段[J]. 大学教育科学，2009（3）：5-24.

[②] 钟秉林，王新凤. 普及化阶段我国高校教学质量评价范式的转变[J]. 中国大学教学，2019（9）：80-85.

普及化阶段则趋向于不同的成就标准，尤其是强调教育经验是否给人们带来价值增值。所有这些，都要求我们对中国高校学生学习质量评价实践进行深入反思，做出新的路径选择。

一、中国高校学生学习质量评价实践的反思

如前文所述，中国高校已经形成了课程考核、学生综合素质测评、各类实践考核、毕业论文评审等涉及学生在大学学习全过程的评价制度和实践，为保障和提高中国高等教育质量打下了扎实的基础。中国高等教育从大众化阶段进入普及化阶段进程中，许多高校探索发展转型，实施人才培养理念和方式的改革，高校的人才培养目标进一步升级，在"培养什么样的人"的追问之下，更深层次地探索"人"自身发展结构和内涵。培养高素质的创新人才是当前我国应对国内外挑战、建设创新型国家的内在要求和战略选择，也是世界各国教育改革的共同追求和核心目标。《国家中长期教育改革和发展规划纲要（2010-2020年）》明确指出，要"牢固确立人才培养在高校工作中的中心地位，着力培养信念执著、品德优良、知识丰富、本领过硬的高素质专门人才和拔尖创新人才"。中国共产党的二十大报告进一步指出："全面提高人才自主培养质量，着力造就拔尖创新人才，聚天下英才而用之。"这些都要求深入反思已有的学生学习质量评价实践，在此基础上实现高校学生学习质量评价的变革和创新。

（一）高校学生评价理念还存在着"以管理为中心"的印痕

为什么要进行评价？这是学生学习质量评价需要考虑的首要问题。中国高校在学生和学校关系上受制于传统的管理模式。尤其是受到"以教为中心"的人才培养模式的惯性所束缚。[1] 学生评价仍然是以管理为中心的，是为学校管理服务的，是学校管理教师，教师管理学生的主要手段。在这种评价理

---

[1] 王芳．"十四五"时期深化高校学生评价改革的内在逻辑与实践路径［J］．中国高等教育，2021（21）：14-16．

念要求之下，学生评价的总结性和选拔功能被过分放大，学生学习质量评价一方面成为测量教师教学效果、衡量教师教学目标达成度的工具，另一方面成为学生评奖评优以及获得保研资格的工具。其结果是，高校学生评价的诊断、反馈、改进等多元功能没能得到充分彰显，一定意义上削弱了高校内部质量保障的基石。

（二）高校学生评价体系中课程学习质量评价和社会实践评价存在着不平衡的矛盾和冲突

高校学生学习评价主要包含课程学习和社会实践两大方面的评价。一方面，通过设计好的课程体系预设学生学习质量的内涵和框架，通过课程学习之后的考核和考察，则默认学生获得最低限度的学习质量保障，并在此基础上通过考核和考察分数的比较，从而鉴别学生学习质量的高低。从许多高校的课程设置来看，一般包括公共课程、通识课程、专业课程和实践课程，尤其在学分制、选修制的制度设计背景下，各类课程之间的关联性及其指向学生所应具备何种学习、学术能力的实质还比较欠缺，分数的高低与学生学习能力高低的关联性并不大。另一方面，高校还设计了大量的社会实践课程、环节和项目，尤其是大学里有各种各样的技能竞赛、科研竞赛和创新创业大赛。这些实践环节也都被赋予一定的分数，与学生的综合素质测评挂钩。同样的，这些实践课程和项目所要培育的实践能力的指向依然不明确，缺乏系统规划。尤其是，课程学习评价和实践学习评价之间在学生综合素质测评中的关系是什么？从技术层面上来说，它们之间所占比例的合理限度是什么？这就在实践中带来一些比较突出的现象：有的同学在课程学习测评上非常优秀，但是由于参与的社会实践和各类大赛的获奖比较少，而在综合素质测评中处于尴尬境地。有的同学在课程学习测评上非常一般，但是由于参与大量社会实践和各类大赛被加分很多，最终在综合素质测评中"逆袭"。如何解释这种现象？如何解决这个现象中可能存在的问题？其根源是要解决课程学习评价和社会实践评价之间的不平衡的问题。

（三）高校学生评价方法过于重视量化评价，难以对与学生发展具有重要意义的要素进行有效衡量

无论是课程成绩，还是综合素质测评，抑或是社会实践项目的评价，均是以分数、数量化的方法进行。尤其是在课程学习质量评价中，把纸笔测试结果与学习评价等同起来，根据分数评出名次与等级。无疑，数量化的方法有利于提高学生学习质量评价的效率，表面上看，这也是一种相对公平的评价方法。但是，一方面，如前文所指出，将学生学习能力转化为分数或数字，并不能很好地将分数与学习能力进行本质性关联，难以通过分数看到学生学习能力的具体表现。另一方面，学生学习行为中有许多要素是很难用数字来进行测量的。例如，学生的道德品质、体能素质、审美情趣、情感态度、创新精神以及世界观、人生观、价值观等都难以通过量化的方法进行全面考察和综合评价，或者说这些要素都是不可测量的，难以量化的。

（四）学生学习质量评价标准单一化，基于不同学科的学习评价体系还未完全建立

尽管在课程学习质量评价中已经部分地体现出不同学科的评价要求和特点，但更多的是在知识学习层面的评价特点。然而，许多高校学生学习质量评价的标准，既忽视学科差异，也忽视学生个体差异，更多地强调共性和普遍性。同一学校不同年级、不同专业学生使用同一评价标准，对不同个性特点学生使用同一评价标准。这种用"同一把尺子衡量不同的人"的评价呆板、片面、单一化，否认了人的复杂性，否定了个人应具有不同的能力表达方式和手段。①

（五）学生评价结果的反馈机制还未完全形成

综合素质测评看似关注过程，实际却是以结果为导向的。尤其是对综合

---

① 陈文远. 教育转型视角下的高校学生评价［J］. 教育发展研究，2012（9）：76-80.

素质测评的结果的使用上，还没能有效发挥其矫正和激励的功能。学生评价过程被视为封闭式的线性过程，评价结果的公布意味着评价的终结，意味着教与学的终结。学生从综合素质测评结果中看到的更多是自己是否能够获得奖学金或者能够获得什么等级的奖学金。对于评价结果的解释和反馈则相对贫乏。如何让学生从评价结果中看到自己的优势和不足，分析自己的成长和进步，以及让学生看到自己在整体中所处的位置，怎么更好地把握未来的学习目标和努力方向，等等，都还没有相关的人力和物力支持。其结果是，学生难以从评价结果中进行有效的自我反思，也难以进行有效的自我管理，更难以激励学生的开拓创新精神。

二、新时代教育评价改革背景下高校学生学习质量评价的发展动向

自 2018 年以来，高校学生学习质量评价在国家教育政策文件中越来越成为一个备受关注的焦点问题。2018 年 8 月，教育部、财政部、国家发改委联合发布《关于高等学校加快"双一流"建设的指导意见》指出，以立德树人成效作为根本标准，把一流本科教育作为重要内容，坚持多元综合性评价，探索建立中国特色"双一流"建设的综合评价体系和高等教育评估制度。2018 年 9 月印发的《教育部关于加快建设高水平本科教育全面提高人才培养能力的意见》也指出，健全能力与知识考核并重的多元化学业考核评价体系，完善学生学习过程监测、评估与反馈机制。2020 年 6 月，中共中央、国务院印发的《深化新时代教育评价改革总体方案》（以下简称《总体方案》）明确提出要坚持问题导向，克服"五唯"的顽瘴痼疾，深化教育评价改革。"深化新时代教育评价改革，建立健全教育评价制度和机制"也被写入《中华人民共和国国民经济和社会发展第十四个五年规划和 2035 年远景目标纲要》，是"十四五"时期建设高质量教育体系的重要举措与核心任务。

《深化新时代教育评价改革总体方案》对教育评价做了全局性系统性的规划设计，提出要"树立科学成才观念。坚持以德为先、能力为重、全面发展，

坚持面向人人、因材施教、知行合一，坚决改变用分数给学生贴标签的做法，创新德智体美劳过程性评价办法，完善综合素质评价体系，切实引导学生坚定理想信念、厚植爱国主义情怀、加强品德修养、增长知识见识、培养奋斗精神、增强综合素质"。具体来说，可主要从三个方面把握：① 其一，评价对象的系统性，要对政府、学校、教师、学生、用人单位等全方位评价。通过评价，促进政府全面履行教育职责，不断提升履职水平，加强宏观管理、分类指导，推进管办评分离、放管服结合；促进学校坚持正确的办学方向，落实立德树人根本任务，转变以升学率评价学校办学绩效和水平的导向；促进教师潜心育人、教书育人，转变以学生考试成绩来评价教师教学绩效和水平的导向；促进学生全面而有个性发展，健康快乐成长，转变"唯分数""唯升学"的应试教育倾向；促进用人单位科学选人用人，转变"唯文凭""唯论文""唯帽子"的单一评价标准。其二，评价内容的系统性，应遵循教育评价阶段性、发展性、时代性的特征，在不同学段、不同类型的教育中体现各自的评价重点，加强系统研究和顶层设计，相互衔接，构建科学的教育评价体系。其三，合理运用各类评价方式，提高教育评价的科学性和有效性。一是要改进结果评价，界定教育目标，关注教育目标的达成度和符合度。二是要强化过程评价，注重在教育教学过程中，从发展性的角度判断教育目标的实现程度及其过程。三是要探索增值评价，关注教育目标实现程度的纵向比较和改善提高，评价取得进步的程度。四是要健全综合评价，注重对教育目标进行全面、综合、整体的教育要素的考量和判断。要通过各类教育评价方式的合理有效运用，为持续改进教育教学工作提供科学依据与信息支撑。

从当前中国高校学生学习评价的实践以及《深化新时代教育评价改革总体方案》的基本精神来看，中国高校学生学习评价的未来走向将会呈现出以下几个特点：

一是将会更加强调从教育观、质量观、人才观和评价观等价值观念层面不断地塑造和完善学生学习评价的理念。评价首先要解决的是"为什么评"

---

① 钟秉林. 加强教育评价改革与质量保障体系建设［J］. 中国教育学刊，2023（2）.

的问题。当前对学生学习评价这个理由层面的问题的追问已经不仅仅局限于从某一个特定的理由，如"学生发展"或"提高教育质量"之类的角度去谈论，而开始逐步显现出由对教育质量的追问拓展到人才培养，由对人才培养的追问触及学生发展，而对学生发展的追问，核心是对"培养什么样的人"等问题的追问。教育观、质量观、人才观和评价观在当今时代已经紧密地缠绕在一起，评价学生学习质量需要从他们之间的内在一体关系出发，寻找到合适的评价理念。

二是学生学习评价将走向系统性、全面性、综合性和发展性的体系化构建。学生学习评价将既着眼于学生个体的也着眼于学生群体的整体性评价，既着眼于从结果也着眼于从过程并将结果与过程结合起来进行评价，既着眼于学生自身学习质量的评价也着眼于影响学生学习质量的因素的评价。从评价形式来看，在进一步完善目前的课程学习评价、毕业论文评价、实习实践能力评价、综合素质评价等形式的基础上，探索更多的如问卷调查、标准化能力测验等多种形式的学习评价。从学生学习质量评价的标准和内容来看，将紧密围绕"学生全面发展"为中心，坚持一切从实际出发，尊重学生评价的客观事实与基本规律，以揭示学生学习的真经验真现实、解决学生所面临的真问题，以促进学生全面发展，综合衡量家庭、社会和国家的合理需求为参照来建构评价标准，形成"以德为先、知识为基，能力为重"的评价体系。

三是学生学习评价将走向更加科学化，更加注重评价的伦理性和育人性。从学生学习评价的方法论层面看，实证主义、科学主义带来的量化评价研究将进一步深入，同时将集合哲学、社会学、教育学等学科最新发展趋势，在后实证主义的评价方法论引领下探索质性评价等多样化的评价方法体系。在选择评价方法的过程之中，将会对各种评价方法的优劣做充分的衡量，根据学生评价的自身性质、价值系统、目的方向进行评价方法的选择。学生学习评价将更加自觉地探究如何在评价中维护学生作为人的生存、生活及创造发展的生命本质，尊重学生的人格尊严，通过学生学习评价，促进学生知识进步，能力增长的同时，激发学生对学习和创新的激情，激发学生求真求善审美的兴趣，提升学生的责任感和幸福感。

第二章
美国高校学生学习质量评价的实践与启示

自 1960 年代以来，高等教育质量问题由原先只是高等教育内部的事情越来越成为各国政府、社会和高校共同关注的焦点问题。世界各国根据自己的教育文化、理念和制度，开始探索和建立高等教育质量保障体系，开展高等教育质量评估，以保障、促进和提高高等教育质量，形成了以美国为代表的认证模式，以英国为代表的院校审核模式，以法国为代表的政府评估模式以及以日本为代表的自我评估模式。[①]

美国是世界上高等教育发达的国家，其高等教育体系、类型及其发展模式对世界高等教育的发展走向影响至深。在 1940 年代，美国在校大学生总数占 18~21 岁人口总数的 18%，[②] 按照马丁·特罗的大众化理论，美国高等教育在那时就已经进入大众化阶段。到 20 世纪 80 年代，美国高等教育进入普及化阶段。美国高等教育在从精英到大众化再到普及化的变迁历程中，其对高等教育质量和评估问题的关注和行动及其所走过的曲折和成功道路，对世界其他国家建立高等教育质量保障体系，开展高等教育质量评估都具有重要的启示意义和价值。

美国高校学生学习和发展评价属于美国高等教育质量运动中最重要的一种新动向，美国在这方面的实践和学术研究备受世界其他国家的关注和效仿，进而衍生出世界范围内开展学生学习成果评估的共同行动。2006 年在希腊雅典召开的经济合作与发展组织（Organization for Economic Cooperation Development，OECD）教育部长会议上，明确提出了高等教育学习成果评估（The Assessment of Higher Education Learning Outcomes，AHELO）这一议题。2008 年，OECD 成员国的专家开始进行 AHELO 的探索性研究。2011 年，17

---

① 周海涛. 世界高等教育质量评估发展背景、模式和趋势 [J]. 教育研究，2008 (10)：91-95.
② 王英杰. 美国高等教育的发展与改革 [J]. 北京：人民教育出版社，1993：200.

个国家的 248 所高校参加了高等教育学习成果评估可行性研究试验。[①]2013 年 3 月,在巴黎召开的总结大会肯定了可行性试验阶段的实施效果和测量工具的有效性;2013 年 11 月,OECD 决定全面推行高等教育学习成果评估项目,并于 2016 年进行首次正式测试,参与范围扩大至 34 个成员国,同时提出要吸引更多成员国以外的国家特别是新兴经济体的参与。美国在这个项目中发挥主要作用,这实际是对美国学生学习和发展评估的理论、实践经验和技术的认可。因此,研究美国高校学生评价的实践具有重要意义和价值。国内目前有黄海涛、刘声涛等人对美国大学生学习成果评估进行了比较深入系统的梳理。但也还有必要对美国高校学生学习质量评价实践中的相关问题进行多角度的研究,进而为反思中国高校学生学习质量评价提供参考。

---

① 蔡小婷. AHELO-OECD 高等教育学习成果评量计划[J]. 评鉴双月刊,2012(39):42-47.

第一节 美国高等教育评估的起源、发展和主要类型

一、评估概念在美国教育领域的使用场景

界定高等教育评估的概念一直是困扰学术界和高教实践界的关键问题，人们围绕这个问题产生过许多观点之间的争论和交锋，不同的人出于这样那样的角度，对评估的概念和意义的认识也是非常不同的。而且，不论是在英文还是在汉语里，人们围绕"评估"这个概念又引申出许多与之相似的概念。汉语中最多的争论来自"评估"和"评价"两个概念之间的差异，而英文中也至少有四个词与"评估"有关，如 evaluation, assessment, appraisal, accreditation, measurement 等。通过上文对评估起源的回溯，我们发现，英文中更多地使用 assessment 一词指称"评估"，这个词在美国至少有三种不同的意义和传统用法。无疑，评估的最为确定的定义应该根源于美国在实验心理学的基础上产生的学生学习研究和理论传统。在这种传统下，评估是对个体在复杂能力的掌握情况方面进行确认的一个过程，这个过程通常是由观察个体的表现进行的。运用这种方法则意味着需要经历一段时间确定个体对复杂能力的掌握情况，这个确定的过程通常是由观察个体的表现进行的。这种传统的追随者强调在经历一段时间及持续的反馈后个体绩效的发展。

美国使用评估概念的第二个传统是在基础教育实践领域中产生的。与

第一种传统相比，基础教育领域的评估定义与之有着显著的差异。在基础教育领域中，评估这个概念是对大规模考试项目的一种事实描述。譬如，美国当时有由联邦资助的全国教育进步评估（National Assessment of Education Progress）和一系列以州为基础的考试项目。这种"大规模评估（Large-Scale Assessment）"的主要目标并不是考查个体的学习，而是以问责之名，按照一定的基准和绩效对学校进行划分。这种评估的主要工具是标准化和客观化考试，这样的考试主要是依据心理测量学的原理而设计，其目的在于迅速而有效地获得概要性的与学校的绩效有关的统计数据。随后，基础教育领域中的这种大规模评估迅速延伸到高等教育领域，从而引发美国教育部着手开发一套全国性的标准化的大学入学考试。①

评估的第三种意义是美国高等教育领域中专业评价（Program Evaluation）活动所使用的。在专业评价活动中，评估表明的意思是搜集信息以改进课程和教学。与大规模评估一样，这种传统运用评估概念时关注的重心是对集体的绩效而非个体的表现做出判断。它主要运用诸如考试，文件筐和抽样调查学生作业，学生和毕业生就读经验调查，以及对学生和教师行为的直接观察。1986-1989年，美国一些主要的考试组织开发了一系列旨在进行专业评估的考试，譬如：美国大学考试委员会（ACT）组织的大学学术熟练程度评估（Collegiate Assessment of Academic Proficiency，CAAP），教育考试服务委员会（Education Testing Service，ETS）组织的学院概评（Academic Profile）和专业领域成就测评（Major Field Achievement Tests，MFAT）等考试，都是在这种意义上使用评估概念的。

综上所述，美国对评估概念的应用是从两个有些对立的立场发展起来的。学术界和学校的立场是一方，政府和社会的立场是另一方。学术界和学校一般将"改进"（improvement）作为评估的主要目的，政府和社会一般将"问责"（accountability）作为评估的主要目的。由于各自的目的不尽一致，这两种有些不同的立场会在评估的工具和方法的使用、评估的对象等问题上产生

---

① BANTA T W. Reliving the History of Large-Scale Assessment in Higher Education [J]. Assessment Update, 2006, 18（4）: 3-4.

极为不同的意见和争论。

二、评估进入美国高等教育的背景及其主要类型

作为对院校质量关注最早的西方国家之一,美国高等教育认证机构的产生和发展是评估得以进入高等教育领域的实践基础。19世纪晚期,美国成立了六个地区性的认证协会。① 这些协会都是自愿的、非政府和非赢利的机构,不过它们在院校认证上得出的结论对联邦拨款有重要的影响。与此同时,美国各地也纷纷成立了各种各样的专业或职业认证协会。②1909年,在美国教育局和卡内基教学促进基金会工作的基础上,中北部地区学院与中学协会制定了认证高校的标准。1913年美国首次出现了现代意义上的高等教育认证。③ 随着地区性认证机构和专业性认证机构的增加,各认证机构出现了一些共同问题需要相互协调。美国于1949年就成立了一个负责全面协调高等教育认证的全国性的机构——国家认证委员会(National Committee of Accreditation)。非常有趣的是,这个全国性的认证机构在美国历经种种变化,④ 直到1996年

---

① 这些协会是:新英格兰学校和学院协会(New England Association of Schools and Colleges,1885)、中部州学院和学校协会(Middle States Association of Colleges and Schools,1887)和西北部学院和学校协会(Northwest Association of Schools and Colleges)以及中北、南部和西部学院和学校协会。

② RHOADESI G, SPORN B. Quality Assurance in Europe and The U.S.: Professional and Political Economic Framing of Higher Education Police [J]. Higher education, 2002, 43: 355-390.

③ EI-KHAWAS E. Accreditation in the USA: Origins, Developments and Future Prospects [EB/OL]. http://unesdoc.unesco.org/images/0012/001292/129295e.

④ 1949年,美国成立了首个国际认证委员会(National Committee of Accreditation),负责全面协调高等教育的认证工作,1964年成立了高等教育地区认证委员会联合会(Federation of Regional Accreditation Committee of Higher Education)。1975年,这两个机构合并成立了中学后教育认证委员会(Council on Post secondary Accreditation,简称COPA)。COPA下设院校认证团体委员会和专业认证机构委员会两种类型的机构。1993年12月,中学后教育认证委员会在各种压力和怨声中被宣布解散,结束了近20年的工作。1994年,美国成立了中学后教育认证机构认可委员会(Commission on Recognition of Postsecondary Accreditation),但该委员会存在不到两年时间就被1996年成立的高等教育认证委员会(Council on Higher Education Accreditation,简称CHEA)所取代。

成立高等教育认证委员会（Council on Higher Education Accreditation，简称CHEA①）才结束了美国全国性高教认证机构的反复变化的局面。如今美国已经形成了多种多样的认证机构。从范围上可分为全国性认证机构和地区性认证机构；从认证的内容上可分为院校认证机构和专业认证机构；从机构的性质上来说，它可以分为民间机构和官方机构两类。不论是何种形式的认证，其基础在于对高校相关信息的搜集和评估。美国高等教育认证机构的产生和发展在相当程度上催生和刺激了美国高等教育评估的产生和发展。

如果我们按照实施评估的主体划分，将会发现美国主要有政府认证、民间排行和院校内部评估三种层次的高教评估；如果我们以评估所使用的方法划分，主要有声誉、资源和价值增值（value-added）这三种评估；如果以评估的层次和范围来看，主要有学校、专业、学科、院系和个人评估这几种类型；如果以高教评估的内容划分，主要有教学、科研和社会服务的质量评估；如果以评估的程序划分，主要有自评和外部同行评估两种类型。这些不同类型的高等教育评估没有绝对的界限之分，更多的时候都是在各自道路上发展，有时会发生相互交融与相互影响的状况。

从实施评估的主体来看，美国已经形成了一个政府和社会层面的普遍模式。这就是政府实施的高等教育机构认证和民间进行的大学排行。高等教育认证机构作为一个国家层面、全国性的评估机构，因其存在迎合了国家和政府的需要而获得了合法性地位。合格评估是这些国家层面的评估机构开展质量评估的主要模式，主要有学校层面的合格评估和专业层面的合格评估，通常这两种方式是同时进行的。美国国家层面上的评估机构关注不同层次的教学、科学研究以及学校管理和政策的评估。对学校层面的评估倾向于学校管理方面的，主要牵涉到对学校内部的结构和学校各部门的职责进行评估，包

---

① CHEA 是由大学和学院以及经该组织认可的认证机构作为会员的一个社团组织，采用"理事会"制度进行管理。这个机构的性质是民间的、非营利性的全国性机构，代表着许多全国性、地区性和专业性认证机构的利益，其宗旨是"通过对高等教育认证机构的认可来改进高等教育的学术质量，并通过认证来加强学校的自我约束，从而为学生及其家长、学院及大学、资助团体、政府和用人单位服务"。

括对学校制度（如任务、管理、治理、资金和资源）、教育质量（学校教育的目标、学生成绩、毕业生就业情况、学习资源等）和学校的科研质量（如学校教师与学生出版的著作、实验室、图书馆和信息技术等）进行评估。学科和专业层面上的评估则倾向于对学科的学术价值进行调查和评估。这种评估经常将其重点放在课程、教学、学术人员的具体情况、教职工的发展状况和学生的学习成绩等等，尤其是强调对学校的研究成果的评估。

大学排行是美国高等教育质量外部评估的又一重要形式。大学排行得以兴起的主要原因在于：高等教育入学机会的扩张引起了国家对与学术质量有关的消费信息的持续关注。大学教育作为一种稀有商品，在个体的生活中是一种昂贵的投资，其重要性日益增长。学生及其家庭在选择大学时都在寻找那些能帮助他们做出明智选择的信息。正是这种消费需求导致了美国和其他西方国家大学排行系统的产生和发展。[①] 据统计，西方国家共有100多种不同的大学指南和排名系统。有关大学排行系统的书籍、期刊和杂志每年能卖出670多万册。譬如，《美国新闻和世界报道》的大学排名系统杂志每年能卖出大约220万册，几乎有1100多万人阅读它。[②] 由此可见，大学指南和排行榜的重要性已经远远超出了它们所能卖出的数量。在人们选择大学时，它们是最为经常引用和参照的印刷和媒体信息资源之一。据迈唐纳（Mcdonough, P. M）等人估计，在美国每年有40万准大学生及其父母在选择大学时都参考大学排行。准大学生及其父母都倾向于接受大学指南和排行提出的标准，并依据这些标准确认他们的选择。[③]

尽管如此，大学排行在不同人眼中的功过是非是不一样的。赞成它的人，会认为它是高校对公众负责的有效工具，也能够为学生这个消费者提供有关

[①] DILL D D, SOO MAARJA. Academic Quality, League Tables, and Public Policy: A Cross-national Analysis of University Ranking Systems [J]. Higher Education, 2005, 49: 495-533.

[②] DICHEV I. News or Noise Estimating the Noise in the U.S. News' University Rankings [J]. Research in Higher Education, 2001, 42: 237-266.

[③] MCDONOUGH P M, ANTONIO A L, WALPOLE M, et al. College Rankings: Democratized Knowledge for Whom [J]. Research in Higher Education, 1998, 39: 513-538.

大学的重要信息。不过，大学排行系统遭受到的非议也是最多的。因为它的方法存在许多无法避免的问题。大学排行系统很多时候并不清楚地说明他们所使用的数据是怎样得来的，他们也没有说明大学排行的计算方法，有时甚至还会存在学院和学校为了提升他们的排行位置而提供一些并不怎么准确的数据的情况。而且，即使数据是准确的，但结果也令人生疑。① 因为，高校排行的变化更多地是由排行的计算方法的变化所引起的，它并不能直接反映高等院校的教育质量。总而言之，大学排行的主要问题是人们并不清楚不同的人在排名时是否使用了相同的评价标准。即使有详细的评价标准，也会出现问题。如：进行排名的人是否有足够的证据表明那些好学校能够符合这种标准。正如帕斯卡瑞拉所指出："大学排行系统不应再以为它们实际上是在识别那些开展本科教育的'最优院校'。因为它们的测量方法主要是以学校的资源和声誉为基础的，而并没有考虑到学生在大学中的经验，正是这种大学经验对高校教育质量具有重要意义。更准确一些地说，如果不是为了迎合市场消费的话，大学排行系统的结果倒是可以用'美国最有优势的学院'来命名。"②

从高等教育质量评估的方法来看，美国主要有声誉、资源和价值增值这三种类型的评估。声誉方法以大学在排名体系中的排行榜来定义高等教育的质量。《美国新闻和世界报道》对本科院校的年度排名就是以声誉的方法评价质量或优秀的典型。在这种类型的评估中，学校的排名越靠前，质量就越高。声誉的方法实际上是通过对学校的资源进行评估来实现的。因此，以资源为基础的质量评估是以声誉为基础的质量评估的标准的细化。以资源为基础的质量评估主要观察大学新生入学时的成绩、高校图书馆的书籍以及学校教师的学术生产力等标准，从而对学校的质量做出评价。也就是说，学校学生入学成绩越高、学校图书馆藏书越多，学校的质量就越高。阿斯汀认为，"声誉

---

① PIKE G R. Measuring Quality: A comparison of U.S. News Rankings and NSSE Benchmarks [J]. Reseach in Higher Education, 2004, 45(2): 193-208.

② PASCARELLA E T. Identifying Excellence in Undergraduate Education: Are We Even Close? [J]. Change, 2001, 33(3): 18-23.

和资源的质量评估是相互关联的，学校声誉的上升能够为学校带来更多附加的资源，学校资源的增长也能产生巨大的声誉。"① 从表面上看，学校在制定政策时能够从这两种质量评估中获得有用的信息。如果学校能够增加它的资源或提升它的声誉，那么它的教育质量就能够得到改善和提高了。然而，在一些研究者看来，这些有用的信息存在以下两方面的问题：首先，可以获得的资源是有限的。学校之间在好学生和好教师之间的竞争非常激烈，有许多学校在这种竞争中并不总是成功的。其次，许多学校竭力从校友、企业、基金会等那里寻求资助，这种竞争也非常激烈，同样会有许多学校并不能成功地获得外部的资助。而且，学校经济条件和学生学习产出之间的关系也不确定。② 因此，通过资源或声誉评价学校质量并不能够为学校改进本科教育质量提供有用的信息。

---

① NORDVALL, ROBERT C, BRAXTON, et al. An Alternative Definition of Quality of Undergraduate College Education: Toward Usable Knowledge for Improvement [J] The Journal of Higher Education, 1996, 67 (5): 481-197.

② ASTIN A W. Achieving educational excellence: A critical assessment of priorities and practices in higher education [M]. San Francisco: Jossey-Bass, 1985: 27.

第二节 美国高校学生学习评价的发展历程、主要形式和评价方法

一、美国高校学生学习评价的发展历程

实际上，美国早在 1930 年代就已经有关于学生学习和发展评估的大量研究文献。从实践层面甚至可以说，学生学习评价的发展与美国高等教育的发展是相生相随的。殖民地学院时期对学生学习的考核方式主要是口试，学生根据教师的要求进行背诵、演讲和辩论。19 世纪末美国高等教育与殖民地学院时期相比已经发生巨大变化，美国社会向工业化发展转型，这对其高等教育的规模和学习内容等方面都产生了深刻影响。传统的口试不再能够满足高等教育自身发生的这些变化带来的需要，学生规模的扩大和学习内容的增多使得口试的实际运行很困难。在这个背景下，催生了以论文和笔试评价的方式，并进一步促进了美国教育界在实验心理学和数理统计学基础上对学生的智力进行标准化和客观化测量的实践旨趣的萌芽和发展。① 第一次

---

① 丁兴富在《教育评估的基本概念和历史发展》一文中指出（湖北广播电视大学学报，2001（3），4-9.）：早在 1845 年，美国的梅恩（Mann, H）就在马萨诸塞州波士顿引入书面考试、统一试卷，1846 年英国格林威治医学院的费舍尔（Fisher, G）对书面考试的成绩标准进行了研究。

世界大战期间，美国高等教育领域开始大量运用客观化的纸笔测试评价学生学习。其关注的重点是评价学生对学习内容的掌握程度。1920—1930年代，美国兴起的通识教育改革浪潮，① 对学生学习评价提出了新的课题，旨在培养学生思维能力、品性和伦理价值观念的通识教育需要了解其教育成效，因此，除了评价学生对学习内容的掌握程度之外，还需要评价学生通用能力、通识能力的发展情况。客观化的纸笔测试框架、内容等方面都在发生静悄悄的变化。1980年代，美国教育目的委员会发起的"大学生学习评估"（Collegiate Learning Assessment）运动，从推理、批评性思维、问题解决和决策判断以及交流等能力的角度评价学生学习，可谓是回应通识教育改革在学生学习评价上达到的一个新的高度的典型代表。② 然而，不论是从学习内容的掌握还是从学生思维能力的发展对学生进行评估，作为客观化和标准化的考试以及标准化的智力测验等形式都受到了质疑和批评，其结果是产生了对大学生的兴趣、性格、能力和成就等方面进行评估的大量研究文献。美国学者Feldman和Newcomb等人对不同类型学校、不同学科的大学生的特点、学习行为及变化的研究，以及科尔曼等人对学生投入和学习成就关系的探讨等，是1970年代以前有关学生学习评估的经典研究文献。③

自1985年之后，美国高等教育领域开始密集研讨学生学习评价的有关问题。④ 美国优质高等教育研究小组在1984年发表《投身学习》的研究报告。为了使得学生取得较高的学习成就水平，这个报告提出了促进学生学习的三个建议：（1）应该对学生持有较高的期望；（2）让学生积极参与学习；（3）给

---

① 李曼丽. 通识教育：一种大学教育观 [M]. 北京：清华大学出版社，1999：69.

② SHAVELSON R J. Assessing student learning responsibly: From History to an Audacious Proposal [J]. Change, 2007（1）：26-33.

③ FELDMAN K A, NEWCOMB T M. *The Impact of College on Students* [M]. San Francisco: Jossey-Bass, 1969. COLEMAN, et al. *Equality of educational opportunity* [Z]. Washington, DC: US Government Printing Office, 1966.

④ BANTA T W, ASSOCIATES. *Building a Scholarship of Assessment* [M]. San Francisco: Jossey-Bass, 2002：1-8.

学生提供积极而有用的反馈信息。同时该报告指出，学院和大学能够从对他们自身的绩效评价中了解自己办学的优点和缺点，学院和大学应该应用已有的一些较为合适的研究工具用于评价学校的表现，以更好地促进学生的学习。① 美国大学研究会（America Association of Colleges）1985年出版的《大学课程中的完整性》（*Integrity in the College Curriculum*）和 Bennett W. J 于1984年出版的《重申遗产：关于高等教育中的人文学科的报告》（*To Reclaim Legacy: A Report on Humanities in Higher Education*）等研究报告也都非常关注对学生学习和发展进行监控以及应该让学生拥有什么样的课程和学习经验的问题。

另外，苏联人造地球卫星的上天，促动了神经敏感的美国人，导致其出台《国家处于危险之中》的报告。这个报告虽然只是针对基础教育而发，但在它的刺激下，许多美国人开始反思高等教育的危机，随着高等教育中经济主义和管理主义倾向的盛行，美国人日益认识到中等后教育对经济发展和劳动力供给能够提供强有力的支撑，而且认识到国际竞争的根本是人才竞争。正是在这些背景下，政府与社会对高校的问责的需求与日俱增，美国高等教育认证及其质量保障运动也就将焦点更加聚集到大学生学习和发展的评价上来。1985年，美国科罗拉多州和南加利福尼亚州首次出台了评估政策，要求公立学院和大学调查自己的学习成果或产出，而且要汇报学校从这些调查中发现的经验和教训。到1987年对已有的高等教育评估政策的倾向进行评价时，美国大约有12个州都已经有了相似的高教评估政策了。到1989年，美国差不多有一半多的州都有了自己的高教评估政策。②

---

① The Study Group on the Conditions of Excellence in American Higher Education. *Involvement in Learning: Realizing the Potential of American Higher Education* [M]. Washington, DC: National Institute of Education, 1984: 90-99.

② BANTA T W, ASSOCIATES. *Building a Scholarship of Assessment* [M]. San Francisco: Jossey-Bass, 2002: 1-8.

二、美国高校学生学习评价的主要形式

（一）大学生学习成果评估

学生学习成果评估是美国高校探索学生学习评价独具特色的一种形式，其内涵具有情境性，通常难以获得具有共识的界定。① 不过从美国高校学生学习评价发展历程来看，学生学习成果最常使用的语境是指，学生在经历一段时期的学习之后，在知识、技能、态度等方面所取得的具体的、可测量的结果。早期主要通过口试、论文和笔试来评估这些结果。美国自20世纪80年代掀起评估运动以来，在使用"学习成果评估"这个概念时，更主要是指那种采用客观化的考试、标准化的测评工具对学生学习结果进行测量和评估的行动。近年来，在实践层面，学习成果的外延不断拓宽，内涵不断丰富，既指学校层面的学生学习成果，即学生在接受一定阶段的教育后在知识、技能和态度方面应取得的结果，也指学生基于专业学习后取得的学习成果，同时也指某一门课程学习后取得的学习成果。

学习成果评估首先主要是美国高校内部为了满足学生学习需求、判断和提升学生学习效果而自发开展的评估活动。同时，学生学习成果评估也受到政府问责的推动。美国的政府报告和联邦政策不断倡议和推动学生学习成果评估。如《领导力的考验：美国高等教育的未来》(A Test of Leadership: Charging theFuture of U. S. Higher Education) 及《高等教育法案的再授权》(Reauthorization of the Higher Education Acts) 等都呼吁加强学生学习成果评估，要求各地区认证委员会在认证过程中更加注重学习成果评估。② 在1990年代中期，美国认证协会要求成员高校将内部评价重点放在学生学习成果评估，美国的所有认证机构都形成了以学生学习成果为中心的评价标准和程序，要

---

① 黄海涛. 学生学习成果评估：美国高等教育质量保障研究 [M]. 北京：教育科学出版社，2014：36.

② PROVEZEIS S J. *Regional accreditation and learning outcomes assessment: mapping the territory* [D]. Urbana-Champaign：University of Illinois at Urbana-Champaign，2010：18-78.

求每所参加认证的院校都要提供基于学生学习成果评估的证据。① 进入21世纪以来，美国高校学生学习成果评估方兴未艾，高等教育界召开了系列学习成果评估主题会议，成立了诸多学习成果评估组织。2008年成立国家学习成果评估所（NILOA）；2009年评价专家蒙德亨克等发起成立高等教育学习评价协会（AALHE）；2010年美国公立和赠地大学联合会、州立学院和大学联合会共同发起成立自愿问责系统（VSA），主动向高校外部利益相关者提供学生学习成果。

美国大学生学习成果评估的实际运行过程之中，联邦政府、州政府、民间机构和大学自身都是重要的参与者。认证是美国高等教育质量保障的主要特色，而这是由具有民间第三方性质的认证机构来实施的，认证机构并不直接评估美国高校的学生学习成果，而是通过将学生学习成果评估纳入到认证指标体系之中，通过设定学习成果评估标准，提出评估要求参与到学生学习评估之中。联邦政府也不直接参与学生学习成果评估工作，只是通过对认证机构的资质认定、学生资助评价标准的制定以及数据收集分析等方式间接地对学生学习成果评估产生影响。州政府也只是通过立法、拨款等对高校学生学习成果评估产生影响。大学自身是实施学习成果评估的主体，它要成立专门的评估部门，设定学生学习成果，选择评估工具，收集分析评估数据，完成评估报告并向认证机构汇报，同时大学还承担着应用评估结果的责任。另外，美国教育考试服务中心（ETS）和美国大学考试中心（ACT）也是参与学生学习评估的最有影响力的机构，因为他们都开发有很多非常有影响力的学生学习成果评估工具。他们通过为选择其测评工具的高校提供专业咨询服务而参与到学生学习成果评估工作之中。

（二）大学生就读经验调查

大学生就读经验调查源于美国高等教育研究专家罗伯特·佩斯于1979年开发的《大学生就读经验问卷》（College Student Experiences

---

① EWELL P T. Assessment, accountability, and improvement [EB/OL]. https://www.learningoutcomesassessment.org/documents/PeterEwell_008.pdf.

Questionnaire，CSEQ），这个问卷在美国经历了四次修订，第四次修订是罗伯特·佩斯和乔治·库共同主持的。这个问卷与美国的学生学习成果标准化测评工具的不同之处，一是它是对学生学习的间接评估，旨在了解大学生在大学校园里的学习活动、大学生对校园环境的评价以及对其大学收获的自我报告，通过对学生自我报告的数据分析，对学生的学习、学校的教育质量进行分析和判断。二是它虽然也调查学生通过大学学习后在素养和能力方面的成果或收获，但这只是其中的一部分内容（国内有学者将大学生就读经验调查归属于美国高校学生学习成果评估的内容或工具，或许正是基于这一点），不过，实际上这个问卷也调查学生的个人背景、学生的学习参与、学生与校园环境的互动等涉及学生在大学学习的全过程和全要素。因此，大学生就读经验调查是比学习成果评估范围更广的评价学生学习的一种间接形式，其主要功能是：评估学生在各种校园活动中的参与度，测量学生的学习收获及其与校园环境的互动关系，为学校提供更丰富的数据，以便于更好地理解学生的学习和发展问题，进而为学校改进提供政策性建议。同时它也能为学生提供自我评价与反思和大学学习生活的咨询和指导。

CSEQ 的结构分为四个部分，第一部分调查学生背景信息，譬如年龄、性别、民族、专业、父母受教育程度、学费来源、年级等问题。第二部分调查学生的大学学习活动，主要调查图书馆的活动、利用计算机及信息技术、课程学习、写作经验、与教师相处的经验、在美术音乐戏剧方面的经验、利用校园设备的活动、个人经历、学生交往。这部分还调查学生的阅读和写作情况。第三部分调查学生对学校环境的感知，主要调查学生对其所感觉到的与学习和个人发展有关的学校环境的感知。同时还调查学生对与他人关系（同学、管理者、教师）的满意度。第四部分调查学生在知识、能力、价值观等方面的成长和收获。

CSEQ 的结构和内容蕴含着比较深刻的学生发展和学生学习评价理论。一是佩斯的"努力的质量"（quality of effort）的思想。他指出，"努力的质量"决定着大学生发展，大学生为了自己的发展有责任将时间和精力投入到学习中。① 二是阿斯汀的"输入-环境-输出"（Input-Environment-Output）模型。"I"指学生输入变量，包括人口统计学特征、认知功能、抱负与期望、自我评定、价值观与态度、行为模式、教育背景特征和无法归于固定或变化特征的其他个人特征；② "E"是院校环境变量，既是指客观存在的大学的物质和文化环境（如资源、课程、政策等），也是指学生对这种客观存在的环境的心理感知和体验以及对环境的利用、参与和浸入所形成的人际环境。③ "O"是输出变量，指学生接受高等教育后表现出的特征，是高校影响或试图影响学生发展的因素。输出变量根据成就类型分为认知和情感，根据数据类型分为心理的和行为的，根据时间维度划分为就读期间和毕业后成就、短期和长期成就。④ 阿斯汀着重强调：输入、环境和输出是一个三角互动的关系，学生在大学里的发展变化，既受到学生在进入大学前所具有的特点的影响，更重要的是受到学生与大学环境的互动的影响。这与阿斯汀的学生投入理论一脉相承。在他看来，学生投入的质量对学生发展具有决定性的影响作用。⑤ 三是高等教育增值评价理论。阿斯汀指出，评价所要关注的是学生在进入高校后所受到的教育影响，对高校的评价需要立足于学生才能的卓越发展（Talent Development Conception of Excellence），应当是一种增值评价，最卓越的高校是那些能够促进学生才能最大程度发展的院校。⑥

大学生就读经验调查实际上既包含对学生学习投入、学生与学校环境的互动以及学生学习产出的评价，也可由此调查分析学生个体投入和学校环境

---

① PACE R C. *Measuring the Quality of College Student Experiences*: *An Account of Development and Use of the College Student Experiences Questionnaire* [Z]. Higher Educational Research Institute, Graduate School of Education, University of California, 1984.

② ASTIN A W. *Assessment for Excellence*: *the Philosophy and Practice of Assessment and Evaluation in Higher Education* [M]. New York: Macmillan Publishing Company, 1991: 70-74.

③ 同②.

④ ASTIN A W. *What matters in college? Four critical years revisited* [M]. San Francisco: Jossey-Bass, 1993: 11.

⑤ ASTIN A W. *Student Involvement*: *A Developmental Theory for Higher Education* [Z]. Higher Educational Research Institute, Graduate School of Education, University of California, 1984.

⑥ 同② 7.

是如何影响学生学习收获和产出的，进而对学生学习质量做出更为公正的评价。在这个意义上，大学生就读经验调查实际是比学生学习成果评估更为宽泛的学生学习评价形式，两者虽有交叉重叠的地方，但更多的是具有自身的独立性和边界。

2002 年开始实施的《加州大学本科生就读经验调查问卷》（University of California Undergraduate Experience Survey，UCUES）异军突起，在美国也很有代表性和影响力。UCUES 是在加州大学伯克利高等教育研究中心道格拉斯教授的主持下制定的，主要适用于研究型大学，既有学生问卷调查的一般特征，也极富自身个性特点。现由加州大学伯克利分校高等教育研究中心负责。加州大学校长办公室负责协调 9 所分校的调查实施工作，调查运行资金主要由各分校学生事务部门提供，加州大学校长办公室也给予一定资助。UCUES 调查问卷主体架构包括一套要求所有被试回答的核心问题和四个按一定抽样比例发放的独立模块。核心问题由两部分组成：第一部分主要从时间分配、学术与个人发展、多元化的校园氛围、学术参与、个人规划、总体满意度和对专业的评价等维度，测量学生对就读期间学术活动的总体评价；第二部分为学生的背景资料和个人特征，主要包括在美国生活的时间、开始学习英语的时间、家长（包括父母和祖父母）受教育程度、父母收入情况、个人宗教信仰、性取向和政治取向等。四个独立的模块分别是学生生活和发展模块（包括目标与志向、观念与校园氛围、身心健康、简要评论四个维度）、学术活动参与模块（包括进入加州大学的感受、学术活动参与、学习障碍和按时毕业的重要性四个维度）、社会活动参与模块（包括各种活动参与、社区服务与组织领导、政治活动参与三个维度）和校园热点问题模块。前三个模块包括各分校共同关心的问题，第四个模块是个性化模块，用于各分校调查各自学生所关注的校园热点问题。[1]

---

[1] 程明明，常桐善，黄海涛. 美国加州大学本科生就读经验调查项目解析[J]. 清华大学教育研究，2009（6）：95-103.

（三）全美学生学习投入调查

"全美学生学习投入调查"（National Survey of Student Engagement，NSSE）起源于1998年，由美国皮尤慈善信托基金（Pew Charitable Trusts）资助，印第安纳大学高等教育研究中心负责管理运行，首任负责人是印第安纳大学教育学院的乔治·库教授，1999年进行试验性研究，2000年开始首次调查时美国有275所高校参加。自2000年到2022年，先后有1700所高校、650多万名学生参与了该调查。NSSE的目的就是从学生学习调查、研究和评价的视角诊断和改进本科教育质量。

NSSE使用的调查工具是《大学生自我报告》（College Student Report），自2000年以来，这个调查工具经历了一次修订，目前使用的是2009年修订的NSSE2.0版本，与第一版不同的是，它精简了测量题项，增加了与有效教学相关的测量题项，完善了题项的语言表达以使之更清晰，同时根据美国教育变革背景对学生学习要达到的目标进行调整更新。NSSE2.0围绕着学生投入和高影响力教育活动两方面设定了六大主题的调查，一是学业挑战度（包括高阶学习行为、反思性和整合性学习行为、学习策略、定量推理）；二是朋辈学习（主要包括合作学习行为、与不同的人研讨）；三是与教师相处的经验（包括生师互动、有效教学活动）；四是校园环境（包括互动的质量、学校环境的支持性）。同时还调查学生的阅读和写作方面的投入。五是高影响力的教育活动（包括服务性学习经历、学习共同体经历、与教师一起做研究、留学经历、实习经历）。六是学习收获（主要从知识、技能和个人发展三方面，包括写、说、思考、分析、职业能力、合作能力、价值观、人际理解、解决复杂现实问题的能力等）。

与CSEQ一样，NSSE也蕴含着丰富的大学生发展理论和评价理论。在相当程度上可以认为，CSEQ和NSSE都是美国高等教育学术界有关大学生发展研究的传统、精华和前沿的汇聚之地。学习投入（student engagement）这个概念是NSSE的灵魂，将学习投入放置到核心地位，反映了NSSE设计者的教育价值观和教育质量观：过程比结果更重要，改进结果的关键是要从与结果有重要关联的过程性指标或要素着手。学习投入的概念家族里，可以列出一个很长的美国高等教育研究专家的名单，例如拉尔夫·泰勒（Ralph Tyler）、罗伯特·佩斯、亚历山大·阿斯汀、文森特·汀透、乔治·库、阿瑟·齐克瑞、彼得·艾维尔（Peter Ewell）等人都是这个名单上的关键学者。正是他们在承前启后、相互启发的研究传统之中，由乔治·库首先推动了"学习投入"这个概念的诞生和成型。1998年皮尤慈善信托基金出资、全美高等教育管理系统中心召集协调讨论本科教育质量和NSSE调查工具的会议时，阿斯汀、库、齐克瑞、佩斯、加德纳（John Gardner）等都参加了。①

由上所述，NSSE和CSEQ一样，它们都更重视对学生学习的"过程性要素或指标"的调查，都属于广泛意义上的学生学习评价的一种形式。因此，笔者没有将CSEQ和NSSE归属到美国的学生学习成果评估这一类学生学习评价之中。NSSE得以产生的另外一个前期铺垫，就是美国高等教育学术界在CSEQ的研究经验的积累和升华。正如库所指出，NSSE中有三分之二的调查项目都是由CSEQ中抽取或改编而来的。② 但之所以将NSSE单列出来，主要是因为：其一，它更加快捷地吸纳时下美国高等教育研究的相关学术成果以对调查进行灵活调整。其二，它在调查的内容和篇幅上，都进行了精当的压缩和精简。其三，它获得了大量的资金支持，形成了独特的运作机制，是最近二十多年来具有世界影响的学习调查项目和学生学习评价形式，中国、澳大利亚、加拿大等国家都在采用它开展调查和研究。最后，最重要的是，它更明确地指向"投入"调查，将CSEQ中的学生学习经验行为化了，更加突出经验的行动性质和互动性质。

---

① 参考NSSE的网站上对其调查工具的概念框架和起源等方面的介绍，参见网址：https://nsse.indiana.edu/nsse/about-nsse/index.html.

② KUH G D. The National Survey of Student Engagement: Conceptual and empirical foundations [J]// GONYEA R M, KUH G D. Using NSSE in institutional research. New Directions for Institutional Research, 2009（141）：5-20.

三、美国高校学生学习评价的主要方法

国内学者赵炬明等人对美国大学生学习评价方法进行了非常细致的梳理。① 笔者在此基础上，对美国高校学生学习评价的主要方法做一个简要的介绍。从美国高校对学生学习评价的形式来看，既有基于学习结果的评价，也有基于过程和结果并重的评价。无论从过程还是结果来看学习，涉及到认知、行为、情感、价值观念、学习环境、学习共同体等多种要素。概而言之，人的学习是一个非常复杂的系统，对学生学习进行评价的方法也是多样化的。美国高等教育实践领域已经形成了一套丰富多样的关于学习评价的方法体系。美国高校评价手册将评价方法分为直接评价法和间接评价法。直接评价法是指通过利用一些评价工具和方法考核学生实际表现并由此判断学生在知识、技能和态度方面的学习结果；间接评价法是指通过对学生在其期望、动机、学习行为、就读经验和学习满意度等学生学习质量方面的自我报告数据的分析，衡量学生的学习质量。

（一）直接评价法

1. 考试和标准化测试

考试是传统的也是常用的评价方法。美国大学的考试有口试和笔试。口试是通过面对面和学生疑问式对话评价学生的知识水平，通过系列问题，观察、追问、了解和评价学生。口试既可以评价学生对知识的掌握程度，也可以评价学生的思考能力和表达能力。但是，口试的效率不高，而且那些表达能力不好但动手能力较强的被试者在口试中的表现会受到限制。笔试主要有闭卷考试、开卷考试、小组考试、平时测验、期中和期末考试等。考试的内容包括多项选择题、判断题、写作、简答、问题解决、实验或实践技能。毕业考试一般在最后一学期举行，考卷是由系教员准备，形式包括选择题、写

---

① 赵炬明. 关注学习效果：美国大学课程教学评价方法述评［J］. 高等工程教育研究，2019（6）：9-23.

作任务等。考试面临的主要问题是成绩的信度和效度问题，重在对知识的记忆，而相对忽略知识的应用，不能更好地对学生的操作能力、实践能力进行考察。

标准化测评指通过测评工具对学生的学习经验、通用能力和专业能力进行评价，察看学生是否获得某项知识或技能。通用能力包括批判性思维、分析推理、问题解决和书面交流等能力；专业能力主要指不同专业自身的内含的技能。测量学生一般能力的工具主要有大学基本学科能力测验（College BASE）、大学学业水平评估考试（Collegiate Assessment of Academic Proficiency，CAAP）、能力测试（Proficiency Profile，EPP）、大学学习评估（Collegiate Learning Assessment，CLA）等。这种标准化测评通常以抽样来进行，而并不面向所有学生。下文将对美国主要的标准化测评工具进行专门分析。

2. 课堂观察评价法

课堂观察评价法，是教师根据课堂教学目标，设计教学活动和观察量表，明确观察内容，综合采用多种观察方式，了解学生参与活动的态度和能力，评价学生学习成果。

3. 评价量表

评价量表（rubrics）形式多样，一般由评价维度（评价目标所包含的技能或知识的分解）、评价标尺或等级、评价标准或依据（对每个表现水平具体要素的描述）组成。评价量表在美国呈现专业化趋势，一些教材为方便教师，会制定课程配套评价量表。为提升评价量表的信度和效度，也会请专业人士制作通用量表。教师根据自身需要，在此基础上适度调整。美国学院和大学学会（American Association of Colleges and Universities，AAC & U）官网公布了十几种评价量表供公众下载，包括创造性思维、批判性思维、跨文化交际、团队合作、口头交流、阅读和书面写作等评价量表。这些评价量表是由代表美国各大学和学院的教师专家团队开发的，它是在考察美国许多大学对有关学习成果的评价量表和相关文件的基础上制订的，同时整合吸收了教师对评价量表的反馈意见。这些评价量表阐释了每一类学习成果的基本标准，其绩效指标的描述显示出成就由低到高的发展水平。这些评价量表旨在用于学校层面的学生学习评估，而不是用来评分。主要是为了通过共同的对话和对学生成功的理解，在全美范围内分享学生学习证据。

表 2-1 是批判性思维评价量表。它将批判性思维分解为共同的结构和要素，并对每个结构和要素的学习成果进行分级。可以用于评价学生对文本、数据或问题的分析的作业，尤其可以用于评价学生的主题报告或现场展示，同时它对于评价学生的反思性作业（例如评价学生的信息搜集、分析和评价能力）也很有效。

表 2-1 批判性思维评价量表

	优秀（Capstone）4	中等（Milestones）里程碑式 3	中等（Milestones）里程碑式 2	基准（Benchmark）1
问题的阐释	明确陈述并全面描述需要进行批判性思考的问题，提供了全面理解所需的所有相关信息	明确陈述、描述和澄清需要进行批判性思考的问题，以避免由于遗漏而严重阻碍理解	明确陈述需要进行批判性思考的问题，但描述中留下了一些术语未定义、歧义未探索、界限未确定和/或背景未知	明确陈述需要进行批判性思考的问题，但没有进行澄清或描述
论证（选择或是使用信息来研究某一结论）	对获取的信息进行充分解释和评价，以进行全面的分析或概括。能对专家观点进行彻底的质疑	对获取的信息进行充分的解释和评估，开展一致性的分析或概括。能对专家观点进行全面的质疑	对获取的信息进行一定的解释和评估，但不足以进行一致性的分析或综合。对专家观点大部分都认同而少有质疑	对获取的信息没有任何解释和评价。将专家观点视为事实，没有进行质疑
语境（或背景）与假设的影响	陈述立场时，彻底分析自己和他人的假设，并对相关背景进行仔细评估	在陈述立场时仔细评估自己和他人的假设	对一些假设提出质疑。在陈述立场时能辨识出相关的背景和语境。一定程度上对他人的假设比对自己的假设更加清楚	展现出对现有假设的初步意识（有时认为断言是假设）。在陈述立场时开始逐渐辨识一些背景

续表

	优秀（Capstone）4	中等（Milestones）里程碑式 3	中等（Milestones）里程碑式 2	基准（Benchmark）1
学生的立场（观点、论点、假设）	具体立场（观点、论点/假设）具有想象力，考虑到问题的复杂性。承认立场（观点、论点/假设）的局限性。能在立场（观点、论点/假设）中综合他人的观点	做出一个观点、论点或假设时考虑了问题的复杂性 在陈述立场（观点、论点/假设）时认可他人的观点	具体立场（观点、论点/假设）：承认问题的不同方面	能陈述具体立场（观点、论点/假设），但过于简单和显而易见
结论和成果（启示和推论）	结论和结果（推论和启示）是合乎逻辑的，同时反映出学生的明智评估能力，以及将所讨论的证据和观点按优先顺序进行排序的能力	结论和结果（推论和启示）与一定范围内的信息和对立观点是合乎逻辑的，且被清晰地识别出来	结论与信息逻辑相关（因为信息被选择以符合所期望的结论）；能够确认一些相关的结果（推论和启示）	结论与讨论的一些信息不一致；相关结果（推论和启示）过于简化

评价量表适用范围广，可用于课程学习、论文、项目和实践活动或团队活动等多种评价，还可评价学生学习深度。不仅教师可以使用评价量表，也可以鼓励学生参与到评价量表的制订和使用过程之中，这样能够促进学生明确学习的目标，调动学生学习积极性和主动性。评价量表看似由评价者做出主观判断，但只要保证从多元主体的角度来使用评价量表，保证评价量表能够具有共同的、清晰的可理解性，多主体的评价的差异就不会那么大，从而使得以评价量表为依据的评价具有较强的客观性和公平性。

4. 真实性评价与顶点课程

真实性评价是指通过让学生在真实或接近真实的生活情境中，运用所学知识完成真实任务，考查学生知识、技能真正掌握程度的方法，强调评价情境、任务与现实的吻合度。呈现或创设真实情境不现实或需较大成本时，电脑模拟仿真创设虚拟情境也属于真实性评价。真实性评价源于真实性学习理念和实践的发展。真实性学习的目的是让学生认识、体验、适应并参与改变真实世界和真实生活，让学生获得有意义的学习体验，促进学生全面发展。这就要求对学生学习作品的评价要符合行业和专业标准，注意评价的整体性，重点关注学生学习的责任感和主动性、自律能力、元认知能力、自我反思能力、处理不确定性和工作压力能力、批判性思维能力、创造性思维能力、规划和思考能力、与他人合作能力等，包括学生在认知、情感、情绪、意志、责任、价值、自我认知等所有方面的评价。真实性评价的成果要求，既可以是课程作品或作业、学生学习总结报告、学习过程的各种中间产品如计划书、草图、样品、照片、录像，也可以把所有这些作品汇集成学生档案袋（portfolio），以及教师的计划书、各项工作进展证据、工作记录、师生之间的反馈与交流记录、最后的作品展记录、录音和录像等。所有这些都可以成为学生学习评价和教师教学评价的证据。

美国许多大学的顶点课程（Capstone Course）可以被认为是真实性评价的一种形式。顶点课程是一门开设在大学最后阶段的整合性、综合性课程，其目标主要有：（1）着眼于学生过去的学习经验，把相对零碎的专业知识整合成统一的整体；（2）创造真实的生活场景，让学生把先前所学知识和技能应用于实践，引导学生适应将来的职业生活；（3）提供开放性项目，增加学生对专业和职业领域的道德和社会等问题全局的认识，帮助学生理解理论和实践的相关性。[①] 在此基础上，为学生提供综合、拓展、批判、应用和评价其所学的专业知识和技能的机会，以此延伸、深拓、扩展其专业学习经历，帮助学生顺利从学校通向职场、从在校生过渡为在职者，培养学生职业适应能力。

---

① DUREL R J. The capstone course: a rite of passage [J]. Teaching sociology, 1993 (21): 223-225.

顶点课程作为一种真实性学习形式，实际上给教师和学生提供了一个机会，观察和反思学生在课程中所展示的知识和技能，帮助教师判断专业教学是否达到了自己预设的教学目标。这是一种非常有意义和价值的真实性评价形式。

5. 档案袋评价

档案袋（Portfolios）是收集和反映学生学习成果作品样本的集合，即一段时间内系统收集学生的学习作品，展示学生一段时间内的努力、成就和进步的直接证据。档案袋评价法不仅可用于课程目标达成评价，也可用于毕业要求达成评价。作品集包括文章、录音、录像、图纸、照片、制作品、学习心得、反思记录等能显示学生整个学习过程的所有作品。随着教育技术的发展，档案袋逐渐由纸质实物形式转变为数字形式，美国一些大学在学生入学时就要求学生建立个人学习网页，以在网页上展示其学习成果，教师也以课程为单位，要求学生制作课程成果电子档案袋。电子档案袋是数字化的资料集合，更加方便快捷。[1]

档案袋评价法提供了一个从学生角度看待学习成果和学习经验的视角，其优点主要是，通过学生作品的不断累积，可以看到学生在不同时期学习的变化或发展，能够从中评价学生的批判性思维、研究技能等各种能力，是教师了解学生学习情况的重要渠道，为教师研究和改进教学提供了重要依据，教师通过评价学生作业档案袋，更加明晰教学目标和评价标准，同时也为专业评估和院校评估提供了关于学生学习效果的重要证据资料。另外，档案袋也有重要的教育功能，可以培养学生主动规划和反思自己学习的能力，增强学习的责任感，提高元认知策略。不过，档案袋也有一些不足需要克服，例如：比较耗费时间和精力，收集样本和评价样本的标准都较主观，信度和效度难以保证，结果难以进行外部比较。档案袋评价中学生是否存留的是自己的作品及其是否符合评价标准，都需要较大监察力度。

---

[1] BLOM D, ROWLEY J, BENNETT D, et al. Two-way impact: institutional e-learning policy/educator practices in creative arts through E-Portfolio creation [C]//Proceedings for the 12th European Conference on e-Learning.EU：ECEL, 2013：33-40.

（二）间接评价法

1. 学校产出数据

这实际是传统的学校资源和条件的评价方法。主要通过搜集学校的学生就业率、升学率、职业生涯变动情况和学生就业后的收入水平等，对学校教学质量、学生学习成果做出间接评价。这种评价直观、节省人力物力财力，效率高，样本数据比较全面，可以从整体上反映学生毕业要求达成情况，但这种评价比较表面化，对学校教育过程性要素关注不够，评价结果很难用于诊断和改进本科教育质量。

2. 问卷调查

问卷调查是一种最重要的间接评价方法，主要有在校生调查、毕业生调查、雇主调查、校友调查等。最主要的问卷有：大学生就读经验问卷、大学生就读期望问卷、全美学生学习投入调查、加州大学本科生就读经验调查、学生满意度调查（SSI）、大学结果调查（CRS）、校友评价问卷调查（CAAS）等。在校生就读经验调查在美国最有影响力，引领和带动了澳大利亚、英国、加拿大和中国等世界主要高等教育大国的在校生学情调查，它以学生自己为评价主体，通过调查问卷和自我报告的形式对学生学习经历、学习投入以及对学校环境和教学的满意度等进行调查。全美学习结果研究所（NILOA）的调查表明，76% 的高校使用大规模学生学情调查，如全国学生学习投入调查（NSSE）、学生满意度量表、合作机构研究计划（CIRP）、大学生期望问卷（CSXQ）、你的第一学年（YFCY）。[①]

3. 三角测量法

1959 年，美国心理学家坎贝尔（D. Campbell）和菲斯克（D. Fiske）在《用多元特质多元方法矩阵来做趋同性和区别性效度检验》一文里首次系统

---

① AHLGEN D J, PALLADIINO J L. Developing assessment tools for ABET EC2000 [C]// Building on A Century of Progress in Engineering Education. New York：IEEE，2000.

地阐述了三角测量法。① 随后三角测量法被引入到社会科学研究领域。邓辛（Denzin，NK）阐述了四种类型三角测量：数据三角测量、人员三角测量、理论三角测量和方法三角测量。② 数据三角测量指从不同渠道、不同时间空间和不同调查对象所收集的数据。人员三角测量指多个研究者参与研究和分析同一个研究对象或主题。理论三角测量指从不同的研究假设、观察角度和分析理论出发观察和解释所研究的社会现象。方法三角测量是指采用不同的方法收集关于同一现象的证据。三角测量法在引起研究者关注的同时，也招致许多批评。主要有：对不同数据和资料的比较分析很少会得出单一的完全一致的结果；不同的调查者很少会用完全相同的方式观察同一个问题，期望用一个调查者来证实另一个调查者，这是不切实际的。研究理论的多元结合不一定会减少偏见，研究方法的多元结合也不一定能提高研究的效度。③ 三角测量可能产生相互矛盾的数据，评价者的理论框架不同很可能带来观察的视角和结果不一致。

三角测量法试图消除由于研究者、研究方法、研究数据和资料、分析理论框架的不同所带来的研究结果的偏差，这一做法切合学生学习评价对于信度、效度和多视角评价的需求，近年来在学生学习评价中也有一定的应用。例如：在顶点课程评价中采用评价量表、日志和学生问卷对学生能力进行三角测量。④ OECD 于 2019 年发布《通过三角评估法评估学生的社交和情感技能》评估报告，结合学生自我报告、父母报告和教师报告评估学生的学习行为表现，并指出，三角测量法减少了单个评估方法的固有局限性，从而对学生的社会和情感技能与人生成就之间的关系提供了更有效的预测。

---

① CAMPELL D T, FISKE D W. Covergent and discriminant validation by the multitrait-multimethod matrix [J]. Psychological bulletin, 1959, 56（2）: 81-105.

② DENZIN N K. The research act: A theoretical introduction to sociological methods [M]. Chicago: Aldine, 1970.

③ 孙进. 作为质的研究与量的研究相结合的"三角测量法"——国际研究回顾与综述 [J]. 南京社会科学, 2006（10）: 122-128.

④ FERDIANA R. The triangulation assessment model for capstone project in software engineering [C]. 2020 12th international conference on information technology and electrical engineering. New York: IEEE, 2020: 131-134.

第三节　美国高校学生学习评价工具：对学习成果标准化测评工具的分析研究

一、美国高校学生学习评估工具发展概况

美国高等教育界在进入"评估运动"之初讨论本科教育质量时就将焦点聚集在大学生的学习和发展上。在高等教育问责和认证意识的推动下，美国联邦和各州政府的政策制定以及社会公众讨论中的质量话语不断地汇集为一种"证据文化"，要求高等教育机构向社会提供证据以表明其"教育质量"。在大学生学习成为高等教育机构向社会提供证据和自我改进的主要依据的背景下，测量和评估大学生学习质量的工具因应而生。与美国多样化的高等教育体系一致，美国大学生学习质量的评估工具也是非常多样的。据统计，当前美国大学生学习质量的评估工具将近 300 个。[1] 从开发工具的主体和工具的运行机制看主要有学术性、商业性以及学术与商业相结合三类。这些工具有的用于大学新生，有的用于大四学生，还有的用于全体大学生，也有的用于不同学科和专业的学生；有的关注大学生的通识教育学习成果、有的关注大学生的在校学习经验和投入及产出，有的关注大学生在价值观、态度和精

---

[1]　ROWLEY J. Measuring Quality in Higher Education [EB/OL]. https://www.tandfonline.com/doi/abs/10.1080/1353832960020306?tab=permissions&scroll=top.

神性等方面的学习成果。从测量和评估的性质看，这些工具主要分为直接测量（标准化测试）和间接测量（问卷调查）两类。它们在美国高等教育界都有相当的影响。问卷性质的学习质量评估工具如前文介绍过的大学生就读经验问卷（College Student Experience Questionnaire，CSEQ）和大学学习投入问卷（National Survey of Student Engagement，NSSE）等，现都被相继应用到中国，为国内学界所熟悉。标准化的测试工具如前文偶有提及的美国大学考试中心（American College Testing Program，ACT）的大学学业水平评估考试（Collegiate Assessment of Academic Proficiency，CAAP），美国教育考试服务处（Education Testing Service，ETS）的能力测试（Proficiency Profile，EPP），以及美国教育资助委员会（Council for Aid to Education，CAE）的大学学习评估（Collegiate Learning Assessment，CLA）等，尽管国内对它们偶有所闻，但对于它们评估的主要内容及其具体运作方式等问题还有待进一步掌握。

二、美国大学生学习成果标准化测评工具的发展背景

大学生学习成果标准化测试的发展是美国大学学习成果评估发展史中最不应被忽略的也是最重要的组成部分。实际上，美国大学生学习成果的测量和评估起源于客观的、标准化的测试。美国教育部将教育考试服务处的"能力测试"和教育资助委员会的"大学学习评估"奉为众多学生学习成果测评工具的典型，认为它们能够为美国高中后教育提供有意义的学生学习成果的评估报告。[1] 由此可以管窥此类标准化测量工具对美国高等教育评估实践的影响。

美国大学生学习成果标准化测试得以持续发展有三个重要的基础。一是技术基础。早期的标准化测试主要得益于欧美国家在实验心理学和数量统计学领域的发展，近年来计算机技术和数量统计的进一步发展为标准化测试提

---

[1] SHAVELSON R J. Assessing student learning responsibly：From History to an Audacious Proposal [J]. Change, 2007（1）：26-33.

供了更强大的技术支持。二是教育心理学以及大学生学习和发展的相关研究为标准化测试的发展奠定了理论基础。在标准化测试的早期阶段，许多教育心理学家如桑代克（Thorndike E. L.）和布鲁姆（Bloom Benjamin）等人的研究对大学生学习成果的测量产生了重要的影响和推动作用。尤其是布鲁姆的掌握学习理论和他在《教育目标分类学》一书里提出的认知、情感和技能的划分形式对学生学习和发展评估产生了重要的影响。三是专业组织推动。大学生学习成果的标准化测试在工具的开发和测试的实际运作过程需要充实的经费和专业研究人员作后盾，专业组织对此提供了最强大的保障，并能保证测试工具的持续改进和发展。早期对大学生学习成果的标准化测试主要是由卡内基教学促进基金会（The Carnegie Foundation for the Advancement of Teaching）所引领，随后的美国教育考试服务处（Education Testing Service，ETS）、美国大学考试中心（American College Testing Program，ACT）、美国教育资助委员会（Council for Aid to Education，CAE）和兰德公司（RAND Corporation）等组织机构的相继产生，成为推动美国大学生学习成果标准化测量的重要力量。

美国大学考试中心管理的"大学学业水平评估"，教育考试服务处的"能力测试"和教育资助委员会的"大学学习评估"等标准化测评工具之所以在当前美国大学生学习成果评估领域具有重要影响和地位，正是由于它们深深地植根于美国客观化、标准化测试的发展历史与传统之中，经历了持续的创新发展，经受了长期的实践检验。1937年产生的美国研究生入学考试（Graduate Record Examination，GRE）是这三个工具最直接的影响源。GRE最初是由卡耐基基金会承办的，它在1948年被移交给刚成立不久的美国教育考试服务处。在教育考试服务处的管理之下，GRE发生了从测试学生对知识内容的掌握到测试学生一般推理能力的转向。正是这个转向直接影响了后来这三个工具重视学生思维能力和发展水平的测量倾向。[1] 在2010年，美国公立

---

[1] Liu OL. Measuring Learning Outcomes in Higher Education Using the Measure of Academic Proficiency and Progress（MAPP）[EB/OL]. http://www.ets.org/Media/Research/pdf/RD_Connections10.pdf.

及赠地大学协会（Association of Public and Land-grant Universities）和美国州立学院和大学协会（American Association of State colleges and Universities）联合成立了美国自愿认证体系（Voluntary System of Accountability，VSA）。这个组织的目的主要是：帮助高校向公众提供认证信息，为高校在教育成果的测量以及院校改进等方面提供支持，为学生报考大学提供指导。其中关于教育成果的测量方面，它主要向高校推荐的就是 CAAP、EPP 和 CLA 这三个大学生学习成果测评工具。自 2010 年成立自愿认证体系之初，该组织机构就以这三个工具开展"四年期的"评估实践及研究，试图将这结果放到《大学详解》（College Portrait）中去。①

"大学学业水平评估"的历史可以追溯至 1970 年代美国大学入学考试中心开发的大学学习成果测量（College Outcome Measures Program，COMP）。经历大约 20 年的发展后，美国大学入学考试中心根据高校在使用 COMP 的过程中的反馈，对 COMP 进行了改进使其信息量更大的同时也更为简洁且易实施，并将之改名为"大学学业水平评估"。②

"能力测试"最早则可以追溯到 1987 年美国教育考试服务处推出的大学生学术能力测试（The Academic Profile Test）。③ 自 1987 年以来，美国教育考试服务处根据美国高等教育评估实践的发展，以及这个工具在实践中的应用情况，不断从测试的形式和内容等方面改良它，以使它更具有灵活性和普遍性。2006 年该工具被正式更名为学术熟练程度与进步测量（Measure of Academic Proficiency and Progress，MAPP）。2009 年 8 月，ETS 为了更为准确地概括这一评估工具传递出的信息价值，将 MAPP 再次更名为能力测试。但 2009 年的这次更名并没有改变这个测评工具的形式和内容。EPP 沿用了这一工具在 2001 年至 2006 年使用的版本，EPP 的得分也可以通过统计方法转化

---

① http://www.voluntarysystem.org/about.
② RURY J. ACT：The First Fifty Years，1959-2009 [M]// HOWE S S，PARVIN T S，LOWA DIVISION OF HISTORICAL MUSEUM，et al. The Annals of Iowa，69(4)：476-478.
③ YOUNG J W. Validity of the Measure of Academic Proficiency and Progress（MAPP）.http://www.ets.org/s/mapp/pdf/5018.pdf.

使其与 MAPP 的得分相等同并且两者具有可比性，即是说 EPP 与 MAPP 除了名称的变更之外没有其他差异。

"大学学习评估"是由美国教育资助委员会（Council for Financial Aid to Education）负责开发的评估工具，它于 2000 年首次在美国高校发起评估。[①] 美国教育资助委员会成立于 1952 年，是一个非营利性机构。它在 1996 年成为兰德公司的一个下属分支机构。在经历了由美国教育资助委员会和兰德公司共同管理一段时期之后，它又于 2013 年从兰德公司分离出来，由美国教育资助委员会独立管理。这个评估工具产生的时间虽然比 CAAP 和 EPP 要晚，但是它具有较为明显的后发优势。相比较起来，在美国大学生学习成果评估实践中的影响和名气似乎比 CAAP 和 EPP 都要大。国际经济与合作发展组织（OECD）推出的高等教育学习成果评估工具主要是以 CLA 为参考依据进行开发工作的。

三、CLA、CAAP 和 EPP 三种测评工具的异同分析

（一）CLA、CAAP 和 EPP 的共同关注点

尽管 CLA、CAAP 和 EPP 这三个测评工具产生于不同的时期，由不同的机构或组织开发和管理，但是它们具有许多相同之处，主要有四点：

其一，三者都是从大学生的通识能力的角度理解学习成果的概念。大学生学习成果的定义看似简单，实则繁杂。不过从目前的相关讨论来看，主要有两个视角：一是从学科和专业素养的角度理解学生的学习成果。这种理解是假设不同学科门类的知识有其自身的边界，由这些知识组建起来的能力和素养也就有其自身特定的指向性。二是从通识能力的角度理解学生的学习成果。不论学生投身于何种学科门类和专业知识的学习，不论人们从事何种专门工作，有许多基本的和通识的能力对获得成功是非常重要的。如今人们已

[①] KLEIN S, BENJAMIN R, SHAVELSON R, et al. The Collegiate Learning Assessment: Facts and Fantasies [M] // Evaluation Review, 2007 (31): 415-439.

经发现诸如批判性思维能力、分析推理能力、问题解决能力、生产知识的能力和将书本理论与实际应用相结合的能力等通识能力的重要性。这些能力往往超越了专业知识和学科领域的限制，注重学生分析、整合、加工信息以及知识迁移和创新的能力。美国兰德公司的研究人员发现，与学科有关的知识能力相比，通识能力恰恰是美国的大学教育目标中普遍强调的，在大学生个人的职业生涯发展和生活中有着更加重要的作用。大学生学科和专业能力的评估目前主要是在高等院校为其开设的课程安排阶段性的考试阶段中进行的。CLA、CAAP 和 EPP 这三个评估工具则是以标准化考试的形式测评大学生的通识能力或一般综合能力。

其二，三者都将大学生批判性思维能力的测评放到非常重要的位置上。之所以如此，是因为自 1980 年代以来美国高等教育就不断强调对大学生进行批判性思维教育的重要性，这已成为美国各高校的教育目标和预期的教育成果之重要方面。美国也因之产生了许多测评学生批判性思维能力的工具。[1]比如最为普及和盛行的有由恩尼斯（R. H. Ennis）和米尔曼（J. Millman）开创的康奈尔批判性思维测试（The Cornell Critical Thinking Test）、由斯滕伯格（R. Sternberg）主持编制的三元智能测验（The Triarchic Test of Intellectual Skills）、费星（P. Facione）等人编制的加利福尼亚批判性思维技能测验表（The California Critical Thinking Skills Test）和加利福尼亚批判性思维倾向问卷（The California Critical Thinking Disposition Inventory）。[2]这些专门的测评工具在测评宗旨上要求考生根据题干进行推断（make inferences）、对论点进行评价（evaluating arguments）以及辨识假设的正确性（recognize assumptions）。这些工具的测评和使用对象不仅可以是大学生，也可以是中学生和其他成人；测试的题材广泛地涉及一般生活领域、哲学领域、课堂情境等各种情况的问题；测试的题型大多为单项选择题的形式。CLA、CAAP 和 EPP 这三个

---

[1] MORANTE E A, ULYSKE A. Assessment of Reasoning Abilities [EB/OL]. http://www.ascd.org/ASCD/pdf/journals/ed_lead/el_198409_morante.pdf.

[2] ROBERT H E. Critical thinking Assessment [EB/OL]. http://www.qcc.cuny.edu/WikiFiles/file/Ennis%20Critical%20Thinking%20Assessment.pdf.

测评工具在一定程度上借鉴了这些测评工具的经验,而且它们对批判性思维能力这个概念的理解在内含上有共通之处。CLA、CAAP 和 EPP 这三个测评工具对批判性思维能力的测试也主要是考察被试是否以及在多大程度上能够辨别一个说法的正确性、合理性并给予有力的阐释和论证。不过,与那些专门测试批判性思维能力的测评工具相比,CLA、CAAP 和 EPP 这三个工具对批判性思维能力的测评在对象、测评题材的选择等方面都有不同之处。在测评对象上,这三个工具主要针对大学生,测评题材主要是围绕大学的课程学习和大学生活经验来进行。在大学学业水平评估(CAAP)的批判性思维模块中,它主要选取大学课程中具有代表性、涉及常见话题的四篇文章,题材有关案例研究、辩论、对话、交叉的观点、统计理论、实验结果或社论,每篇文章都会陈述一个或多个观点。在文章结束后的单项选择题中,要求学生阐述、分析、评价和扩展原文中的观点。ETS 的能力测试(Proficiency Profile)也同样采用单项选择题的形式,测试学生在人文科学、社会科学或自然科学方面的批判性思维能力。大学学习评估(CLA)在测评批判性思维能力时则采用主观题的形式,通过情景式问题,要求学生运用已有知识和技能对所给信息进行分析、理解、辨识和遴选;在分析型任务中,要求学生对所给观点进行判断、评价和论证,全面深入地考查学生的批判性思维能力。[①]

其三,三个测评工具都重视测评大学生的写作能力。这同样与美国高校重视写作能力的教育相关。大多数高校都开设有与写作相关的课程。大学学业水平评估(CAAP)尤其重视全面测评大学生的写作能力,单独开设了两个写作测试模块,其中一个模块包含 6 个散文段落,反映了学生经常遇到的各种修辞情境,通过单项选择题的形式测试学生对于标点符号、语法、句子结构、文章结构、写作技巧、风格等标准书面英语规范的掌握程度;另一个写作模块则是对写作技能的直接测量,要求学生根据简短的情境提示在规定时间内创作两篇独立的作文。ETS 的能力测试(EPP)中的写作模块采用单项

---

① http://cae.org/performance-assessment/category/cla-overview/

选择题的方式，测评学生在语法、句型结构、文章连贯性、修辞手法、句意理解等方面的能力。大学学习评估（CLA）则全部采取主观题，一方面，执行型任务试题要求学生在规定的时间内围绕所给问题撰写信件、备忘录或类似题材的文书；另一方面，分析型任务试题要求学生针对所给主题发表观点或评论所给的观点，通过这些主观题来综合测评学生的书面沟通和写作能力。

其四，三者都采用"价值增值"（value-added）的评估理念与方法。价值增值由美国统计学家威廉·桑德斯（William Sanders）提出。桑德斯曾担任过田纳西大学价值增值研究和评估中心（the University of Tennessee's Value-Added Research and Assessment Center）的主任。价值增值是他在1980年代早期研究怎样客观测量学校和教育者对学生学习的影响的过程中提出的，起初并未受到广泛关注，直到1992年被纳入田纳西教育改进法案（Tennessee's Educational Improvement Act）后才在全美产生了广泛的影响。价值增值的核心思想是：研究者可以根据学生在前一阶段的测试分数预测学生在下一阶段可能取得的成绩。据此，价值增值评估能够表明学生是否取得了预期、或者是没有达到预期、抑或超出了预期的进步。通过价值增值的方法还能够测量教师或学校对学生成就的长期影响。在美国高等教育评估领域，价值增值的评估理念与方法也受到广泛的讨论和重视。尽管美国学术界有不同的价值增值模式，但在高等教育评估领域里则主要是以学生在进入大学前或大学初和学生在离开大学时这两个时间段为参照点，观察和评价学生在这段时期的变化和发展，从而以此判断学校对学生学习和发展的影响程度。[1]CLA选取学生高中的学术能力评估考试（SAT）或大学入学考试（ACT）的成绩作为参照来控制学生样本的能力基础，对比大一秋季入学新生的CLA得分和春季大四毕业生的得分来测评学生在大学期间的价值增值。CAAP主要是将它对大四学生的测评结果与学生在高中时参加的大学入学考试（ACT）

---

[1] STEEDLE J, KUGELMASS H, NEMETH A. What do they measure? Comparing Three Learning Outcomes Assessments [J]. Change, 2010, 42（4）: 33-37.

的分数进行对比，以评估学生在大学期间的价值增值。EPP 选择一个能充分代表全部学生特征的学生群体样本，在大学期间不同的时间（例如当他们作为新生入学的时候，大二升大三的时候或大四毕业时）对他们进行测试。

（二）CLA、CAAP 和 EPP 的主要不同点

虽然这三个典型的测评工具均侧重于评估大学生的高阶思维能力和一般综合能力，在测评指标上有一定的交叉面，但由于主办机构和创办初衷等方面的差异，它们在测试对象、评价指标和测试内容、测评形式、信息报告等方面又都各具特点。

其一，在测试对象上，三个测评工具在选取测评样本时都各有不同之处。大学学业水平评估（CAAP）开发者是美国大学入学考试中心（ACT），大学生的 CAAP 得分可以与学生在高中时参加的大学入学考试（ACT）的分数进行对比，以评估学生在大学期间的价值增值。当然，也有的院校在学生大一和大四的时候分别用 CAAP 测试学生群体的发展趋势，确定院校有待改进的方面，并找到亟须学术指导和干预的学生。[①] 美国教育考试服务中心（ETS）的能力测试（Proficiency Profile）针对测试对象的人数多少，分为标准版和简化版两种，标准版对测试对象人数没有要求，简化版则由于时间短、题量少，为了提供科学的测评结果，仅仅用于测评至少由 50 名学生组成的群体的信息。EPP 对于测评对象的年级没有限制，建议院校测试所有的学生，或选择一个能充分代表全部学生特征的学生群体样本。大学学习评估（CLA）选择大一秋季入学新生和春季的大四毕业生这两个群体进行测评，根据两组群体的得分之间的差异来比较一所高校的学生在大学期间的价值增值。

其二，在评价指标和测试内容上，尽管三个测评工具都涉及对批判性思维和写作能力的测评，但他们又各有若干个重点评估的指标。CAAP 还测评学生在数学、阅读和科学推理方面的能力。在数学测试模块，CAAP 通过 35

[①] Educational Testing Service. ETS Proficiency Profile：User's Guide [EB/OL]. (2010-06-21).http://www.ets.org/s/proficiencyprofile/pdf/Users_Guide.pdf.

道单项选择题测试学生解决基础代数（包括学前代数、初等代数、中级代数以及解析几何）和大学代数（大学代数及三角函数）问题的熟练程度和大学数学课程中的定量推理能力。阅读模块由36道选择题组成，文章为大学课程中常见的散文小说、人文科学、社会科学和自然科学作品中的选段，试题要求学生概括意义，处理信息，进行比较和归纳，并得出结论。科学推理模块考查的是学生从大学入门科学课程中习得的科学推理能力，共有45道单选题，题干通常为研究数据代表、研究摘要或相互矛盾的观点，要求学生理解所提供的资料，检验相互关系，并概括提炼出新的信息，得出结论或进行预测。

EPP旨在测评学生的阅读能力和数学能力。阅读测试模块通过单项选择题要求学生能够理解关键词汇的意义、辨识文章的主旨和大意、进行合理推断以及把握文章的修辞方法。数学测试模块也通过单选题测评学生掌握数学术语、理解图表、评价定理和公式、分析百分比率、认读科学单位及认识和运用数学公式与表述方式。

CLA也包含多项评价指标：批判性思维能力、分析推理能力、问题解决能力以及书面沟通和写作能力。然而，在对学习成果的众多测评工具中，CLA的出题方式独具特色，它并不像CAAP和EPP那样用独立的试题模块测量写作能力、批判性思维能力等各个评估指标，而是遵循效标抽样（criterion sampling）的测量原则，认为整体大于各个部分相加之和，因而CLA的试题并非用单项选择题去直接测量某一个方面的能力，而是围绕复杂的现实生活情境开展的任务解决题型，要求学生综合运用所学的知识和技能去探索解决问题和完成任务的方法。CLA通过观察学生对于一个复杂任务的完成程度来推断和提炼学生的批判性思维能力、分析推理能力、问题解决能力以及书面沟通和写作能力。

其三，三个测评工具在测评内容上也各不相同。CAAP提供6个独立的测试模块：写作能力测试、数学测试、批判性思维测试、作文测试、阅读测试和科学测试。院校可以根据自身的需求自由选择那些最能反映自身总体教育项目的目标和课程的测试模块对学生进行测评。CAAP的测试模块除了作文测试，均为一定数量的单项选择题，采用笔试，以便用来当堂测试，并且每个模块均可在常见的50分钟课堂之内完成。作文测试则要求学生针对所给的情境，给出一个清晰的观点，提出支持这一论断的理由和证据并创作一篇流畅、符合逻辑的作文，从而考查学生在限定时间内、不拟草稿的情况下的临场写作能力。此外，院校还可以自主地按需增加最多9道基于本校的单项选择题，每个问题最多可以设置10个备选答案。

EPP包含四个方面的试题——批判性思维能力、阅读能力、写作能力和数学能力，题型和CAAP的五个模块一样全部为单选题，它的标准测试形式包含108道单项选择题，每一方面的题目均为27道，测试时间为两个小时；为了帮助院校节约时间和成本，ETS还推出了专门测评50名以上学生群体的简化版能力测试，它将108道的标准形式的试题拆分为三个部分，每个部分包含36道试题，分别称为"简化形式1""简化形式2"和"简化形式3"，并且分别由三分之一的学生作答。EPP不仅在试题形式上具有灵活性，答题方式和考查内容也给予高校个性化的空间，院校可以依据自身的情况选择笔试或在线考试，校方最多可以增加50道自主编写的选择题和一篇作文，以满足特定的评估需求。

CLA的试题有别于CAAP和EPP，试题全部为主观题，分为执行型任务和分析型写作。执行型任务的出题蓝本均来自现实生活中各个工作领域，例如教育、生产、政策以及日常生活实践，要求学生在90分钟内根据一个具体的情境撰写信件、备忘录或类似的文书给上司、同事或公司部门。试题包含一个放有若干文档的文件夹，其中有图表和数据，但是可信度和相关程度不等，有些信息甚至可能相互矛盾。学生应先阅读和评估所提供的信息，然后整理出有效的证据、综合归纳出结论并给出有说服力的解决方案。分析型写作又包括两个题型：讨论型任务和评论型任务。讨论型任务要求学生在45分钟内根据题干所给的话题陈述和扩展自己的观点并进行论证，评论型任务则让学生在30分钟内从所给的一段文字中辨识和描述其中的逻辑错误，并给出自己的理由。值得注意的是，由于每个题型的作答时间较长，CLA采取矩阵抽样（Matrix Sampling）的作答方法，每个学生并不是作答全部题型，而是抽取到一道执行型任务试题或者两道分析型写作试题。CLA 的题目尽管是主观题，但采用机考的形式，并且值得一提的是，全部的评估过程都通过一个互动的网络平台提供，实现了无纸化的电脑管理，其中分析型写作任务的答案是由自然语言处理软件来评分，而执行型任务目前则由训练有素的人工读者进行网络在线评估。

其四，三个测评工具在测评结束之后向高校提供的信息和结果报告也各具特色。大学学业水平评估考试（CAAP）用累积百分比来报告学生个人与同一学校同一时期的其他考生相比的成绩水平。它还为每个测试模块提供一个总分，同时，由于单项得分可以有助于更准确地反映出有教学计划的长处和短处，写作能力测试（用法／结构；修辞技巧）、阅读测试（艺术／文学；社会研究／科学）和数学测试（基础和大学代数）还提供括号内各个方面的单项得分。

EPP 为高校提供了多个常模参照量表分数，包括总分、单项技能得分（批判性思维、阅读、写作和数学能力）、单项领域得分（人文科学、社会科学和自然科学）。此外，ETS 还提供按照能力分类的标准参照分数，测量学生对于数学、阅读和写作三方面技能的熟练掌握程度。分数报告兼具图形和数据，显示学生在各自水平段的百分比。

由于大学学习评估（CLA）的测评目的是向高校反馈信息，帮助高校确定有多少学生正在提高，以及学生的提升程度与其他高校相比是否相协调，并指导他们从何处着手以及如何改进教师教学和学生学习成果，而不是反映学生个人的能力水平，因此，CLA 向院校提供总分和两个题型各自的分数。在计算总分时，执行型任务占 50% 的比重，分析型写作中的评论型和讨论型任务各占 25% 的比重，而分析型写作单独的分数则取评论型和讨论型任务的平均得分，CLA 通过比较大一新生和大四毕业生的测试成绩，可以计算出高校学生学习成果的价值增值得分。同时，CLA 的数据库中还有许多高等院校的信息，还可以反映出某个高校和其他院校的比较得分。

四、CAAP、EPP 和 CLA 的应用、影响及其存在的问题

CAAP、EPP 和 CLA 这三种评估工具在全美高校中都占有各自的市场，得到了广泛的应用，可以说是当前美国评估大学生学习成果最有影响力的三种直接测量工具。[①] 目前，全美约有 400 所高校使用 CAAP，其中包括公立和私立的两年制和四年制大学、技校和职业学校。ETS 的能力测试则拥有全美范围内 500 多所高校、超过 550000 名学生的测试结果。CLA 的应用范围更为广泛，在全美和国际范围内有 700 多所高校采用 CLA 来测量大学生的价值增值，并将结果和其他院校的水平进行对比。美国的高等教育机构采用 CAAP、CLA 或 ETS 能力测试来满足自身的需要，例如了解大学生的学习效果、整体评估本校的通识教育项目、满足认证和绩效拨款的要求以及改进课程大纲和教学等等。

这三种工具之所以产生如此巨大的影响，主要得益于它们在实践运作中经受住了信度和效度的检验。[②] 美国高校教育改进基金会（FIPSE）于 2009 年组织 CAE、ETS 和 ACT 的测评专家对本书所研究的三个测评工具——CAAP、CLA 和 EPP 进行测试效度研究（Test Validity Study），并发布了测试效度研究报告（TVS Report），向公众证明了这些测评工具的结构效度。研究人员用科学的抽样方法选取了来自 13 所不同类型高校的 1100 多名本科生，从 CAAP、CLA 和 MAPP 的不同题型和考试模块中选择了 13 个模块分配给这 13 所高校的学生样本，随后由 ACT、CAE 和 ETS 这三大考试机构的专家对测试结果进行数据分析和解读，最终得出以下三点结论：其一，在学生个人层面，CAAP 和 MAPP 设置的客观题在同等测试时间内比 CLA 采用的主观题对单个学生能力的测量更加可靠和高效。其二，在院校层面，尽管 CAAP、CLA 和 MAPP

---

① ROKSA J, ARUM R. The state of undergraduate learning [J]. Change, 2011, 43（2）: 35-38.

② Test Validity Study（TVS）Report, supported by the Fund for the Improvement of Postsecondary Education（FIPSE）.https://cp-files.s3.amazonaws.com/26/TVSReport_Final.pdf.

的测评方式不同，但均表现出较高的信效度，都能够有效测出大学生在校期间达到的能力水平。其三，高校在选择适合自身的测评工具时应该综合考虑学生、教职员工、管理者和决策部门对各个工具的接受程度，权衡测评的成本、执行的顺畅程度和测评的具体目的及需求，这样才能有效地达到提高教学质量的最终目标。

然而，这三种评估工具在实际运行的过程中还存在一定程度的障碍，高校管理者和教师普遍反映学生按自愿原则参与测试往往导致测试学生人数无法满足测试样本的大小。由于这些工具对学生的收益考虑得并不是很多，学生参与这类评估的动机不强、积极性不高，甚至很多学生对标准化测试存在抵制情绪，有的学生即使之前承诺参与，也会在考场上缺席，导致无法进行测试或者是测试结果缺乏代表性和可靠性。[1] 此外，也有的高校在测评报告中反映本科生和监考老师的日程安排、课外时间和测试考场及设备都需要妥善的安排和调度，才能保证测评的顺利开展，但是不少高校的现实条件往往很难充分满足这些需求。例如在春季学期，毕业生忙于就业或其他安排，有的高校在校园内就很难招募到足够的大四毕业生参加测评。因而，许多高校采用了不少方法来避免实践中出现的这些困难。例如采取学分奖励、免费停车位或赠予书店优惠券等方式鼓励学生参加测评。在这些方法仍未取得很好的效果时，许多高校不得不将参与某一项学习成果测评作为大学生毕业的一个必要条件来保证参与率，以实现对教学质量的科学测评。

除了高校本身在测评的推行过程中遇到的各种现实困难，许多从事大学生学习成果测量的专家学者也对这些直接测量工具的信度和效度提出了质疑。乔治·库对 CLA 的信度和实用性表示担忧，他认为 CLA 的执行型任务题没有明确、直接的标准答案和评分基准，缺少衡量学生个人成绩的结构效度。[2] 班塔（Banta，T.W）和派克（Pike，G.R）对测量学生价值增值方法的适当

---

[1] LIU O L, BRIDGEMAN B, ADLER R M. Measuring Learning Outcomes in Higher Education: Motivation Matters [J]. Educational Researcher, 2012, 41 (9): 352-362.

[2] KUH G. Engaged Learning: Fostering Success for All Students [EB/OL]. https://files.eric.ed.gov/fulltext/ED512619.pdf.

性提出了质疑。他们指出在一些精英机构中,学生的学习进步往往受到天花板效应的制约。与那些招收能力较低的学生的院校相比,测量价值增值的评估方法将令招收精英学生的院校在评估中处于不利地位。① 在 2010 年出版的 ETS 能力测试的使用指南中更是明确阐述了测试结果的局限性,指出由于单个学生在参与测试时只是解答题库里的某一套试题,EPP 测试无法全面反映学生个人解答全部题库内试题的能力,但是面对另一套试题,学生也很有可能得到不尽相同的分数,因此虽然它具有足够的信度用于学生的咨询服务和辨识在个别能力方面存在困难的学生,但是如果基于这些分数做出高风险的决定(如分配奖学金),则不够可靠。

---

① BANTA T W, PIKE G R. Revisiting the blind alley of value added [J]. Assessment Update, 2007, 19(1).

第四节　美国高校学生学习评价实践的启示

一、推进"以学生学习和发展为中心"的理念

回顾美国高等教育评估的演变历史我们发现，评估有不同的意义和用法，在时间的流逝和空间的转化过程中，人们对它的理解也经历了一个发展演变的过程，内涵丰富和层次多样的高等教育评估概念体系的形成，以及不同类型高等教育评估的产生、发展和共存是这种演变过程的重要表征和结果之一。类型多样的美国高等教育评估体系最后都将焦点对准学生学习和发展。不过这是在艰难和曲折的过程中反复探索后才得以确定的。美国其实早在1930年代就已经有关于学生学习和发展评估的相对成熟的文献了。但由于高等教育经历了从社会边缘走向社会中心的发展历程，高等教育被要求实现和满足国家与社会建构的培养目标和人才标准，它对社会的价值和功用成为重要的高教评估标准。而高等教育为自己确立的学术标准——对学术发展以及对学生理智、反思和批判能力的发展的贡献——受到忽视。因而，美国早期的关于学生学习和发展评估的研究文献不仅受到冷落，而且曾一度面临"断层"的危险。在经历了种种评估样式、兜了个大圈之后，学术标准又被重新重视，学生质量才开始被认为是高校质量的根本体现，大学生在学校里的学习活动才再一次进入公众视野。

在我国高等教育从精英教育阶段到大众化阶段再到如今的普及化阶段这一发展历程之中，对高等教育质量的关注也是在反复的艰难的探索历程之中，逐步摸索从规模扩张外延式发展到质量提升内涵式发展，从外部质量保障制度到内部质量文化建设，从满足教学需要的条件建设到提高教学质量改进的能力建设，从教师中心、教学中心、教材中心到学生中心、学习中心、学生发展中心的转变的道路。"以学生、学习及其发展为中心"的教育理念和评价理念如星星之火正在我国高等教育实践中渐渐地呈燎原之势。但仍然需要进一步提高认识，转变观念，不仅仅是将学生、学习和发展作为独立的对象抽离出其存在的学校教育活动，通过评其所学来向政府、社会和家长提供学生学习情况的证据或证明。更重要的是，要在真实性的教育教学和学生学习活动之中，让评价、教学和学习相互融合相互促进，通过评价促进学生学习，帮助学生明确了解教师对学生的期望，厘清学生自己的学习目标，反思自己的学习，了解自己的思维过程和学习行为，为学生学会学习提供支持和指导，真正实现学生的学习自由。

二、凸显学习结果导向，兼顾学习投入导向，坚持系统评价观

从美国高校学生学习评价的实践演变来看，学生学习成果评估固然是重要的、核心的、主流的方向，但从学生学习成果评估到学生就读经验调查再到学生学习投入调查等学生学习评价形式的产生过程，以及从口试、笔试、标准化测试、档案袋评价、问卷调查等学生学习成果评价方法的演变历程来看，学生学习评价实际上正在发生着从结果导向、产出导向到过程导向、投入导向、行为导向的转变，一种既重学习结果，也重学习过程性要素的学生学习的系统评价观正在酝酿和实践之中。这种系统评价观认为，评价学生学习质量不仅是评价他们学到了什么，评价他们的学习收获和学习产出，而且也要评价学生学习行为、学校的教育投入和支持性环境，更重要的是评价学生学习行为和学校高影响力教育活动对学生学习收获和学习产出的影响。

我国高等教育在大众化转型和普及化阶段的发展过程之中，对本科教育质量的关注也逐步转型到学生学习和发展上来。我国建立了"五位一体"的普通高等学校本科教学评估制度。新一轮审核评估（2021—2025年）方案设计也突出产出导向、学生中心和持续改进三大质量保障理念，以促进质量主体的功能、质量要素的配置和质量保障的效能变革。我国正在推进的工程教育专业认证和师范专业认证也紧紧围绕产出导向、学生中心和持续改进三大理念，围绕有效促进学生达到毕业要求、达成专业教育产出的培养目标而设置评价标准。但总体上看，仍然难以摆脱传统的重视资源和条件的评价模式，例如：高校教学基本状态数据填报制度基本上还是关注学校基本情况、师资队伍、专业、教学经费、固定资产、教学行政用房及教学设备、图书期刊、学科等；现行普通高等学校本科教学质量年度报告制度同样也是关注师资与教学条件、教学建设与改革、质量保障体系、学生学习效果、办学特色、存在的问题与努力方向等部分。即使有相关评估制度也开始要求高校提供学生学习效果方面的证据，但仍是主要从量化的角度考察学习结果（如成绩、就业率、学生获奖数量等），真正从教育目标的内涵、从学生知识、能力和价值观念的内涵角度进行学习效果评价的制度、方法和工具都还没有完全建立起来。

因此，笔者认为，只有直面高等教育质量的核心，以系统的方式，建立起以学生学习成果为导向的评估范式，进而在此基础上建立起以学生学习经验、学习投入、学习过程以及学校教育投入和高影响力教育活动为核心的"过程导向"的学生学习质量评价范式，多角度、全方位、多方法、多工具系统地评价学生学习，关注学校对学生学习行为和学习结果的影响方式，关注学生学习何以促进其个人从入学到毕业这一阶段的变化和发展，如此才能更充分地发挥学生学习评价对于本科教育质量的诊断、改进和促进作用。

三、多视角构建中国大学生学习成果的内涵，关注学生关键能力发展评价

中国高等教育体系对于大学生的学习成果有什么样的预期以及应该有什

么样的预期？怎样才算是一个受过高等教育的人？这些都是很难找到标准答案但也是不得不去寻找和探索的问题。否则，提高本科教育质量就失去了方向。实际上，自有教育始，这些问题就被纳入哲学家、思想家和民众的头脑中去了。"培养完整的人""培养德、智、体、美全面发展的人""培养创新型人才"等关于高等教育目的的表述散见于学者论著和演讲以及国家的教育方针与政策之中。在学校、院系、专业和课程层面，则主要表现在人才培养计划的培养目标陈述和课程教学目标陈述之中，尽管这种目标陈述已很清晰明确，但与国家教育方针和政策中的陈述一样，都属于宏大叙述，都还只是从凝练和抽象的框架理解大学生学习成果的内涵。

与中国的概念体系不一样的是，美国高等教育评估领域主要从认知、情感和技能三个方面去理解大学生的学习成果。虽然他们对这三个方面的学习成果的描述有不同的观点，但是对于学生认知、情感和技能都涉及哪些方面的发展的描述都是非常具体的。例如：CLA、CAAP 和 EPP 这三种测量工具从个体的通识能力的角度理解大学生学习成果的内涵，抓住了批判性思维能力和写作能力这两个美国社会对高等教育以及美国高等教育对学生的共同的最重要的期待的同时，却又各有自己对大学生学习成果的独特理解之处。这不但提示出大学生学习成果没有一个绝对的内涵和框架，而且表明对大学生学习成果的内涵的理解不是空穴来风，而是应根据自己国家的文化、经济背景和高等教育的实际运行状况来进行。另外，也应清晰地认识到这三种工具对学习成果的理解并不是完整的。因为它们主要是从认知和技能的角度而忽略了从情感的角度去理解大学生的学习成果。作为"培养完整的人、全面发展的人"的高等教育则不应忽略学生的情感发展。

总之，从多视角探索中国高等教育情境里大学生学习成果的内涵，是更好地开展学生学习评价的基础和前提。多视角探索学生发展的内在结构和要素既包括主体视角（如政府、市场、社会和教育等），也包括学科和专业视角（如通常的自然科学、社会科学和人文科学等），更包括对学生发展这一概念和内涵自身的多维度、全方位的审视。从美国等国家关于学生学习成果的内涵的探索历程来看，对学生学习成果内涵的界定正在发生着从传统的认知、技能和情感的框架到关键能力的转型。中国教育领域里对学生发展的内在结构要素同样遵循"认知、技能和情感"的分析框架，使用"德、智、体、美、劳"中国化的语言预设学生学习成果。其问题一方面是上文所述过于抽象，另一方面是在长期以来的实际的运行中，对"智"的强调优于或重于其他方面。实际上，智力的概念也在随着时代和研究的深化不断拓展。从国外智力研究演变史中的学者名单如比纳、西蒙、斯滕伯格、加德纳、梅耶、戈尔曼、维果茨基、班杜拉等的相关研究可以看到，对智力内涵的理解经历了从认知、理性和推理到人的情绪、情感、品格，以及理性与道德、人格和品格的融合过程；对智力是如何产生的认识经历了从先天素质到后天学习再到先天与后天协同发展的演变过程。这实际上表明，人们不再从单一视角而是从复合视角理解智力，对智力的理解发生着"能力"转向。例如，麦克莱伦（McClelland，D.C）认为，"能力"比传统测试更能成功地预测重要的行为，应该探索"能力测试"（competency testing）。[①] 进入21世纪以来，基于能力的测评受到OECD的重视，国际学生评估测试（PISA）已在全球付诸行动，高等教育领域的PISA同样也正在推进之中。不过，关于能力的内涵界定也是众说纷纭的，在探索中国大学生学习成果的内涵时，既需要注意这一国际趋势和发展动向，也需要紧密结合国际国内社会发展的大变局对人才能力的新要求，着眼于中华民族共同体和人类命运共同体两大理念，以个体自由全面发展为宗旨，着力研究大学生的关键能力的内涵和结构。

四、开发科学的评价工具箱，发展价值增值的评估方法体系

在学生学习评价向标准化测试和大规模问卷调查等形式，向关注学生学习成果和关键能力发展等领域的不断推进过程中，探寻切合中国实际的学生

---

① BARRETT G V, DEPINET R L. A Reconsideration of Testing for Competence Rather Than for Intelligence [J]. American Psychologist, 1991 (10).

评估工具箱,是在中国开展高校学生学习评价面临的又一障碍。学生的学习成果主要可划分为认知的和情感的两个主要方面,这两个主要方面又分别表现在学生的心理和行为之中。学生在认知方面的成果相对容易被观察,在情感上的发展则相对难以判定。学生的行为变化相对容易被捕捉,但追踪学生的心理发展却并非易事。在这种背景下,设计出科学的、多样化的评价工具以恰当准确地收集学生学习情况的数据和资料则显得相当重要。但评价工具的开发是一项大工程,需要有充足的经费、人员、机构等方面的支持和保障。例如:CLA、CAAP 和 EPP 这三个测量工具能够发展起来与它们背后的机构、经费和专业研究团队的保障不无关系。CLA、CAAP 和 EPP 这三个测量工具都有自己庞大的题库。题库中的题目都是紧密围绕着学习成果的主要维度,以大学生在大学里的学习和生活经验为基础来进行设计的。尽管中国当前在引进国外的相关评估工具时进行了本土化的改进,但工具隐含的理论和文化之根仍然属于他国,这些工具对于提出创新人才培养目标的中国高等教育体系和实践的适应性仍须经受不断地调整和改进。在美国,评价大学生学习质量的直接评估工具和间接评估工具各有自己的优势和劣势。但正是由于这些评价工具的多样化存在,在一定程度上使它们之间能够相互取长补短。不过评价工具的多样化存在也给美国高校学生学习质量评价带来一定的混乱,增加了高校在工具选择过程中的时间、人力和物力成本,给高校的管理带来一定程度的困扰。在中国开展大学生学习成果评估,既应提倡多样化的评估工具,也应避免美国出现过的问题,使多样化的评估工具能够和谐共生。

数据能否得以客观科学地呈现以服务于学生学习评价的目的,其关键在于以何种评估方法为指导进行数据分析。美国的 CLA、CAAP 和 EPP 这三种测量工具都是以"价值增值"的评估理念和方法进行数据分析。国内对"价值增值"概念早也有所闻,但还很少有运用这一评估理念和方法进行大学生学习评价的研究和实践。在美国高等教育评估领域存在不同的价值增值模式,主要分为横向比较和纵向比较两类。横向比较的价值增值模式是同时选择一定人数的大一新生和大四毕业生用标准化测试来进行测评和比较。纵向比较需要追踪记录同一批学生从大一升到大四的成绩来进行对比。横向比较相对比较简单容易操作，纵向比较不但耗时长、成本高，而且会有许多实际操作的困难。不论是何种模式，都涉及如何计算价值增值的系数问题。[①]CLA 常使用的回归模型的计算方法非常具有代表性，具有重要的借鉴意义。这一回归模型将高校整体作为分析和研究的单位，总共有三个步骤。以 ETS 的能力测试为例，首先，将高校作为整体，用学生入学时的 SAT 平均成绩分别预测大一新生和大四学生这两个学生群体在最小二乘回归模型中的 ETS 能力测试的平均得分；然后，用第一步中得出的剩余值分别计算高校大一新生和大四学生的测试成绩；最后，由大一新生得分的剩余值和大四学生的剩余值的差距得出最终的价值增值系数。这个价值增值系数则可以用来对高校进行排名。这种价值增值系数的计算方法对中国开展大学生学习成果评估具有重要的借鉴和参考作用。

总而言之，当前在中国推动大学生学习质量评价，既需要调整学生学习评价的制度和政策导向问题，推进"以学生学习和发展为中心"的评价理念真正得以落地生根，也需要凸显学习结果导向、兼顾学习投入、坚持系统的学生学习评价观，根据中国社会经济文化背景从学理上多视角地探索大学生学习成果的内涵，并在此基础上设计开发本土化的大学生学习评价工具，以价值增值的评价理念，进一步发展成熟的评估方法和数据分析方法。在引进和应用国外的大学生学习评价工具时，则应注意这些工具的文化背景和理论基础，汲取它们在实践运用中的正反两方面的经验。

---

① LIU O L. Value-added assessment in higher education: A comparison of two methods. Paper presented at the 2010 Annual Conference of the American Educational Research Association, Denver.

第三章
高校学生学习质量评价的理论探究

现实地看，自大量学生涌入大学之日起，评价他们的学习质量就成为迫在眉睫的、操作性的技术问题。但是，这个操作性的技术问题实际需要更好的理论和研究支撑。正是与学生学习评价相关的理论、制度和文化决定了学生学习评价所要采用的方法和技术。与高校学生学习评价有紧密关联的理论问题很多，总的来说，关键的理论问题涉及两大类：首先是学生学习评价这一事实领域中的质量观和评价观问题。世界高等教育发展过程之中，对于教育的质量意识是一个由自发到自觉的发展历程，起初高等教育机构自身把握着质量标准，但随着政治和经济力量与教育发生紧密关联，高等教育质量话语权逐渐外溢，在质量话语权的角逐场里，政府、市场和高校形成了一种三角互动的关系，政治的、经济的和教育的逻辑与力量在此互动之中此消彼长，带来关于高等教育质量的定义及其评价的讨论和反思。因此，高校学生学习评价首先不得不探究和回应质量观和评价观的理论问题，在坚守教育逻辑的质量观和评价观的前提下回应政治和经济逻辑的质量观和评价观。其次是学生学习质量评价自身的、由评价学生学习成果所带来的关于学生发展及其影响因素的问题。在上一章对美国高校学生学习评价的实践的梳理之中，笔者有一个非常切身的体会是，从表面上看，学生学习评价关乎制度和文化，关乎方法和工具，但从更深层次看，美国高校学生学习评价的方法和工具并非空隙来风，实际是其学术界关于学生发展的内涵以及学生发展影响因素的理论探索的汇聚或结晶。从学生学习评价的内在要求来看，前提问题是评价什么？素朴的回答是学生的学习带来的其自身的变化和发展。以何视角去察看这种变化和发展呢？学习何以带来这种变化和发展呢？这些正是大学生发展理论关注的关键问题。对这些问题的研究能够为高校学生学习评价实践带来有价值的借鉴和启示。因此，本章主要对高等教育质量观、评价观、大学生发展及其影响因素的有关问题进行学理上的探索。

第一节　高等教育质量观的反思与审视 ①

质量意识在高等教育领域凸显以来，关于教育质量的讨论一直是焦点话题，随着焦点话题的纵深推进，产生了多种多样的教育质量观的话语体系。国内学界基于人们对高等教育质量及其评价标准的不同认识，分析归纳出了阶段论质量观、需要论质量观、目标论质量观、适应论质量观、全面质量观、多样化质量观等关于高等教育质量的认识和理念。这些观念的核心思想是，高等教育质量具有系统性、全面性和多样性的特点，高等教育的不同发展阶段有不同的质量标准，高等教育的质量取决于目标的达成和顾客需要的满足。② 美国高等教育研究专家阿斯汀分析归纳出美国社会和学术界有四类高等教育质量观。一是声誉的质量观。它将高等院校的声誉与质量等同起来，主要以大学排行榜定义高等院校的质量。二是资源的质量观。从高等院校拥有的资源来评价高等教育的质量。教师和学生的数量与质量的多少及高低、物质设备的好坏以及学校资金的充足与否，成为判断一个高校质量的基本标准。三是产出的质量观。从高等院校的产品或产出的质量判断高校的质量。学校的声誉和资源并不能反映高等院校的质量，而只有高等院校的产出或产品的质量才是判断高校质量的标准。四是过程的质量观。以高等院校开展的教育活动或教育内容的质量判断高等院校的质量。课程质量和教学质量

---

① 本节部分内容曾以《高等教育质量观的理论反思》为题发表于《大学教育科学》2018 年第 2 期，合作者为北京师范大学周作宇教授。
② 蒋礼. 大众化高等教育质量问题 [J]. 现代大学教育. 2002（6）：47-50.

成为判断高等院校质量的主要标准。①

由此可以看到,在多种多样的、不同的教育质量观话语体系里,往往是"一个质量,各自表述",呈现"解释的再解释,思想的再思想"的繁荣景象。我国高等教育从大国到强国的转身中,核心的问题仍然是反思与"再塑"高等教育质量观,将众说纷纭的、多样的"教育质量观"的学术讨论融入教育实践中,帮助行动者"做正确的事"和"正确地做事"。因此我们需要穿越"思想的思想……"的重重"面纱",将其中涉及的主要问题"提升到哲学高度来考量",②进行系统的理论反思。从现实层面看,无论人们对于大学教育的理解是认识论的还是政治论抑或工具论的,也无论人们对大学教育质量观的认识是目的论的还是功能论的,对高等教育质量观的反思,都要以高等教育在现实中的活动的本质属性的界定为前提来展开。高等教育是以本科教育为基础、以教师和学生围绕"学习"为核心而展开的。教师的学习是为了更好地"教",教师的"教"是为了让学生更好地"学",学生的"学"是为了获得符合他自身及社会所期待的发展。这是高等教育在历史和现实的活动中始终没有改变的一条主线。从质量视角或质量意识审视高等教育、构建科学的高等教育质量观,就必须回到高等教育这一真实的属性和场景中。尽管教学、科研和社会服务各自都有自身的目的和使命,但是培养学生,以让知识传承、科学研究和社会服务后继有人,这理应是它们的共同追求。在这样的背景下,一种基于学生发展的本科教育质量观呼之欲出。从宏大叙事的角度看,基于学生发展的质量观是高等教育回应世界之问、中国之问、人民之问和时代之问的一种尝试,对于国家科教兴国战略、人才强国战略和创新发展战略的实现,具有不容忽视的重要性;从现实的微观叙事的角度看,基于学生发展的质量观是新时代办好以人民为中心的高等教育的关键,对于更好地保障高等教育质量,公正公平地评价学生学习,促进学生更好地发展,具有相当的现实意义。

---

① ASTIN A W. Achieving educational excellence: A critical assessment of priorities and practices in higher education [M]. San Francisco: Jossey-Bass, 1985.
② 史秋衡,王爱萍. 高等教育质量观:从认识论向价值论转变 [J]. 厦门大学学报(哲学社会科学版),2010(2):72-78.

一、高等教育质量的概念：从本质定义到多样阐释

许多关于现实的争论，大都可以从语言和概念的差异中去寻得。人们讨论高等教育质量问题时出现的"你牛我马"现象，其原因之一就是对"高等教育质量"概念有不同角度和立场的理解。因此，一种科学的高等教育质量观，应该有一种可靠的高等教育质量概念。"高等教育质量"这个概念，是"高等教育"和"质量"这两个词的组合。罗纳德·巴奈特（Ronald Barnett）指出："如果对高等教育这个概念没有清晰的认识，那么就不能形成可靠的高等教育质量概念。"[1] 尽管巴奈特的这个说法不够全面，但他提醒我们，对"高等教育质量"的理解，不仅仅是给"高等教育"穿上一件"质量"的外衣，还应该回到对"高等教育"的理解上来。讨论"高等教育质量"概念时，对"高等教育"和"质量"这两个概念的理解是不可偏废的。

"高等教育"和"质量"这两个词已经被淹没在大量的历史文献中，从词源学角度看，我们很难对"它们是何时何地首先被使用"的问题进行确切的历史考察。"高等教育"这个词的出现无疑与工业主义对大学的渗透及其带来的大学结构和功能的多样化有紧密关联。"质量"概念起源并扎根于人类生活，人类每天都面临着质量判断问题。对质量有系统化的反思和阐释，主要发生在人类的哲学、经济和政治生活当中。从哲学意义上看，人类早期的思想历程中关于"好坏"的讨论就已经蕴含着"质量"意识。目前大多数关于"质量"概念的讨论都是从经济与管理科学的相关文献中衍生出来的。总之，"质量"意识从人类日常生活行为中显现为一种流行的"语言现象"，除了深层意义上的哲学根源外，更为主要的原因是人类工业社会的发展所促成的商业和管理活动的兴盛所引发的。

"高等教育是什么"总是与"高等教育做什么"相关联的。目前为止，对高等教育的理解存在着"机构"和"活动"两种视角，它们对"高等教

---

[1] BARNETT R. Improving higher education: total quality care [M]. SRHE and Open University Press, 1992: 1.

育""是什么"和"做什么"的理解是有差异的。从"高等教育机构或系统"的视角来看，它所做的事情包括人才培养、科学研究、社会服务和文化传承等。这种视角以伯顿·克拉克的《高等教育系统——学术组织的跨国研究》一书的观点最为典型。从"活动"的视角来看，"高等教育"所做的事情其实就是人才培养。联合国教科文组织自1962—1998年间召开的五次大会上对"高等教育"概念的规范性界定就属于这种视角。国内学者如潘懋元先生和马凤岐先生等也是从"活动"视角理解高等教育的。潘懋元先生指出，高等教育"是建立在普通教育基础上的专业教育，以培养专门人才为目标"，[①]马凤岐先生认为，可将"高等教育"表述为："由大学、专门学院、研究生院、职业技术学院、继续教育学院等机构提供的所有类型的教育，这种教育一是基本入学条件是完成中等教育，二是学生学习的内容比中等教育更为高深，三是完成其课程可获得相应的证书。"[②]总之，从教育活动视角来看，"高等教育"是人们在知识再生产过程中实施的人的塑造和再生产的活动。对"高等教育"的这些讨论，与人们对"教育是什么"的讨论，是不一样的：尽管对"教育是什么"也会有不同的观点，但人们都是在把教育理解为"培养人的活动"的基础上展开的，而不会认为科学研究和社会服务是"教育"还要做的事情。在许多场合里，对"高等教育"的理解往往会产生"机构"视角和"活动"视角的错位，主要表现为：将"大学""高等学校"等同于"高等教育"。但"大学""高等学校"是实施"高等教育"的载体，它们不是对等的概念。我们可以认为，"大学""高等学校"除了开展"高等教育"之外，它们还承担着社会服务和科学研究。因此，首先明确是在什么意义上谈论"高等教育"及其"质量"的，有助于人们在同一层面上进行对话和讨论。

当下对"质量"的理解也是非常多样的。在不同知识领域乃至同一知识领域里，质量概念的内涵和外延是人言人殊的，甚至有许多理解是相互矛盾的。由于使用者不同，运用它的环境不同，都会得出不同的理解，经常会出

---

① 潘懋元，高等教育学[M].福州：福建教育出版社，1984.
② 马凤岐，高等教育概念：昨天的认识与今天的发展[J].教育研究，2012（7）：65-70.

现使用者同用"质量"为概念标签但指代的却是不同的"事实"的情境。瑞弗和贝德纳（Carol A. Reeves & David A. Bednar）梳理了经济和管理上的"质量"定义，①李和格林（Lee Harvey & Diana. Green）梳理了高等教育领域中的"质量"概念。②在他们的研究基础上，本书将人们对"质量"概念的定义分为三类：

一是本质性质量定义，将质量视为优秀和卓越。这是哲学视角的、原初的质量定义。"质量"与"真、善、美"一样，有一种本质存在。随着工商业社会发展，经济生活成为人类的关键活动，质量的定义逐渐被打上"经济和管理"的烙印。奠基于"计算"理性的经济生活中，本质性的"质量"概念所表达的优秀和卓越，因其抽象、主观和绝对，难以满足经济生活的需要，因而，"优秀和卓越"的质量定义衍生出"质量是符合规格和标准""质量是价值"这两种定义。尽管这两种关于质量的定义转向了具体、客观和相对的特性，③但它们其实也只是试图从"规格""标准"和"价值"的角度判断"卓越"和"优秀"，也仍然是一种本质性的质量定义。

二是使用者导向的质量概念，将质量定义为"满足顾客需要"。如果说将质量定义为"符合规格"是为了适应工业制造业的需要，那么将质量定义为"满足顾客需要"则与经济社会中服务业的发展有关。与制造业不同，服务业的人际互动性较高，产品生产和销售过程具有同一性，生产者和顾客能够进行面对面的沟通和互动。符合规格的质量定义不能满足服务业的发展需求，强调符合规格时，往往容易忽略顾客的质量判断，导致较低的质量。在《全面质量控制》一书的不同版本中，费根鲍姆（Feigenbaum, A. V）不断修订与拓展"质量"定义过程，体现了服务业对"质量"定义的影响。在《全面质量控制》第一版中，费根鲍姆认为，质量是"产品对特定消费者的使用

---

① REEVES C A, BEDNAR D A. Defining Quality: Alternatives and Implications [J]. Academy of Management Review, 1994, 19（3）: 419–445.

② HARVEY L, GREEN D. Defining quality [J]. Assessment & Evaluation in Higher Education1993, 18（1）: 9–26.

③ SHEWHART W A. *Economic control of quality of manufactured product* [M]. New York: Van Nostrand, 1931.

和价格需求来说是最佳的特性"。① 第二版在坚持这个基本定义的同时，增加了"产品的固有特性和成分使其在使用过程中对顾客期望的满足程度"这个意思。② 在第三版中，他明确地将"服务"的观念整合到质量的定义中。他指出："产品和服务的质量可以定义为，市场、工程、制造业和维修业的产品和服务的总的特性在使用中对于顾客期望的满足程度。"③

三是功能性的质量定义，将质量视为"符合目的"或"目的适切"。这是一种关注"效用"的质量定义，暗含着实用主义的思维倾向。这种定义认为，只有与产品和服务的目的相关联时，质量才有意义。这种定义具有一定程度的包容性，对这个概念的深入追问就会涉及"产品和服务符合谁的目的？如何评估这个目的是适切的？"等问题。在市场环境下回答这些问题，就又回到"满足顾客需要"和"符合规格"的质量定义所讨论的问题。产品或服务的质量是符合顾客的目的，顾客的目的是由顾客的需要体现出来的，因此应将顾客的这种需要转化为产品或服务的规格。"符合规格"的本质质量定义和"满足顾客需要"的使用者导向的质量定义在此获得统一的可能性。这种质量定义与朱兰（Joseph M. Juran）的质量定义异曲同工。朱兰明确地从"使用要求"和"满足程度"的"适用性"来表达质量的内涵，认为产品的质量就是产品在使用时能成功地满足用户需要的程度，并且，根据使用时间、使用地点、使用对象、社会环境和市场竞争等因素对质量的影响，他将动态性、变化性和发展性作为理解质量问题的基本维度。④

在厘清"高等教育"和"质量"概念的过程中，笔者发现：首先，人们对高等教育质量问题的思考受到了来自工业主义、消费主义的影响，这种影响的直接表现就是将高等教育与工业、企业组织做类比，将工业和企业领域中的质量观移植到高等教育领域中来。维布伦（Thorstein Veblen）在1918年

---

① FEIGENBAUM A V. *Quality control: Principles, practice, and administration* [M]. New York: McGraw-Hill, 1951.
② FEIGENBAUM A V. *Total quality control* [M]. 2nd ed. New York: McGraw-Hill, 1961.
③ FEIGENBAUM A V. *Total quality control* [M]. 3rd ed. New York: McGraw-Hill, 1983.
④ 朱兰，戈弗雷. 朱兰质量手册：第5版 [M]. 焦淑斌，等译. 北京：中国人民大学出版社，2003：7-76.

就已经预见这一事实:"组织、控制和成就的原则与标准在商业行为中是被理所当然地、习惯性地接受的,但在学习的事务中,习惯的力量将要求对这些原则和标准的必要性和决定性做出重新的审视。"① 其次,"高等教育质量"的内涵和外延,在理论上存在着上述人们对"高等教育"和"质量"的概念的理解之间的任意组合。这就是当下"多样化质量观"的存在境遇。在这种背景下,人们谈论"高等教育质量"的定义时往往受到两种力量的拉扯:一是面对差异和多样时的无能为力、转移注意力或逃避,认为不可能或毋须寻求一种"放之四海而皆准"的高等教育质量概念,而只需认可一种在特定情境中"有用"的高等教育质量定义;一是试图对高等教育质量做出统一的、本质的阐释,找到适应多种多样的"高等教育质量"定义的那张"理念之床"。

从不确定性中寻找确定性,是人类理性发展的历程之一,但是人类理性也能反省到理性的边界和世界的无限性。"横看成岭侧成峰,远近高低各不同",尽管很难做到用一种统一的高等教育质量的定义解释所有可能的差异,但人类理性可以做到:

其一,在高等教育质量的多样化定义中形成一套累积性定义,从多方面解释迄今为止被我们忽视的其他要素,扩展对高等教育质量概念框架的理解。寻求高等教育质量的本质性定义尽管很重要,但这种寻求既应在高等教育活动的行动场域中进行,也应在高等教育质量的累积性定义中明确各种定义的优势和不足的基础上进行。将高等教育质量视为优秀和卓越,的确能激发人的行动,但它是模糊的,难以找到证据的。将高等教育质量视为"符合规格和标准",则取决于对顾客需要的识别能力,然而高等教育的顾客是难以确定的,它的"生产活动"所加工的对象——学生既是"顾客",也是"产品"。更重要的是,顾客偏好会随着时间的流逝发生戏剧性的变化,所建立的规格和标准很快就会变得无关紧要。使用者导向和功能导向的质量定义,能够快速地对市场变化做出反应,但是却很难测量使用者的需要,而且"众口难调",很难将不同使用者的偏好定义在一个产品之中以转化为可测量的特征。

---

① VEBLEN T. *Higher Learning in America* [M]. New Jersey: Transaction Publishers, 1993.

有时候使用者往往也不知道他们的需要和期望是什么，相反使用者往往受到产品和服务的规格的劝导。

其二，从"高等教育"自身理解"高等教育质量"，而不仅仅是用"质量"概念与"高等教育"进行一种简单的对接或拼装。"质量"概念更多地具有经济与管理活动的气息，但实施高等教育的组织机构与工业社会中的经济组织是有差异的。高等教育机构的"生产"和工业生产在本质上是不一样的。用工业生产的话语来说，学生既是高等教育的"产品"，也是高等教育的"顾客"。如果从活动视角来理解高等教育，它的"产出"主要体现为学生知识、能力和素质的增长。但是，学生的成长不是在高等教育机构中经过"一次加工"成形的，而是伴随他的人生历程的连续性的生长，因而很难与他们之前接受的家庭和学校教育的影响相分割。而且高等教育机构的投入也非常独特，与工业生产相比，高等教育机构的投入也包含着资源和劳动，但高等教育的劳动投入，既包括教师的投入，也包括作为产品的"学生"的投入，决定高等教育"产出"的更关键的因素是教师投入和学生投入的互动、配合和契合。就像一个人游泳能力的形成，教练可以教给他游泳时如何换气、保持平衡等常识和规则，但是这些常识和规则必须由"受教者"内化到自己的练习中去，他才能够学会游泳。

二、高等教育质量观的主体：从多元表达向多元协商表达

高等教育质量是"教育主体内部主动性、能动性、创造性有效发挥"的结果，是主体性教育的质量[①]，教育质量观也是通过人的语言和行动得以显现出来的，它首先是属人的思想世界，"不仅仅涉及'什么'的问题，还涉及'谁'的问题；不仅仅是'什么样的质量观'，还是'谁的质量观'。与'什么样'的质量观比较起来，'谁'的质量观至少同样重要。'谁'和'什么'

---

① 胡弼成. 高等教育质量观的演进［J］. 教育研究，2006（11）：24-28.

统一起来的质量观就是主体的质量观。"① 当今世界，高等教育的价值及其重要性越凸显，高等教育越成功，就越会有更多的人想要得到它、利用它和控制它。在政治和市场等多种因素日益渗透到高等教育领域并逐步起到支配作用的过程中，高等教育质量的话语权已经从实施高等教育的机构内部溢流到机构外部。谁界定质量？谁判断质量？谁对质量负责？这些是在确立科学的高等教育质量观时不可回避的重要问题。解答这些问题的关键是研究作为主体的"谁"是如何构成的以及它们在高等教育质量生产中的作用和地位。在利益相关者的话语体系中，政府、高校、企业、市场、学生、教师、高校管理者等都被认为是高等教育质量观的表达主体。从哲学意义上看，主体是对客体有认识和行动能力的人。那么，组织或群体为何能够成为具有认识和行动能力的"主体"？回答清楚这个问题，有助于从源头上理清楚这些"多元主体"的教育质量观是怎样形成的。

将一个组织或群体看作是一种"主体"，是一种拟人化的、想象性的社会意识建构。这种社会意识的建构基于"共同体"的观念。人们在自由意志和选择意志的促动下，通过协商和服从等方式构建并确立各自的责任和义务，在一定范围内产生紧密的连接关系，汇聚成一种"共同体"。这种共同体是一种物质的、空间的和心理意识的混合存在，它镶嵌在它所处的社会世界之中，但又与它所处的社会世界不断地"脱嵌"，从而自成一体，成为一个相对独立的系统，在这个共同体和社会之间似乎真的存在一条界线，产生了"内"与"外"的意识，共同体也因此成为具有人格意义的"主体"。这就是我们日常意义上从"内"与"外"的角度划分高等教育的利益相关者的缄默逻辑。在这个意义上，直接参与高等教育的学生、教师和管理者等"共同体"成为拟态的"内主体"，间接参与高等教育的其他社会群体所构成的"共同体"如政府、企业等成为拟态的"外主体"。这些不同的主体具有不同的影响力，它们在高等教育网络中的地位和作用不同，对高等教育网络系统的功能也产生不同的作用，因而在界定和判断质量以及对质量负责等方面具有不同的话语权。

---

① 周作宇. 论教育质量观[J]. 教育科学研究，2010（12）：27-32.

长期以来，由于将高等教育系统中不同主体间的关系理解为科层制的、精英制的互动关系，质量观的表达主体往往是单一中心的。在政治和经济力量的介入下，这种单一主体的质量观主导了高等教育实践。但是，随着参与高等教育的主体间和主体内的异质性日益增加，不同主体间的科层结构逐步被消解，代之而起的是以各主体为节点所形成的复杂网络，质量观的表达主体也因此"多样化"了。不同主体的质量观对高等教育实践的影响程度，是由他们在高等教育系统中的位置所决定的。对于"谁界定质量？谁判断质量？谁对质量负责？"等问题的解答，无论是强调单一主体，还是强调多元主体，都有失偏颇。在高等教育系统异质性不断凸显的环境中，单一主体的质量观往往无法全方位主导高等教育系统的实践活动，导致它的影响力要么"僵化"，要么"失灵"，最终落入形式主义的窠臼。多元主体的质量观却往往在无序竞争中陷入无政府主义的困局，消解高等教育实践中正向的、效益最大化的整体行动。

高等教育系统作为一种复杂网络结构，它的质量越来越受到多重因素的影响，质量的形成也就变为一个复杂的系统过程。任何一个与高等教育相关的利益主体，往往都是从各自的立场和利益重心出发界定和判断高等教育质量，而很难掌握界定和判断高等教育质量所需的全部知识、工具和资源。因此，如果说"科学的质量观是主体的质量观"，那么这种主体的质量观就需要多元主体在纷繁复杂、无序混乱的舆论和行动环境中的协商表达。这种协商表达是指与高等教育相关的利益主体，把对高等教育质量的认识中存在的混沌模糊和差异等在相对规范的结构形式中整合起来，形成单一主体无法实现的观念和思想的整合效应。协商表达是主体间默契配合的、自发的集体行动过程。这个行动过程的目的就是要在协商表达中解决观念和思想的分歧，明确不同主体在"改进和提升高等教育质量"的行动中的责任。这种责任划分主要与高等教育质量生产所形成的共同体中的"支配"结构有关，即对"生产什么"、"怎么生产"和"为谁生产"的问题上形成的一套能够影响他人行动的命令权力的运行机制。但是这套运行机制的产生不应完全从权力视角切入，而应适当考虑不同主体与产生高等教育质量的现场的空间距离来进行。

例如：从"活动"视角来看高等教育质量，教师和学生是教育质量的"生产者"，他们与高等教育的空间距离最近，其次是高等教育机构的内部管理者等，再次是高等教育机构的外部管理者和其他社会组织。具有这种空间感才能让质量观的表达获得更广泛的共识。

当然，高等教育质量观的协商表达不只是强调合作，它还强调观念和思想的竞争，以及系统的沟通协调。这种协商表达机制的产生，一方面离不开各个主体在理性、包容、自律、对话和理解的基础上形成舒茨（Alfred Schutz）意义上的"我们关系"。另一方面，也需要营造公平公正的思想表达环境，处于权力位置的主体尤其需要理性、包容和自律，同时也要有相应的制约机制，预防高影响力的利益主体凭借自己的强势地位打压科学的、理性的质量观，而将自己的质量观强加于其他主体。除此之外，还需要一些激励机制，鼓励那些缺乏必要的影响力的利益主体把自身对质量的利益表达与诉求展现在公众面前。最后值得注意的是，参与协商表达的主体会根据自己的价值、兴趣和目标等自发地找到临近主体的思想和观点，从而在复杂的高等教育网络中形成自己的影响力，获得自己在质量观表达上的话语权。在构建质量观的多元主体协商表达机制过程中，需要注意克服这种现象中的不正常情况，即一些人只愿意跟随意见领袖的观点，而不愿意自主表达和创新自己的观点。

三、高等教育的价值问题：人文主义和现实主义教育价值观的平衡

主体对高等教育的价值追求与选择是高等教育质量观的核心。当主体以"质量"的视角审视"高等教育"，设想应该持有"什么样的高等教育质量观"时，不可回避的关键问题是：主体对高等教育的欲望和需求是什么？主体期待高等教育发挥什么样的功效和作用？这就蕴含着高等教育的价值问题。教育发展的历史表明，人们自始至终围绕着"个体"与"社会"的关系对教育价值问题进行累积叠加的理性探索。涂尔干在《教育思想的演进》一书中对"人文主义价值观"和"现实主义价值观"的对立统一的精彩分析，仍然可资

当今讨论高等教育的价值时的重要参考。人文主义教育价值观的宗旨是为了让人的理智更精致,让人更有教养,让人性在优雅中获得释放与解放。现实主义教育价值观认为教育的目的并非心智的训练,而是通过提供给学生实际的、有用的知识,让他为现实生活做准备,让他能够掌控自己的命运,改变自己的生存环境,在社会生活中扮演有用的角色,有能力完成社会派给他们的任务和功能。当下中国高等教育质量观在重构和再塑的过程中也仍然不可回避处理人文主义和现实主义教育价值观的内在张力。中国古典教育的价值观是"人文现实主义"的,对人的理智训练和道德教化都是与人在现实社会中的"功用"紧密相连的。一百多年以来,伴随着科学的威力显现于国人日常生活,现实主义价值观被放大,以它为取向的教育很快就走到一种极端的、形式主义的境遇中去,高等教育被人们放大了的欲望和需要捕捉和绑架了。这是今天很多人站在人文主义立场批评现实主义或科学主义的教育价值观的最重要的背景。然而,无论是人文主义的还是现实主义的价值观都有各自的合理性和偏狭性,如果双方都"曲于一蔽",那么其结果就是它们都有可能走到形式主义的路上去——在这种形式主义的教育里只存在一些抽象的思维概念,要么看不到人性的历史性、多样性和复杂性,要么看不到社会世界和自然世界的多样性和复杂性。

历史和现实并不是非此即彼、黑白分明的,往往是一种混合而复杂的存在。人文主义和现实主义的教育价值观的划分只是"理想型"的观念建构。无论是人文主义还是现实主义的价值观都不可能在人类教育发展史的任何时期占据着纯粹而绝对的地位,更为实际的境遇或许是人类在这两种价值观间的对立、冲突,以至失衡;或者是从一种形式走向另一种形式的钟摆式运动。个人与社会、人世与自然、人文与科学之间是完全对立和隔膜的吗?人文教育和科学教育在宗旨上是完全不一样的吗?是不是说人文的教育是以道德目的为取向,而科学的教育则是紧扣世俗的、功利的目的?对这些问题的判断,需要我们冷静下来观察一下人的存在状态。"在世界之中",这是人的最基本的存在状态。这个"世界"的构成正如涂尔干所说包含着"属人"和"属物"的世界,属人的世界是意识的世界,属物的世界是自然的世界。人本身就是与社会世界和自然世界密不可分的，处理人的世界的学科和处理物的世界的学科之间并不存在什么固定的鸿沟，它们相互包含，殊途同归。科学也是人类心智的产物和成就。科学方面的教学所起到的作用，完善了我们对于人的理解，在逻辑思维的培养方面，它是一种价值难以估量的特别工具。①

因此，在中国语境下讨论人文主义和现实主义价值观在高等教育中的平衡，不可忽略如下问题：

一是如何理解人和他所处的社会世界和自然世界的关系？涂尔干指出，人的思维脱离不了人世和自然这两个方面，教育应该同时关注思维的这两方面。② 可以说，人文主义和现实主义价值观在教育领域的失衡，根源在于人们理解人与"人世"和"自然"这两个世界的关系有失偏颇所致。中国哲学中"天人合一"思想为这个问题提供了丰富的文化资源。尽管从古至今对"天人合一"有不同的理解，③ 要说清楚它的丰富内涵很不容易，但是中国传统智慧对它的研究显现出中国人的"综合思维方式"。④ 传统文化主要是从"自然之天"和"道德（精神）之天"（天道）来阐释"天"的，用现代语言来说，这种对"天"的理解实际上是从自然和社会两方面进行的。因此，"天人合一"这个命题实际上就是讨论"自然、社会与人的关系"。与西方哲学中将"人与自然"和"人与社会"进行的"主体"与"客体"的"一而二"的分析性思维方式不一样的是，中国传统主流文化中的"综合思维方式"认为"人与自然"和"人与社会"的关系是"二而一"的，是在对立斗争中达致的和谐统一关系。中国传统哲学中"天人合一"的思想是解决当下人类社会在人文主义和现实主义或科学主义价值观的"失衡"的重要思想资源。因此，在当下中国亟须从"天人合一"思想的高度和深度切入对高等教育质量观的重塑。

---

① 涂尔干. 教育思想的演进 [M]. 李康，译. 上海：上海人民出版社，2003.
② 涂尔干. 教育思想的演进 [M]. 李康，译. 上海：上海人民出版社，2003.
③ 张岱年. 中国哲学中"天人合一"思想的剖析 [J]. 北京大学学报（哲学社会科学版），1985（1）：1-8.
④ 季羡林. "天人合一"新解 [J]. 传统文化与现代化，1993（1）：9-16.

二是思考应该在什么样的人性观的基础上进行人才培养？如果我们讨论和研究"人才培养的问题"却不从理论的高度去理解"人到底是什么？人性到底是什么？"之类的问题，或者只是任由这些问题隐藏在我们行动背后而不让它们"显现"出来并使之成为一种公共讨论的领域，那么这样的"人才培养"一定会在实践中遇到这样那样的问题。无论是人文主义还是现实主义的教育价值观，对人性的理解都是概念化和简单化的，双方都只是看到了人性的一面，而没有看到另一面；没有认识到人和人性的复杂性，看不到人的历史性和多样性，以为有什么恒常不易的人性。但是，"人性绝不是什么恒常不易的东西，其实是处在无休止的演进、分解、重组过程之中，人性也绝不是什么统一体，其实他变化繁多。"[①] 所以，在回答"培养什么样的人"这个问题时，认识到人性中有恒常不易的东西固然重要，但也要认识到人性中还存在着难以化约的那种变异的成分，要认识到"人是一种不确定的力量，可塑性强"，"在我们每一个人身上，都有大量尚未实现的潜在可能性，这些种籽可能永远沉眠在地下，但可能也会响应环境外力的作用而绽放生机。"[②] 总而言之，构建科学的高等教育质量观，需要我们在充分理解人的历史性、情境性、复杂性和多样性的基础上重塑高等教育的目的，推进人文主义和现实主义教育价值观的平衡与融合。

四、基于学生发展的教育质量观

围绕高等教育质量这一主题，日益分化出教学质量、人才培养质量、学术质量、社会服务质量等概念体系。由于不同主体的现实与价值诉求不同，在人文主义教育价值观和现实主义教育价值观的内在张力和相互融通的过程中，又衍生出学术取向、社会取向、人本取向和育人取向的多样化的质量标准。学术取向的质量标准主要是根据高校的历史和核心活动得以确立和界定

---

① 涂尔干. 教育思想的演进 [M]. 李康，译. 上海：上海人民出版社，2003.
② 同①.

的。高等教育机构被看作一个学术组织,"知识活动和关于知识的活动是它最为核心的活动"。高等教育的价值主要体现为知识创造和知识的应用。知识的创造质量和传播质量成为评价高等教育质量的标准。[①] 社会取向的质量标准是在高等教育从社会边缘走向社会中心的过程中得到确立的,高等教育是否实现和满足了国家与社会的需要成为评价高等教育质量的标准。社会取向的质量标准在我国现实中主要表现或演化为经济倾向的价值标准,主要体现为:由经济价值界定高等教育目标,由经济关系界定高等教育机构的外部关系,由经济投入界定高等教育的内部质量。[②] 人本取向的质量标准将高等教育的质量限定在"人的发展"或"人的全面发展上"。人的"潜能"是否得到充分展现,人的个性是否得到充分张扬,人的主体人格是否得到了自由,成为评价高等教育质量的标准。育人取向的质量标准把高等教育机构看作一个育人的机构,坚持"育人为本",认为教育的本体价值是使受教育者的身心按照教育者的设计得以发展。高等教育机构对学生发展的影响程度成为主要的质量标准,这种质量标准主要关注学生在高等教育机构的影响下,在高等教育机构期间发生了什么变化,从高等教育机构那里得到了什么。学生在高等教育机构期间学习和发展的变化越大,那么高教机构对学生发展的影响也就越大,高教机构的质量也就越高。

  多样化的质量标准带来的多样化的质量行动,加剧了对高等教育质量的认识分裂。众所周知,多元主体中每一个主体的需要和利益是具体的、有限度的,他的质量标准也只是在他自身的范围内有其合理性,不同主体的需要和利益能否得到他自身系统之外的人的认可,取决于他们之间能否有效地沟通和协商。这就要求持有不同价值标准的各方不能"曲于一蔽",固守于自己的"阵地",而需要在充分尊重主体多样、价值多维的基础上寻求一个共同的基础和最终的尺度。因为,不这样做就会产生价值冲突,陷入相对主义的混

---

① 周作宇. 论高等教育中的经济主义倾向 [J]. 北京师范大学学报(社会科学版), 2008 (2): 5-15.

② 周作宇. 论高等教育中的经济主义倾向 [J]. 北京师范大学学报(社会科学版), 2008 (2): 5-15.

战局面，从而对个体和组织带来极大的伤害和危害，造成"一损俱损"的倒退局面。因此，"如何穿越高等教育质量概念的丛林，走出众多价值主张的迷雾，谋求关于高等教育质量内涵的共识，就需要确立高等教育质量的价值坐标。"① 高等教育机构需要在教学、科研、社会服务等诸多功能中确立其核心使命和根本任务，在多种价值主张中明确自身的处境和立场，在过去、现在和未来的时空坐标中确立自身的发展方向。

在高等教育的历史变迁和演进过程中，高等教育机构被赋予了人才培养、科学研究和社会服务三大职能。人才培养是高等教育机构最原始、最基本、最核心的职能，舍此，就失去了高等教育机构的存在基础。面对质量标准背后存在的多样化价值链，有必要以"育人为本"的价值取向为核心，并充分吸收学术取向、社会取向和人本取向的质量标准的合理意见，形成一个以"育人为本"为核心质量标准的价值圈层。《国家中长期教育改革和发展规划纲要（2010-2020年）》将"育人为本"作为国家教育发展战略的"二十字"工作方针之一。然而，尽管"育人为本"价值取向的重要性早已被认识到，但它还从未被放到统领其他质量标准的核心地位。"育人为本"与教育领域中流行的"以人为本"的观念有很大不同，育人取向的重点在"育"，它认为教育是一种体现教育者的目的和意志、目的性很强的实践活动。② 尽管如此，育人取向的质量标准也强调要尊重人和关心人，但它尊重和关心的人，不是孤立的人，而是社会的人。这种质量标准并不一味排斥社会对大学提出的可能要求，相反它却是以社会需求为基础的。育人取向的质量标准也不排斥大学作为学术组织的特性，相反却很强调对知识和大学学术价值的尊重，"育人"本身就是一种知识应用活动，甚至会对知识创造产生极大推动。没有内容和知识的育人活动是不可想象的，也是不可能的。概言之，坚持以育人取向作为高等教育评价的核心价值标准意味着它不仅要体现高等教育不同主体的价值诉求，也要成为各主体价值诉求的共同基础和尺度，这就要求我们

---

① 杜瑞军. 立德树人——高等教育质量的内涵及价值坐标［J］. 大学与学科，2021（2）：89-102.

② 孙喜亭. 教育问题的理论求索［M］. 北京：人民教育出版社，2004：596.

必须既尊重高等教育机构的学术逻辑和知识逻辑，也强调积极回应来自社会的价值和功用诉求，还应吸收人本取向价值标准中的一些合理意见。如此才能使之成为国家和社会层面的核心价值取向。

育人取向的质量标准内在地要求构建一种基于学生发展的本科教育质量观。这种质量观认为，对本科教育质量的判断应该回到教育活动的真实场景中，回到教育活动自身对人的发展的影响程度的视角上。本科教育的质量主要体现为它对学生发展的影响作用的大小或影响程度的高低方面。从纵向层面看，基于学生发展的本科教育质量观强调本科教育的价值增值，它关注的学生发展不是学生在某一个独立的时间点上的变化和发展，而是指学生在从进入大学到离开大学这段时期内的变化和发展，它关注学生在接受大学教育的过程中的收获。从横向层面看，基于学生发展的本科教育质量观强调从价值事实和价值关系的视角衡量本科教育的质量，以避免实践中容易出现的"见物不见人"和"见人不见物"两种倾向。"见物不见人"的倾向表现为：将良好的资源和优越的条件看作衡量大学质量的重要方面，忽略师生对学校资源和条件的使用及其受益程度。"见人不见物"的倾向表现为：只是从高等教育价值关系中主体的需要和情感，或者是由评价者的意志、愿望和自我感受等判断本科教育的质量。或者只是关注学生对教师的"教"的感受，或者是关注学生对自身在本科教育活动中的收获与发展的认识和判断。这样的评价观既不否认考察本科教育本身怎么样和有什么的重要性，也不否认考察本科教育的不同主体本来是什么、有什么和需要什么的重要性，但它更强调的是要注意考察本科教育给不同主体带来了什么以及不同主体从高等教育那里得到了什么。

高等教育活动不是在真空之中而是在一定的时空之中进行的，它具有鲜明的政治、文化、历史和国家属性，它在自身所属的政治、文化、历史和国家场域中对学生发展提出自身的价值诉求。在这个意义上，基于学生发展的本科教育质量观既要回应"培养什么样的人"，又要回应"怎样培养人"，更要回应"为谁培养人"的问题。在中国情境之中，立德树人旗帜鲜明地为基于学生发展的教育质量观阐明了中国立场和中国主张。我国教育部、财政部、国家发展改革委印发的《关于高等学校加快"双一流"建设的指导意见》明确提出，把立德树人成效作为检验学校一切工作的根本标准。坚持和构建基于学生发展的质量观，就要把立德树人视为检视高等教育质量的价值坐标。

立德树人汲取了中华民族崇德向善的优良传统，是对中国传统教育重视道德教化、追求"明德至善"的守正。同时，立德树人也是我国教育实践对人的全面发展认识不断深化的结果，是对马克思人的全面发展理论的继承、发展和创新。立德树人把育人与育才相结合，"立德"是"树人"的先决条件，"树人"是"立德"的价值旨归。① 立德树人注重协调德育与智育的关系，反对德育与智育之间的割裂。围绕立德树人，习近平总书记多次作出了重要论述。2014年5月，习近平总书记在北京大学师生座谈会上强调指出："核心价值观，其实就是一种德，既是个人的德，也是一种大德，就是国家的德、社会的德……一个人只有明大德、守公德、严私德，其才方能用得其所。"② 2018年5月2日，习近平总书记在与北京大学师生座谈时指出，"培养社会发展所需要的人，说具体了，就是培养社会发展、知识积累、文化传承、国家存续、制度运行所要求的人。所以，古今中外，每个国家都是按照自己的政治要求来培养人的，世界一流大学都是在服务自己国家发展中成长起来的。我国社会主义教育就是要培养社会主义建设者和接班人。"③ 2018年9月10日，习近平总书记在全国教育大会上强调，立德树人要在坚定理想信念、厚植爱国主义情怀、加强品德修养、增长知识见识、培养奋斗精神、增强综合素质六个方面下功夫。这六个方面有机统一，理想、信念是发展的动力，爱国为民决定发展的方向，思想、道德决定发展的高度，求真、奋斗决定发展的广度，德智体美劳全面发展体现了发展的最终追求。习近平总书记对立德树人的重要论述，既明确了立德的价值取向，也明确了树人的根本方向，

---

① 张波. 立德树人何以实现[N]. 光明日报，2019-07-31.
② 习近平在北京大学师生座谈会上的讲话[EB/OL]. （2014-05-04）[2022-12-19]. http://www.gov.cn/xinwen/2014-05/05/content_2671258.htm?ivk_sa=1024320u.
③ 习近平在北京大学师生座谈会上的讲话[EB/OL]. （2018-05-02）[2022-12-19]. https://www.ccps.gov.cn/xxsxk/zyls/201812/t20181216_125673.shtml.

更明确了立德树人的途径和要求，要求人们把国家、社会、公民的价值诉求融为一体，把个人发展与社会发展相结合，把立志报效祖国、服务人民的大德与从做好小事、管好小节，踏踏实实修好公德、私德结合起来，从而使立德树人有了明确的方向、具体的内容、实践的抓手和科学的要求。

总之，一方面，基于学生发展的质量观需要以立德树人为价值参照坐标，离开了立德树人，考量学生发展就失去了方向和目标，从而丢失了高等教育的价值属性、国家属性和文化属性，最终则可能使人们在面对利益和矛盾冲突、理想信念缺失等社会问题面前的共同信念和社会凝聚力受到消解，从而消耗社会良性运行的动力资源。另一方面，立德树人需要观照学生发展，促进学生发展，通过立德树人将学生潜在的、未显现的能力激发出来。在高等教育普及化阶段，学生的学习诉求日趋多元，只有了解学生并根据学生的学习需要、学习特点实施立德树人，才能让学生学有所获，学以致用，也才能更好地促进学生的发展。

基于学生发展的本科教育质量观认为对本科教育质量的判断或评价不是单纯地考量本科教育中的物质资源、教学活动和学生发展，而是要考察本科教育中的物质资源、教学活动与学生发展之间的相互关系所产生的结果或事实。总而言之，以学生发展为中心的质量观注重从以下三方面去搜集本科教育质量的数据和证据。一是本科教育的"培养质量"，包括学校的资源、环境和教学等方面；二是本科教育培养的学生的质量，学生的质量主要体现为学生在大学期间的发展状况；三是本科教育的"培养"对"学生发展"的影响作用。大学生在接受本科教育期间的变化与发展受到家庭、社会、学校和他们自身的学习观念与行为以及他们之前的教育经验的影响。如果以"学生发展"衡量本科教育的质量，就必须考察学校教育活动对学生发展的"净影响"，如此才能得到科学的判断和结论。这三个方面既相对独立，更是相互联系和统一的整体，缺失了任何一方，对本科教育质量的判断都是不完整的。

第二节　高等教育评价观的理论反思

在高等教育评价的学术讨论和实际运作中所关注的价值问题有两类：一是高等教育评价作为一种实践活动的价值，二是高等教育评价作为一种认识活动对于高等教育价值的判断和取舍。出于对高等教育评价活动正当性的辩护，人们往往以"理想"的价值预设来概括高等教育评价的价值，相对忽略了高等教育评价的功能限度和其价值得以实现的前提。在所有的前提中，厘清高等教育评价作为一种认识活动可能涉及的价值问题是最为重要的一个方面。许多研究已注意到这个问题的重要性。然而，许多相关文献在讨论这个问题时，不但忽略了高等教育评价作为一种实践活动的价值和其作为一种认识活动所涉及的价值问题之间的联系和区别，而且在讨论高等教育评价作为一种认识活动所涉及的价值问题时主要以"价值判断"来规定高等教育评价的"本质"。尤其是在面对评价实践中出现的诸如评价主体单一、评价标准机械和评价方法单调等问题时，只是较为笼统地提出应在尊重多元价值取向的基础上构建多样化的评价方法，而并没有说清楚这种多元价值取向的"多元"的具体内涵及规定，也没有处理好价值取向中的"一"与"多"的关系问题，更没有对多样化评价方法的选择和构建的原则或方法论问题做深入的阐述。在这种背景下，以"价值"为核心重新研究高等教育评价的认识对象、多元价值取向的实质和表现形态以及评价方法论等问题，对于改革当前高等教育评价实践具有重要意义。

一、价值事实：高等教育评价的主要认识对象

评价作为"一定价值关系主体对这一价值关系的现实结果或可能后果的意识"，它"是以一定的价值事实为对象的反映。"① 这是价值哲学研究中一个极其重要的观点。作为评价的一种特殊形式，高等教育评价实际上也是以价值事实为主要认识对象的一种实践性认识活动。然而，价值事实在高等教育评价中的地位和作用一直以来不是被忽略了，就是被所谓的"价值判断"的幻象所模糊和遮蔽。无论是将教育评价看作考察教育组织或活动达到目标的能力的活动，还是将教育评价看作考察教育活动参与者所取得的实际成效的活动，甚至是将教育评价的本质特征看作"价值判断"的理论观点，都忽略了探究价值事实对于高等教育评价的意义和价值。

李德顺教授指出，在评价中忽略或否认价值事实的存在，往往容易导致"见物不见人"或"见人不见物"的倾向。② 由于价值事实一直在高等教育评价中被忽略，这两种偏向已不幸存在于我国高等教育评价实践中。在高等教育评价中，"见物不见人"的偏向表现为：将高等教育价值关系中处于客体地位的东西作为评价的重点，认为只要客体、某一事物本身未变，它的价值就是一定的。比如说：民间和官方评估都很重视评价学校的资源和条件，认为良好的资源和优越的条件是大学质量的重要方面，而忽略了师生对学校资源和条件的使用及其受益程度。再如在本科教学工作水平评估中重视对教师的"教"的水平做出评价，认为只要"教"得"好"，自然会"学得好"，而相对忽略了"教"对不同的"学"的价值和意义，或忽略教与学之间的"相长"关系。"见人不见物"的偏向表现为：在评价过程中要么只是关注高等教育价值关系中主体的需要和情感，要么只是表达评价者的情感，完全凭着评价者的意志、愿望和自我感受行事，而对任何客观事实漠然视之。比如，学生评教中只是关注学生对教师的"教"的感受，而忽略了"教"本身对"学"所

---

① 李德顺. 价值论 [M]. 北京：中国人民大学出版社，2007：233.
② 同① 238.

带来的客观影响或结果。总之，由于否认或忽视价值事实的存在，这使得在当前高等教育评价实践中既不能很好地避免客观评价论的认识偏差，也不能较好地克服主观评价论的认识困境，这进一步导致评价实践中不能将评价的重点转移到考察主体和客体的相互关系和相互作用的实际过程中去。

高等教育中的价值事实在哪里？它是以何种方式存在的？我们认为，高等教育的价值事实存在于高等教育利益相关者和高等教育的相互作用的结果之中。高等教育中不同层面的主客体关系决定了高等教育中的价值事实的复杂多样性。国家、高校、社会和个体是高等教育的主要利益相关者。高等教育的价值事实也就主要体现为国家、高校、社会和个体与高等教育之间相互作用的结果。例如：在高校本科教学水平评估中，学生和教学的关系是最基本的一对主客体关系，学生是价值关系的主体，教学是价值关系的客体。学生和教学之间相互作用的结果所产生的价值事实，是高校本科教学水平评估所应把握的最基本的价值事实。具体地说，高校本科教学水平评估所要把握的价值事实是教师、学生、家长和社会等高等教育利益相关者对"学生和教学之间相互作用的结果"所形成的各自的认识和判断。

价值事实作为高等教育评价的认识对象意味着：高等教育评价不是一种单纯地搜集自然事实并对之做出评价的认识活动，而是在自然事实和价值事实基础上做出价值判断的认识活动，价值事实是这个认识活动最为主要的认识对象。也就是说，在高等教育评价中，评价者不仅需要搜集反映高等教育这个客体基本情况的事实和对高等教育利益相关者的基本需要和发展状况的事实，而且更需要搜集高等教育利益相关者与高等教育相互关系和相互作用的实际过程及结果所产生的价值事实。在高等教育评价中，尽管考察高等教育本身怎么样、有什么和能够有什么很重要，但主要应把重点放在高等教育给不同主体带来了什么。当然，考察不同主体本来是什么、有什么和需要什么也很重要，但更应考察不同主体从高等教育那里得到了什么。换句话说，高等教育评价不是单纯地考量高等教育中的物、事和人，而是要考察高等教育中的物、事和人之间的关系产生的结果或事实，而这种关系的结果或事实存在于高等教育利益相关者的价值判断之中。因此，在评价过程中就应从不同利益相关者的角度搜集高等教育中的物、事和人之间的关系产生的结果。将价值事实看作高等教育评价的主要认识对象，会使得我们在对机构层面的高等教育质量进行评价时就可以避免由于高等教育机构间在历史发展和资源获取等方面存在巨大差异而带来的评价结果的不公正现象，从而能够保护高等教育各机构的办学积极性，促进多样化的办学格局。

二、"物理-事理-人理"的统一：高等教育评价的方法论原则

高等教育评价多元论认为，除了强调评价主体的多元化和评价标准的多样化之外，还必须采用多样化的评价方法，这样才能保证高等教育评价的正确性和科学性，从而有利于更好地发挥和实现高等教育评价的功能与价值。确实，高等教育评价方法近些年来在国内外都得到了快速发展，许多新的评价方法得以产生并在大量的高等教育评价实践的检验中日趋完善。这为采用多样化的评价方法奠定了现实基础。然而，我国高等教育评价实践中在评价方法上面临着许多比采用多样化评价方法更为深刻的问题。主要是：评价主体在选择和应用评价方法时并不对所选评价方法进行完全而充分地理解，很少自觉反思选择某种评价方法的前提和原因，也没有主动去追问所选评价方法的适用范围，更没有对所选评价方法的哲学基础做深入研究。因此，评价方法上面临的真实问题并不仅仅是如何采用多样化评价方法，更是如何从众多的评价方法中选出最合适的评价方法。回答这个问题，首先需要我们对评价方法得以发展的哲学基础有清晰认识。

高等教育评价方法的发展既受高等教育结构变化和规模扩张引发的质量诉求的推动，也受到其他学科领域相关知识的发展的影响，尤其与哲学社会科学中的认识论思潮的发展有极大关联。哲学社会科学研究中主要有两大认识论思潮。其一是实证主义。实证主义遵循"客观主义"和"价值中立"的原则。它认为科学作为独立于社会和道德价值的中立活动，并不对它的研究对象做出价值判断，其任务是在坚持事实和价值的分离的基础上对可观察现

象给予简练的描述。其二是后实证主义。它试图破除实证主义的客观主义和价值中立的神话。在它看来，科学作为个人识知能力的体现，是与个人经验相联系的，知识或理论只是特定时空条件下的产物，是"可错的"，它不可避免地要受到个人价值判断和社会、文化以及政治意识形态的影响和限制。① 科学获得巨大成就的秘诀与其说出自某种方法论的内在逻辑，毋宁说取决于科学的社会、文化、制度和组织等因素。② 在这两大认识论思潮的影响下，教育评价在"价值中立"与"价值判断"的对峙与争锋之路上也形成了实证主义和后实证主义的评价方法论流派。

在实证主义的影响下，教育评价经历了测量、描述和判断三个发展时期。在这三个时期，教育评价在具体的方法和技术操作层面发展了精细而精确的以定量为主的研究方法，试图在评价中排除人的主观因素的影响，从而保证评价的客观性。但随着评价实践发展、科学观念的变革和哲学社会科学的认识论思潮的发展，这种评价方法论受到了后实证主义者的激烈批评。后实证主义评价方法论的支持者认为，评价总是必然地包含着并表达着主体的态度、选择、情感、意志等因素，而且它还常常受到社会文化等其他因素的影响。因此，评价不可能做到价值中立。教育评价的焦点不是去测量变量、目标或决策，而是要对利益相关者基于自己的价值观而产生的个人看法、主张、兴趣和意见采取回应的态度，并以"协商"为途径达成共同的"心理建构"。后实证主义在评价方法和技术的操作层面主要以定性研究和质性研究探索参与评价过程的各主体的需要和利益。

由实证主义和后实证主义评价方法论之争反观我国教育评价实践可知，我国教育评价领域可以说才刚刚踏上实证主义的评价之路。即便如此，在我国教育评价实践中也少有强调"概念－假设－命题－论证或验证"这条实证主义奉为"科学"之绳的原则，尤其是在信息的搜集、资料的分析、关系的论证和验证等方面都离实证主义评价方法论原则相距较远。而严格遵循后实

---

① 波兰尼. 个人知识——迈向后批判哲学 [M]. 许泽民, 译. 贵阳: 贵州人民出版社, 2000: 411–439.

② 苏国勋. 社会学与社会建构论 [J]. 国外社会科学, 2002 (1): 4–13.

证主义精神的评价方法论的情况更是少见。在这种背景下，采用多样化评价方法对于解决评价实践中存在的方法问题只是"治标不治本"。关键是要在评价的方法论上下功夫。这就要求我们既要在遵循实证主义原则的基础上竭力丰富和完善现有的评价方法论体系，也要努力跟进后实证主义的评价方法论体系的发展，进而在此基础上发展有中国特色的评价方法论体系。在建设创新型国家和高等教育强国战略下，这个问题显得尤为急迫，任务也更为艰巨。

评价方法论不但关心如何从众多的评价方法中选出最合适的方法，而且它主要是为更好地揭示和分析高等教育评价的认识对象服务的。因此，深入分析和认识高等教育评价的认识对象——价值事实——的本质和特性是构建评价方法论的首要基础。李德顺教授指出：价值事实是一种主体性事实。在价值关系中，主客体之间相互作用的客观效果和后果及其对于主体的影响，以主体本身存在、结构、功能的活动变化的方式存在和表现出来，就是主体性的事实或价值事实。这种主体性事实具有主体的客观性，是因主体不同而不同的客观事实，价值事实的共同性视主体的共同性而定。可见，主体性的事实比客体性的事实更难于把握，要想发现这种事实并做到客观科学，就要破除狭隘僵化的观念，按照事物本身的客观存在去理解和揭示事实，并且不否认人和社会本身的客观存在性。这同样也要求我们超越实证主义和后实证主义评价方法论的价值中立和价值判断之争，寻求更为合理的、符合中国实际的评价方法论。

现代系统论认为，一个系统的实践行为是由物质世界、系统组织和人这三者的动态统一所组成。用中国特色的语言来说，一个系统的实践行为是物理、事理和人理这三者的有机统一。所以，大多数问题的所有调查和干预都覆盖了这三方面以及它们之间的动态相互联系。教育评价工作也不例外。实证主义者对教育评价对象最基本的物理和事理看得很重，他们发展的定量化方法确实也能对教育评价对象的物理和事理做出严密的分析。但是在实际评价工作中，一些定量化的指标的选择和确立不可避免地要加入人的主观因素，评价工作常常依赖于评价者的知识和经验、直觉和智慧。过分的定量化难以解决评价中的一些实际问题。而且在有些评价工作中，要想使评价结果得到他人的承认和认可,必须要充分理解高等教育决策者和利益相关者的意图、需要和利益。由此可见,价值中立和价值判断是教育评价的一体两面,并非水火不容。因此,"知物理、明事理、通人理",坚持物理、事理和人理的有机统一,① 是我们应该坚持的一条重要的评价方法论准则。"知物理"是指在坚持价值中立的基础上对高等教育系统、高等教育机构等高等教育评价对象的最基本的属性和特征有深入的认识和把握,从而在此基础上尽可能全面地收集有关评价对象的信息和最原始的数据,建立最能表征评价对象的评价指标体系。"明事理"是指选择合适的评价方法对高等教育利益相关者与高等教育之间相互作用的过程和结果做出严密而恰当的价值判断。选择合适的评价方法至少需要综合考虑三方面的因素:一是评价对象所处系统的复杂性,二是评价目标的多样化,三是评价过程中参与者之间的关系的复杂性。只根据某一种条件而不从整体上考虑这三方面的因素来进行评价方法的选择和应用,只能让评价归于失败。"通人理"是指评价要充分考虑高等教育利益相关者的切身利益,充分尊重和理解他们的需要和价值标准,处理好评价者和利益相关者之间的关系,而不能固执地、僵硬地坚持所谓的客观判断。在高等教育评价中,只有对高等教育的基本属性和特征有正确的认识和把握,并能够以科学的、严密的事理分析为手段,充分考虑和妥善处置高等教育不同主体的需要和利益,才能得出既符合客观实际,又受到各方认可和采纳的评价结果。

　　高等教育评价的科学性和有效性主要取决于评价观、评价体制和评价实践之间的良性互动。评价体制得以形成和评价实践能够发生,其主要根源于人们对评价的认识和观念。价值问题是高等教育评价观所不可回避的重要问题。其中,高等教育评价的实践价值和主导或影响高等教育评价实践的价值观念是两类不同的价值问题,不应混为一谈。价值判断作为高等教育评价的核心,其依据并非只是自然的、客体性的事实,价值事实更是高等教育评价的主要认识对象。价值事实作为一种主体性事实,主要表现为价值标准的多

---

① 顾基发,唐锡晋,朱正祥. 物理–事理–人理系统方法论综述 [J]. 交通运输系统工程与信息,2007(6):51-60.

样化。但是，评价实践中并不是为多样化而尊重多样化，尊重多样化价值标准的实质是在重视察看个体或群体层次的价值标准的基础上，形成国家和社会层面的核心价值标准。即是说，我们承认价值标准的多样性只是为了在高等教育利益相关者或不同主体的评价之间寻求统一和综合，否则只会陷入价值冲突和相对主义的混战局面。价值事实的主体客观性和多样性决定了它比客体性事实要更难把握，我国高等教育评价实践在评价方法上的真实问题不是如何采用多样化的评价方法，而是如何超越实证主义和后实证主义评价方法论在价值中立和价值判断上的争论，构建自己的方法论体系。总之，只有在上述认识基础上，高等教育评价多元论所倡导的多元主体、多样化的评价标准和评价方法才能有坚实的根基，高等教育评价多元论也才会更具有现实的针对意义。

三、高等教育评价之道与评价之术的融合共通

实证主义观念在质量评价实践中的大行其道，进一步加深了人们将质量评价作为"高等教育质量保障的一种技术手段"的印象。质量评价作为一种技术手段，其隐藏的假设是：质量是可以通过数据进行客观测定和描述的。正是这个假设，使得这种作为技术手段的质量评价广受批评，因为教育质量中还有许多具有教育意义的关键要素并不能够用数字测算出来，而且质量评价也并不带来真正的质量改进。[1] 这里的争论实际上属于评价哲学的争论。任何一种技术手段，都隐藏着人对这个世界的需要、认识乃至哲学假设。作为一种技术手段，对高等教育质量保障体系的建设来说，质量评价是一种"术"、是一把"双刃剑"，但是这种"术"之何所用，"剑"之何所指，还主要看使用它的人的认识和观念。因此，质量评价作为一种技术手段也有其自身的"道"。

---

[1] 张应强，苏永健. 高等教育质量保障：反思、批判与变革[J]. 教育研究，2014（5）：19—27，49.

探究高校学生学习质量评价的理论和实践问题，首先需要确立一种把评价之"道"与评价之"术"融合打通的质量评价哲学。质量评价之所以落入备受诟病的"技术手段"的境遇，根源在于行动之初它的定位被误置了，它被认为是对事实做出判断、对价值进行鉴定的一种手段。然而，教育质量评价的使命并不仅仅是单纯地判断事实和鉴定价值，它还是一种指导人的教育行动的价值判断。教育质量评价的首要特点或功能是创造价值，它使一种教育的价值作为一种给定的价值而成为一种物理的存在。教育质量评价创造的价值是现实的，但最终却是人文的，它首先要考虑的是教育是如何以及怎样满足了"学者"生存的现实需要，其归宿却是放眼于教育对于"学者"自身生活意义的寻求、精神修养的形成之价值。一言以蔽之，评价创造价值，它的终极使命就是让"学者"过自由的、理性的和有尊严的生活。这样一种评价哲学的确立，需要如下四方面的观念转变：

（一）坚持评价主体的自我与他者的合一

评价活动中经常会被反思和质疑的是"谁评价"，这种质疑的实质是在追问"谁有权评价"。对这个问题的一般回答是"利益相关者"。但这个回答仍然没法明确"利益相关者"在评价活动中的责任和义务的划分。解决这个难题的关键，就是要从评价实践中不同主体的"我－他""我－你"关系模式中走出来，实现"自我与他者合一"的"我们"关系。这种"我们"关系的主要特点是：不同主体在狭路相逢、历经频繁而又深入甚至是冲突的互动后，逐渐将彼此当作一个具体的存在，认识到彼此都是深深地镶嵌在他们相遇相识的行动和经验世界中。在评价实践活动中，他们彼此相互察觉，共同经历、体验、沟通和共享各自的行动世界的经验、意义和价值，达至"视域融合"。不同主体之间在这种"我们"关系的形成过程中超越了自我评价和他者评价的绝对界限。但是，这种"我们"关系并非天然形成，而是不同主体在相遇的"博弈"中形成的，自我和他者的"视域融合"一定是一个渐进的过程。评价主体之间或评价者和被评价者之间以"我"和"你"为坐标构建的行动场域可以分解为四：一是公共区，我知你也知；二是隐藏区，我知你不知；

三是盲区,我不知你知;四是未知区,我不知你也不知。不同主体在评价活动中的博弈与视域融合主要是围绕着"隐藏区"和"盲区"展开,将"我了解而你不了解的地方""你所了解而我不了解的地方"显现出来,使之与"我们"照面,并共同去探索"我们"都不知晓的东西。评价的基本规范和制度固然能够促成"我"和"你"相互坦露心声,但规范和制度与利益交杂在一起的时候,"我"和"你"的行动中天然的"自我防御"机制更加严密,"我"和"你"的行为难免会擦枪走火,甚至偏离理性轨道,出现许多常人难以理解的失范行为。所以,除了"正义"的规范和制度之外,"我"和"你"如能放大自己的"良知",则能够让"我们"坦诚相见,以使"隐藏区"和"盲区"显现于"我们"面前。这良知的首要构成要素便是谦卑,没有谁是全能全知的,也没有谁是永不犯错误的,关键是"我们"在"未知""不能"和"错误"面前的谦卑姿态。这良知来自并逾越自我的本真存在,它既不迷失于公众意见之中,也不沉湎于自我而无法自拔。这良知归结于"评价创造价值"的理想之中。

(二)坚持事实与价值的合一

在评价实践中,无论人们多么强烈地声称自己只是搜集与评价有关的"事实"、积累相关的数据,但其实在这之前就已经有意识或无意识地对搜集什么事实、积累什么数据形成了一定的规则和标准。"好"与"坏"的意识在人们的头脑中总是挥之不去的。从描述事实的那一刻起,人们就已经开始进行价值判断,而无论这种价值判断是"声称"的还是"缄默"的。对事实做出价值判断,这本是作为社会中的人的一种特殊天赋。涂尔干指出:"人而且只有人在集体的、社会的生活与互动中学会了对世界的、对事实的理想化。"[①]正是这个理想化的能力,衍生了人的价值判断和价值选择的能力。当人面对某个事实时,他的头脑里一定会有一个与"现存事实"不同甚至有些"对立"的"理想事实",正是这个"理想事实"催生了"好"与"不好"的判断。在

---

① 涂尔干. 宗教生活的初级形式[M]. 林宗锦,彭守义,译. 北京:中央民族大学出版社,1999:602.

人的原初行动中，事实和价值总是不分离的。只是在人的认识的理智化进程中，为了更便宜、更"科学"地认识人的行动世界，事实被归到"客观"的阵营，价值则被划属"主观"的队列，事实和价值由此被分家了。此时此地"事实"占尽了优势，彼时彼地则又是"价值"居于主导。人的生活世界被理智世界制造的"事实"和"价值"之间的这种拉锯所揪扯着。其实，在生活的世界、经验的世界中，价值和事实是浑然一体、不相分离的。高等教育评价活动所面对的生活世界和经验世界也是如此。没有离开事实的价值，也没有离开价值的事实。所有的价值都在这个浑然一体的经验世界之中，并且这价值只有通过人的行动，通过人与自然和社会环境的互动才能被创造和实现。因此，高等教育质量评价应直面高等教育活动中不同主体的行动所关涉的经验事实和世界，而他们的经验事实和世界融合着个体的价值选择和判断。

（三）坚持目的与手段的合一

评价实践中经常还会被提出来讨论的问题是：评价是为了控制还是为了改进？这种追问的言外之意似乎是，如果评价是为了改进，那么它就不应该是一种手段。其实，这种追问将手段与目的相割离或对立了，它预设了一个与任何手段和条件都是没有关系的、至善的目的的存在，而这个目的被作为衡量评价的绝对标准。在这种割离或对立中，"评价作为一种技术"也就稳稳地获得了某种意义的"物理存在"，从而落得了"形而下"的位置。但是，正如杜威所指出的，评价是在有问题的情境中发生的，对现有环境的不满意和创造一种新的环境的渴望，是评价活动产生的前提，如果没有这种需要和欲望，就不会有评价，欲望和对作为想要达到的目的的评价，也是与具体的环境及其改变环境的需要联系在一起的。因此考察构成匮乏和需要的条件，考察作为构建可实现的目的或可达到的结果的积极手段的条件，就是构建正当的欲望和所期望的目的的方法。① 由此可见，目的与手段的合一，是评价得以发生的基础。目的和手段原本统一于人的行动世界之中。不考虑手段的目

---

① 杜威. 评价理论［M］. 冯平，译. 上海：上海译文出版社，2007.

的是幻想，是一种"感情上的放纵"，① 不考虑目的的手段必然遭遇"痉挛"。当将目的和手段统一于人的行动之中时，它促成的首先是评价立场或立足点的转变。评价不再是"后视"的而是"前视"的，即评价不再是对过去的回顾，而是对未来的展望。其次，评价不再是一种静态判断，而是一种动态改进，但这动态改进并非仅仅是要求个体改变自己的心灵世界，更是通过从对行动的后果判断中找到行动的规范和力量并据此改变现实世界。如此，方法和手段就被提高到以往人们仅赋予目的的那种重要地位。目的与手段的合一，也就使得人们从价值的客观性和终极标准的拷问和纠结中，从绝对主义、相对主义和折中主义的泥潭和迷失中转身。让人们认识到，理想不在远处，也不在那个未知的未来，它不是站在现实世界的对立面，而总是孕育于现实的经验世界和行动世界。价值标准不在过去，也不在将来，它在此时此刻的经验世界中不断生成和完善。评价就是在"对现实情境的考察和站在现实情境中对未来行动的筹划"而实现它创造价值的使命。

（四）坚持过程与结果的合一

教育评价面对的教育实践或事实在本质上是教育行动的空间性和时间性的合成，它是物质资源、人力资源和文化氛围三方面要素在时间的绵延中形成的互动所带来的。评价者看到的"当下"结果或事实，大多数都是"过去"的教育实践行为所产生的。单纯评价"当下"的结果或是"过去"的事实，都不是完整意义的教育评价。如果我们从人才培养活动的视角对高等教育质量进行评价，那么就应该避免"见物不见人"和"见人不见物"的偏向，不应只是单纯地考量高等教育机构的物质资源、教学活动和学生发展，而是要在它的物质资源、教学活动与学生发展三者的互动关系的基础上考察其结果或事实，做到"见物也见人"，考察"物与人、人与人的互动"。② 从可操作性层面看，需要从三方面去搜集高等教育质量的数据和证据。一是高等教育

---

① 杜威.确定性的寻求［M］.傅统先，译.上海：上海人民出版社.2004：282.
② 周廷勇，李庆丰.高等教育评价的价值问题探究［J］.国家教育行政学院学报，2011（2）：41-46.

机构的"培养质量",包括学校的资源、环境和教学等方面;二是高等教育培养的学生的质量,学生的质量主要体现为学生在大学期间的发展状况;三是高等教育的"培养"对"学生发展"的影响作用。[1] 总之,坚持过程与结果合一的评价哲学,要注意教育事实之得以产生的"行动与结构"的平衡关系,既要看到不同高等教育机构由于历史、位置和资源等方面的差异性对教育结果所产生的影响的差异性,也要看到不同机构的制度设计和行动措施对教育结果的影响的差异性,更要看到个体能力水平和投入程度的不同所带来的教育结果的差异性。[2]

---

[1] 周廷勇,周作宇. 高校学生发展影响因素的探索性研究[J]. 复旦教育论坛,2012(3):48-55,86.

[2] 周廷勇,周作宇,杜瑞军. 大学生发展影响因素模型:一个理论构想[J]. 教育学报,2016(5):68-80.

第三节　大学生发展模型：智力、能力和德性的三元互动

　　大学生发展模型是对"培养什么样的人"的反思与重建。建构大学生发展模型，既是高校帮助学生在大学增长知识、发展思维品质、提升德性修养的关键，也是基于学生学习成果评价的深层次需要，其最主要的目的就是在大学教育路途之中设置一种路标，表明察看学生学习状态的概念框架和分析视角，对其学习质量进行评价和审视，帮助教师、学生和学校等行动者知道自己"在哪里""去哪里"以及"如何去那里"。从这个角度看，探索大学生发展模型，是一项很重要的有价值的研究。同时，这是一项具有冒险意味的研究。因为，人的发展和教育活动都是非常复杂的。从不同的教育观和发展观，对人的发展的认识视角和理解框架都是不同的。更重要的是，发展对于人来说，具有显性和隐性双重特质，是复杂的和多元的，因此，寄希望于通过一种或某几种发展模型，试图对人的发展获得客观化的、科学的或者全面的判断，这是具有风险的。然而，只要认识到大学生发展模型的这种局限，不断从研究和实践层面反思学生发展的内涵及其影响因素，将之用于对教育活动自身的持续改进，而不是将之用于回应管理主义对绩效问责的诉求，这样就有望能够寻找到有利于教育和人的发展的道路。一般来说，对于教育目标或课程教学目标的描述都是从"知识、技能和态度"三个方面来着手。这素朴地提示着，大学生发展模型的建构首先应考虑到这三方面所对应的"智

力、能力和德性"对于大学生发展的内涵和价值。但长期以来，虽然同时从这三方面来描述教育目标，但是一方面缺乏对其内在意蕴的深层次挖掘，另一方面很少从智力、能力和德性的互动角度，来理解它们对于学生发展的意义和价值。

一、智力测验的兴起及其遭遇的批评

智力是心理学研究的核心话题，也是现代学校教育的核心，或者可以说学校教育在现代化历程中迈出的最关键的一步就是将促进学生智力发展作为教育的主要目标。但是，对于智力的理解一直是众说纷纭、莫衷一是、没有统一的认识的。在心理学的智力研究传统中，对智力的研究议题主要涉及：[①]

1. 智力的属性。主要围绕着人自身的身体机能如看、听、说和思等方面描述智力的属性。美国心理学家在1921年和1986年分别对智力属性做了两次集体的定义和描述，涉及知觉、感觉、注意、抽象思维等共27个属性。1920年代，美国心理学家提及的如抽象思维、表征、问题解决、决策和解决新事物的能力、学习能力等属性的次数比1980年代的心理学家要多。而1990年代，心理学提及的元认知、执行过程、知识、自动化的加工等项目，在1920年代的心理学家那里基本上很少使用。当前对智力属性的理解，主要重视两个方面：一是逻辑思维、推理、问题解决、记忆能力；二是强调获取知识的能力和适应环境的能力。

2. 智力的本质。主要有三种看法，一是"因素说"，研究智力的构成要素或因素。例如：斯皮尔曼（Spearman, C. E）于1904年提出，智力由贯穿于所有智力活动中的普遍因素（G因素）和体现在某一特殊能力之中的特殊因素（S因素）组成。凯勒（T. K. Kelly）1930年代提出，智力由数、形、

[①] 林崇德，白学军，李庆安. 关于智力研究的新进展［J］. 北京师范大学学报（社会科学版），2004（1）：25—32.

语言、记忆、推理五种因素组成。瑟斯顿（L. L. Thurstone）于1940年代提出，智力由数字因子、词的流畅、词的理解、推理因素、记忆因素、空间知觉、知觉速度七种因素组成。二是"结构说"，从结构的视角分析智力的构成要素或因素。例如：吉尔福特于1959年提出智力三维结构模式，他将智力的120种因素划分为"操作"（即思维方法，分为认知、记忆、发散思维、符合思维、评价）、"内容"（即思维的对象，分为图形、符号、语义、行动）和"结果"（即某种操作应用于某种内容的产物，分为单元、种类、关系、系统、转换、含义）所构成的三维空间结构。三是"认知说"，着重从认知视角研究人是如何思维的，将智力视为它在处理现实生活中的一种功能，关注智力包含哪些心理过程以及这些过程所操作信息的表征的类型是什么。比较经典的有戴斯（J. P. Das）于1990年提出的PASS模型（Planing-Attention-Simultaneous-Succesive processing model），[1] 将认知系统分为注意—唤醒系统、编码—加工系统和计划系统三种，包含注意、同时性加工、继时性加工、计划四种认知过程。注意—唤醒系统主要使大脑处于一种合适的工作状态；编码—加工系统负责对外界所接收的信息进行同时性加工和继时性加工，是智力的操作和活动系统。同时性加工指对若干个信息单元同时开始进行加工，从输入信息的各片段之间的联系中产生出一个整合的编码表征。继时性加工指先后依次对几个信息单元进行加工。计划系统是最高层次的认知功能系统。它负责整个认知活动的计划、监控、调节、评价等高级功能。

3. 智力发展的层级或水平。经典的如皮亚杰（Jean Piaget）的认知发展阶段论。1990年代以来还产生了一些经典的智力发展的层级理论。一是卡洛尔（J. B. Carroll）提出的智力三层级理论模型（见表3-1）。智力由三个层次水平的因素所组成。最高水平层由一种因素构成；一般智力因素中间水平层由七种因素构成，即流体智力、晶体智力、一般记忆容量、一般流畅性、一般视知觉、一般认知速度、一般加工速度、一般听知觉；最低水平层由许多特殊

---

[1] 李其维，金瑜. 简评一种新的智力理论：PASS模型［J］. 华东师范大学学报（教育科学版），1995（4）：41-50.

的因素所构成。二是狄美翠（A. Demetriou）和瓦兰迪（N. Valanides）的智力发展三水平系统模型（见表3-2）。该模型将智力划分为环境指向、自我指向（超认知）和信息加工过程三个水平。环境指向水平涉及对现实领域的操作、过程和技能的每个系统，每个系统都利用表象、数字、语言之类的符号。自我定向水平涉及指导自我理解、自我监控、对他人思维的理解等方面的过程和知识。信息加工系统是对特定年龄思维的信息加工能力起着决定作用的结构和功能。

表 3-1 卡洛尔的智力层级模型

层级三	层级二	层级一
一般智力因素	流体智力	水平因素包括：一般序列推理；归纳推理；定量思维；皮亚杰式的思维。速度因素包括：思维的速度。
	晶体智力	水平因素包括：语言发展；口头语言和书面语言理解；词汇知识；阅读理解；填空能力；拼写能力；语音编码；语法敏感性；外语潜能；听力；交流能力；外语流畅力。速度和水平因素包括：阅读速度；口头表达的流畅性；写作能力。
	一般记忆容量	水平因素包括：记忆广度。速度因素包括：联想记忆；自由回忆；意义记忆；视觉记忆；学习能力。
	一般视知觉	水平因素包括：可视化。速度因素包括：空间关系；封闭速度；封闭流畅性；系列知觉的综合；空间扫描；知觉速度。各种因素：想象；长度估计；错觉；知觉转换。
	一般听知觉	水平因素包括：听觉和知觉语言的阈限因素；语言、声音的辨别；一般声音的辨别；高强度声音持续时间的辨别；音乐的辨别与判断；抑制听觉刺激混乱的能力；同时跟踪能力；节奏的保持与判断；声音模式的记忆；绝对音高；声音定位。
	一般流畅性	水平因素包括：首创性或创造力。速度因素包括：观念流畅性；命名流畅性；联想流畅性；表达流畅性；词汇流畅性；问题敏感性；图形的可变性。
	一般认知速度	速度因素包括：完成测验的速度；数字化的能力；知觉速度。
	一般加工速度（决策速度）	速度因素包括：简单反应时；选择反应时；语义加工速度；心理比较速度。

表 3-2 智力的水平和系统以及它们的基本过程和成分

水平和系统		核心过程	操作和规则	知识和信仰
环境指向的系统	1. 定性的、分析的	分类知觉	分类策略、概念形成策略	描述性和陈述性的知识，对人和事的归类
	2. 定量的、关系的	辅助	计数、算术运算、比例推理	时间的认识、钱的知识、乘法表
	3. 因果的、实验的	因果知觉	尝试错误、实验、假设形成	关于世界的因果结构的知识和归因
	4. 空间的、形象的	深度知觉、大小知觉、方位知觉	心理形象的扫描和转换过程，心理旋转	所有的关于世界的形象的表征和知识
	5. 语言的、命题的	基本的推理，即基于语言结构的自动推理	二级推理，即基于对事实的考虑的推理	关于推理和逻辑的外显知识
超认知系统	1. 工作超认知	对各种经验、认识体验的不同的敏感性	自我监控和自我调整策略	
	2. 长时超认知			关于思维、智力和自我的模型
加工系统	1. 编码	知觉登录	刺激辨别	
	2. 控制	抑制机制	选择性注意	
	3. 存储	信息的基本表征	复习、组块化以及其他的组织策略	

心理学领域的智力研究促进了智力测验的兴起。智力测验的发展变化与智力观的演变密切相关。从测验内容来看，智力测验主要有：其一，基于智力要素和结构的测验。例如：韦克斯勒智力量表注重对言语理解、知觉组织、加工速度与抗干扰能力四种因素的测量。斯坦福-比纳量表注重对晶体智力（如言语推理、数量推理能力）、流体智力（如抽象视觉推理、模式分析）和短时记忆的测量。考夫曼青少年与成人智力测验也是测量晶体智力、流体智力和即时记忆与短时记忆。[1] 其二，基于认知过程的智力测验。例

---

[1] DANIEL M H. Intelligence testing [J]. American Psychologist, 1997, 52 (10): 1038-1045.

如：戴斯等人于1997年正式出版的CAS（Das-Naglieri Cognitive Assessment System，CAS）测量工具，包括4个分测验，分别测量智力活动中的计划、注意、同时性加工、继时性加工过程。每个分测验由三组不同的试题组成，从不同角度对同一功能进行测量。计划分测验中包括了数字匹配、计划编码、计划连接三组试题；注意分测验包括了表达性注意、数字检测、接受性注意三组试题；同时性加工分测验包括了非言语矩阵、言语—空间关系、图形记忆三组试题；继时性加工分测验包括单词复述、言语速度、句子问题三组试题。整个量表由十二组不同类型的题目组成，对智力进行全面测量。[①]

其三，基于因素和认知过程并重的智力测量。美国的基洛宁（Kyllonen）教授及其同事经过多年的研究，在吸收当代关于陈述性知识与程序性知识等概念和考虑计算机应用的基础上，不断修订他们原有的信息系统四成分模型，最后提出了一种认知能力的四维分类模型。这个模型的垂直维度是认知加工，包括陈述性知识和程序性知识两类知识储备，以及工作记忆、加工速度、陈述性学习、程序性学习、即时加工、时间分配以及其他仍未辨明的一系列执行过程；水平维度是言语、数字与空间三类知识领域；第三维度是刺激维度，包括视觉和听觉两种；第四维度是反应类型，包括键盘反应、滑鼠反应、语言反应三类。他们根据这个模型开发出认知能力测验量表（Cognitive Measurement Abilities，CMA），该量表包含59项测验实体，考察18种能力类型。[②]（图3-1）

智力测验虽然对预测学生学业成功具有积极意义，但是，在实践的运用中却面临着许多问题，受到来自多方面的批评。斯滕伯格从智力测验的内容、构造方法和信度效度等方面，对智力测验进行了比较系统的批判性研究。首先，斯滕伯格以斯坦福-比奈测验的内容分析为个案，分析智力测验内容存在的主要问题有：一是文化公平性问题。例如词汇测验只涉及英语中的单词，

---

① 李其维，金瑜. 简评一种新的智力理论：PASS模型[J]. 华东师范大学学报（教育科学版），1995（4）：41-50.

② 王穗苹，莫雷，张卫. 当代智力测验的进展及特点[J]. 华南师范大学学报（社会科学版），1999（6）：69-78.

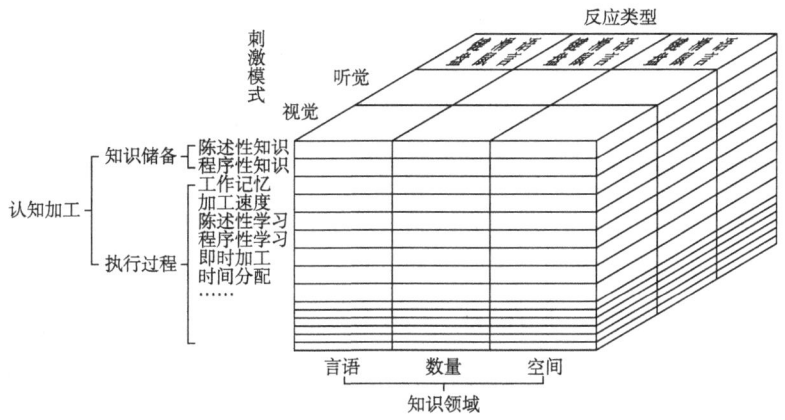

图 3-1　基洛宁的认知能力四维分类模型

这显然对母语是英语的儿童有利。在英语国家之外利用这样的测验，即使翻译得非常准确，但这些词汇在美国文化中的定义与其他国家文化中的定义不一定完全对等。这样一种举动是毫无理性的。二是智力测验和成就测验之间的关系问题。智力和成就之间并无差别。智力测验典型地测量一个人在早几年获得的成就。但这样的成就测验也需要个体运用智力才能完成。三是智力测验并不是一种测量人们真正了解多少的测验，而是评定被试所答是不是评卷人想听到的答案。四是智力测验会误导对测验分数的解释，从而得出错误结论。例如：在言语关系测验中，某人如果不知道一个出现频率非常低的单词，那么可能得出的结论是：此人存在某种推理能力上的缺陷。这显然是一种错误的、非常容易伤害人的推论。

其次，斯滕伯格通过分析智力测验得以构造的运作逻辑，分析其构造方法存在的问题。他指出，智力测验的构造方法是：专家首先对一特殊的场景——如学校进行大量观察，并设计一些问题，根据对这些问题的回答，可把最可能成功的人同最不可能成功的人区分开来。或者更为简单，可选取一些年长儿童比年幼儿童更能正确回答的项目。但这种方法的问题主要有：一是编制测验的样本全是儿童，其目的在于区分聪明和不聪明的儿童，所以这样的测验对儿童比对成人更为适合。儿童会花费大量时间做数学题，而许多成年人多年未做这类题目了。这类测验对成年人和对学校中或刚从学校毕业的年轻人而言，测量的不是一样的东西。所以，测验编制的项目可能很符合在校学生的学习材料，但它们不适合于成年人在日常生活中遇到的情境。二是测量实施上的问题。儿童刚入学时可能并不熟悉测验的方式和环境，整个测试过程可能会给被试带来恐慌和焦虑，从而使测验得到的结果并不能真实反映儿童的真实水平。三是测验编制者并没有系统的智力理论。然而，没有一个关于智力的理论就无法对智力加以明确定义，也就更谈不上对智力进行测量和评估了。然而，遗憾的是，只有很少的智力测验是以一种理论为基础而构建的。而且，即使有明确的智力概念，但这些智力概念都是相当静态的，而没有涉及智力的加工过程。

最后，斯滕伯格指出，智力测验并未测量到人们想测的学校或工作中的表现。尤其是在研究生的学习阶段，学生训练的是专业的素养，测验测量不到真正影响学生获得职业成功所需的技能。他通过一项实证研究发现：GRE测试的成就得分是研究生学习阶段成就最好的预测变量，但该测验不能再预测别的任何重要指标，甚至连二年级时的学习成绩也无法预测。测验大多预测的是学业成绩，且一般只能预测与测验时间最近的学业成绩。虽然预测学业成绩没什么不好，但对现实生活而言，成绩之外还有其他许多重要的方面。测验不能同等地对所有群体进行预测。事实上针对不同的群体，测验的效度就不复存在了。

总而言之，斯腾伯格认为传统智商测验"只涉及内涵宽广、结构复杂的智力的极小一部分，也是非常不重要的一部分"；传统智商测验测量的是一种学业上的、非情境性的智力，斯腾伯格称其为"呆滞的智力"；传统智商测验没有实现它的预测与发展的功能，人们既无法通过智商测验的成绩给未来的事业和成就有一个满意的预期，也无法通过智商测验的结果为个体智力的发展与培养提供一个切实可行的计划。智商测验所显示的智商与个体成就之间的关系只是一种统计意义上的联系，而不是因果的联系。他说："智商和其他类似的测验在预测人们在大学中的成绩方面可以达到一种虚假量化的准确，但它们并不是对学生智力的测量——这里所说的智力是真正产生学生成绩以及其他一些表现形式的心理品质。它也不能测量出成功智力——导致杰出成就的心理品质。"①

斯滕伯格认为，这样一种在内容、构造方法、信度和效度上存在许多问题的智力测验在美国社会中异常风靡，这带来了相当多的负面影响。其一，智商测验得分低被等同于傻瓜。一个儿童一旦被贴上"愚蠢""傻瓜"的标签，机会便开始离他而去，为个体发展笼罩了一生的阴影。教师对之不抱期望，即使在以后的大学也会反映出这种很低的期望。他们得到份好工作就会受到怀疑：这家伙可能是舞弊的，要不然就得到了外界的帮助。斯滕伯格说："标签绝不是现实的真实写照，但它们会因此而塑造出现实。智商就是用来预测一个人是否能够胜任某项工作的标签。"其二，智商测验使学校教育和学生学习误入了盲目追求分数、疲于应付考试的歧途，学校为备考而设置课程，学生为应考而机械地重复着高难度的、缺乏情境性的词汇。将智商置于至高无上的地位，以此决定孩子们今后的道路，甚至还在小学里就依赖智商测验和其他类似测验的分数对儿童进行生杀定夺。在美国流行的学业评估测验（Scholastic Assessment Test，SAT）和美国大学测验（American College Test，ACT）等测验，尽管没有被冠之以"智力测验"的名衔，但实际上都是用来测验智力的，或者说至少是用来测量我们所相信的、能够导致学习成功的智力方面的具体技能。如果不能很好地通过这些测验，那么获得所申请的大学的录取机会便微乎其微了。斯腾伯格认为，只要我们继续依赖于智商及大量其他的测验，将之奉为对智力进行测量的唯一法宝，就会剥夺许多儿童受教育和真正使其智力得到提高的必要机会。他说："也许有朝一日能成为伟大作家的孩子，一辈子也没有机会发展他的言语技能，也没有机会发展他的潜能。"其三，智商测验使很多人被拒之于大学及研究生院的大门之外，他们中的很多人，就其发展的潜力来看，并不比那些被大学或研究生院录取的人低，甚至可以说他们具有非常大的发展潜力。斯腾伯格认为这些人是测验滥用导致的教育不公正的牺牲品。

---

① 斯滕伯格. 成功智力［M］. 吴国宏，钱文译. 上海：华东师范大学出版社 1999：24.

二、从智力到能力的转变

从智力研究的发展演变历程来看，主要有三种研究路径。一是智力的外显理论。这种理论"建立在所获数据的基础上，或至少能得到这些数据的验证和支持，而这些数据则来自假定测量智力功能的那些操作任务。"[①] 差异理论和认知理论是智力的外显理论中最有影响的两种理论。差异理论假设"可以根据潜在来源的个体差异或因素理解智力"，将因素分析作为揭示智力本质的一种方法。尽管认知理论派别繁多，但也都越来越趋于一致，它们都假设"人们可以根据信息加工过程成分去理解智力"，力图根据作用于认知任务操作的心理过程理解人类智力。二是智力的内隐理论。这种理论是以公众的智力概念为基础，其宗旨在于发现公众的非正式的关于智力理论的形式和内容。它力图重构已经存在的理论，而非构造新理论。在内隐理论家那里，"智力被看作一个约定性的概念，它之所以获得一定的含义，是因为人为赋予其意义的结果。"[②] 但不论是内隐还是外显理论都没有对智力的复杂性进行清晰完整的描述。尤其是脱离智力与人的外部世界的联系和智力与人的经验之间的联系而纯粹研究智力的内部机制与结构，这种做法受到了斯滕伯格等心理学家的批评。斯滕伯格指出，心理学家"应该对智力的外显理论和内隐理论都感兴趣"，应综合这两个不同理论流派的优点，根据外部世界、内部世界及两者间的相互关系来确定智力的本质。在这个背景下，就出现了第三条研究路径：将外显理论和内隐理论结合起来，既研究智力的成分，也研究认知过程、信息加工过程；既重视智力的要素和结构，又强调智力对于特定文化创造出来的符号系统的加工过程。

正是在对传统智力研究的批判性检验的基础上，当代智力理论发生了一些新的变化。首先是突出智力的文化情境性。例如，美国康奈尔大学的塞西

[①] 斯滕伯格.超越 IQ——人类智力的三元理论[M].俞晓琳，吴国宏，译.上海：华东师范大学出版社，2000：4.

[②] 同[①] 31.

（S. J. Ceci）提出的智力发展的生物生态理论认为，智力是天生潜力、环境（背景）、内部动机相互作用的函数，很难将生物学和环境对于智力的贡献清楚地分开，这个环境对于个体来说有近端过程和远端因素，近端过程指直接环境中与客体的持续相互作用，远端因素由影响近端过程的形式与质量的环境维度组成。由此提供人的知识形成的结构，发展其智力水平。其次是强调智力的情绪情感性。例如，梅耶（Mayer, J. D.）等人于1990年提出情绪智力（emotional intelligence）的概念，认为情绪智力是用以说明人们如何知觉和理解情绪，具体地说，是知觉和表达情绪、在思维中同化情绪、理解和分析情绪、调控自己及他人情绪的能力。戈尔曼（D. Goleman）的《情绪智力》一书引起了人们对情绪智力的普遍关注。戈尔曼认为情绪智力包括自我控制、热情、坚持性和自我激励能力。戈尔曼的情绪智力是能力与性格或特质的混合，这是他与梅耶等人的不同之处。再次，认识到智力的多样化样态。这方面最具代表的是加德纳的多元智力理论。他提出了9种智力。（1）语言智力，即有效运用语词的能力；（2）逻辑－数学智力，即有效运用数字和合理地推理的能力；（3）知人的智力，即快速地领会并评价他人的心境、意图、动机和情感的能力；（4）自知的能力，即了解自己从而做出适应性行动的能力；（5）音乐智力，即音乐知觉、辨别和判断音乐、转换音乐形式亦即音乐表达的能力；（6）身体－运动智力，即运用全身表达思想和感情的能力；（7）空间智力，即准确地知觉视觉空间世界的能力；（8）自然主义的智力，即能够对自然世界的事物进行理解、联系、分类和解释的能力；（9）存在主义智力，涉及对自我、人类的本质等一些终极性问题的探讨和思考。

智力研究的新变化中最突出、最重要的转向是对能力的重视，尤其是对实践能力的重视。早在1973年，麦克莱伦（McClelland, D. C.）就指出，"能力"比传统测试更能成功地预测重要的行为。他反对智力测试，认为智力测试没有被证明与重要的生活结果有关，智力分数和学业成绩是社会地位的结果，这种测试应当被抛弃，应该探索"基于能力的测试"（competency testing）。他建议："如果你想知道一个人开车的能力有多好，可以通过驾驶考试来考察他的能力。"① 斯滕伯格 1996 年出版的《成功智力》一书对智力的研究就带有非常显著的能力内涵和特征。他认为，传统的智力测验只是测量了内涵宽广、结构复杂的智力的一小部分，甚至是非常不重要的部分，它只关注相对呆滞的、缺乏活力的学业方面的智力，而与现实生活的成败较少发生联系。但是成功智力则反映了个体确实能够达到某种成就，且可做得与他人不同的能力。成功智力包括分析性、创造性和实践性三方面的智力。分析性智力用来解决问题和判定思维成果的质量。创造性智力可以帮助我们从一开始就形成好的问题和想法，它决定了主体去解决什么样的问题。实践性智力则可将思想及其分析结果以一种行之有效的方法来加以实施，它保证问题解决能够顺利进行。斯滕伯格指出："成功智力只有在分析、创造和实践能力三方面协调、平衡时才最为有效。知道什么时候以何种方式运用成功智力的三个方面，要比仅仅是具有这三个方面的素质更为紧要。具有成功智力的人不仅具备这些能力，而且还会思考在什么时候，以何种方式有效地使用这些能力。"②

从智力到能力的转变过程之中，心理学、管理学、教育学、心理学等不同学科都开始关注能力的概念、发展及其测量等问题，各自衍生出不同的内涵，形成了能力的概念谱系。对能力的理解有三类：③ 一是把能力界定为与有效的、卓越的工作表现相关的潜在的个人特质，关注人的胜任特征。二是把能力看作人在执行职业资格标准中灵活运用知识、技能等方面的能力，包括问题解决能力和适应变革的能力。三是把知识、技能和个人属性整合起来作为能力的不同维度。这三类理解实际上正走向融合。弗兰克斯认为，既要从知识、技能、态度和价值观方面，也要从实际工作中所需要的能力方

---

① BARRETT G V, DEPINET R L. A reconsideration of testing for competence rather than for intelligence [J]. American Psychologist, 1991 (10).
② 斯滕伯格. 成功智力 [M]. 吴国宏, 钱文译. 上海：华东师范大学出版社 1999: 116.
③ 杜瑞军, 周廷勇, 周作宇. 大学生能力模型：概念、坐标与原则 [J]. 教育研究, 2017 (6): 44-57.

面，从整体上考量能力。① OECD"甄别关键能力"（Definition and Selection of Competencies，DeSeCo）项目通过对不同学科专家的访谈，通过对政策制定者、社会需求者、学生等的访谈和文献资料的整理，提出从三方面理解能力：其一，能力是多维度、综合性的，是知识、认知、态度、价值、情感、动机等的综合体现；其二，能力是实践性和能动性的，是基于行动和实践导向的，个体能适应社会经济发展的需要；其三，能力具有动态性和情境性（Dynamic and Context），体现为对不同情境，如家庭生活、民主社会参与、工作岗位等要求的满足。② 杜瑞军等人在综合分析了各种能力模型的核心要素之后，建构了一个能力模型的三维结构（见图3-2）。一是基于个体的能力。包含发现和追寻意义的能力，以及实践和实现个人意义的能力。二是个体运用工具的能力。包括科学技术、语言、信息技术等。三是个体与环境互动的能力。包括与职业需求、政治参与、个体生活、自然环境等的互动。

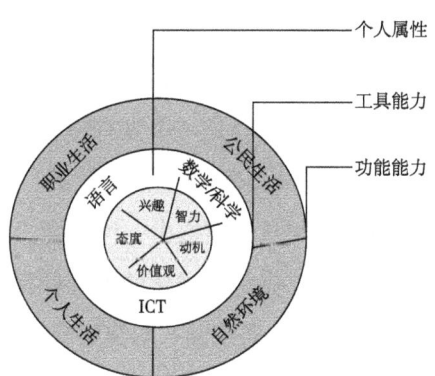

图3-2　能力模型的三维结构

能力模型的建构为从行为角度观察和评价个体智力发展提供了非常重要的工具。但是，如果只将能力内涵与框架理解为某些限定要素的组合，那就

---

① Deist F D, WINTERTON J. What Is Competence？[J]. Human Resource Development International，2005，8（1）：27-46.

② OECD. The Definition and Selection of Key Competencies Executive Summary [EB/OL]. http://www.oecd.org/pisa/35.

是对人性的严重扭曲。人性中固然有恒常不变的东西，也还有难以化约的变异成分。尽管能力框架将对个体发展的评价纳入现代科学的轨道之上，但应该认识到现代科学确定的能力框架还有社会和文化建构的层面，它难以全部展现潜在的人性，有时正是这些潜在的人性得到适当激发之后可释放出巨大的创造性。

三、德性的退隐与突进

意义的丧失，目的的晦暗，道德视野的褪色，德性的退隐，是现代性面临的突出问题之一。康德曾指出，一旦被揭露了的宗教和形而上学失去了权威，道德行为和社会纽带的问题就必须予以重新面对。马克斯·韦伯也深刻地揭示，现代化的过程是人类理性化的过程，这个过程的核心就是"祛魅"，就是驱除传统、情感乃至价值理性而向工具理性发展的过程。工具理性替代价值理性，抽象理智彻底驱逐意义和价值。每个人都靠理性来决定自己的命运，一切事物都在功利的天平上受到衡量，其他任何神谕或价值理性的考虑都没有什么实质性的意义。现代社会是一个没有超验道德秩序的社会，正如齐格蒙特·鲍曼所言，一切坚固的东西都烟消云散了。在"诸神纷争"之中，如福柯所宣称的那样，"现代思想从未能提出一种道德。"[①] 德性退隐的现代社会不仅要求寻找到一条道路，以克服多样化的道德种类问题和道德精神一致性的丧失问题，而且要求寻找到一条道路，对身处其中的人进行教育和塑造。

教师的学问和生活、学生的学习和人格的培育本为一体。潘光旦指出，"我国古代的智字，不止指知识的获得，也指价值意识的培养。西文中wisdom，也是这个意思。"[②] 但在教育领域里，德性和知识的关系在实践中往往是钟摆似的变动。经常存在的现象是：学问和人生分为两橛，治学和为人分为两事，做学问不见时代之反映，也不为人格之结晶，求学问道成为博取

---

① 福柯. 词与物 [M]. 莫伟民，译. 上海：上海三联书店，2001：426-428.
② 潘光旦. 完人教育新说 [M] // 潘光旦. 潘光旦文集：第2卷. 北京：北京大学出版社，1994：63.

社会名声、志切利禄的工具。① 德育和智育的分离成为教育的最大不幸。②一些地方的教育"为了科学和专门化的需要，对许多青年人原来应该进行的充分而全面的培养被弄得残缺不全。为从事某种内容分得很细或者某种效率不高的工作而进行的训练，过高地估计了提高技术才能的重要性而损害了其他更有人性的品质。"③ 道德的缺位，导致的是哈瑞·刘易斯批评的"失去灵魂的卓越"。也如艾兰·布鲁姆所尖锐地指出的，道德教育面临着相对主义和虚无主义的挑战。④ 高等教育在今天面临的伦理和道德风险比过去任何时候都要大。在当下的学生评价实践中，过多重视智力，对智力的评价更多地以分数为判断标准，分数的高低决定了是否优秀，学生评价表现为一种功利化的实践样态，而放弃了学生评价的育人功能，放弃了对"独立、责任感和道德"的判断，⑤ 更放弃了通过评价涵养学生的德性品质与德性智慧。⑥ 上文曾提到的具有世界级影响力的 OECD 的"甄别关键能力"项目中没有道德的位置，被学者批评为是"道德贫困"的。⑦

正所谓哪里有危险，哪里就有道路。正是德性的退隐激发了德性的突进。在道德视野褪色的现代社会，人类有识之士孜孜寻求着以德育人、以德化人的进路。从研究层面看，20 世纪上半叶，皮亚杰研究了儿童的道德发展，认为儿童的道德发展既取决于其认知结构，也取决于他与成人的社会关系。据此他主张对儿童的道德教育应该是在解决问题中探索道德规范而不是向学生灌输一套道德规范来促进学生道德发展。科尔伯格（Kohlberg, L.）发展了

---

① 钱穆. 文化与教育 [M]. 北京：生活·读书·新知三联书店，2009：52.
② 谢维和. 教育最大的不幸就是德育和智育的分离 [EB/OL]. https://www.sohu.com/a/134684774_385655.
③ 联合国教科文组织国际教育发展委员会. 学会生存——教育世界的今天和明天 [M]. 华东师范大学比较教育研究所，译. 北京：教育科学出版社，1996：211.
④ 布卢姆. 美国精神的封闭 [M]. 战旭英，译. 南京：译林出版社，2011：110.
⑤ 杜瑞军. 立德树人——高等教育质量的内涵及价值坐标 [J]. 大学与学科，2021(2)：89-102.
⑥ 徐彬，刘志军. 作为德性实践的学生评价 [J]. 教育研究，2023：2，45-54.
⑦ 高德胜. 追寻更有道德意蕴的核心素养 [J]. 西北师大学报（社会科学版），2021(1)：95-107.

皮亚杰的道德认知理论，认为人的认知发展和道德发展密切关联，道德发展建立在认知发展、逻辑思维和道德判断的基础上，遵循着"三水平六阶段"的发展规律。科尔伯格认为，道德教育应该帮助学生的道德推理水平从一个发展阶段到下一个发展阶段的提升。1990年代，莱斯特（Rest, J.）继承并发展了科尔伯格的道德认知理论，提出了以道德图式论、道德类型论和四成分模型为内容的"新科尔伯格理论"。吉利根（Gilligan, C.）的女性道德心理学及其"关怀的道德发展主题"，从不同角度改进了科尔伯格道德发展理论。她对道德认知、道德情感、道德人格和道德自我的关系研究，展示了道德发展的新图式，开启了道德教育的新路径，认为在进行道德判断和道德推理的教学过程中，既要关注正义、公平、公正向度，也要考虑关心和责任等向度。

从行动层面看，对学生的道德塑造和德性教化也凸显出来。1920年代，美国在传统的宗教和道德教育的基础上兴起了品格教育运动，其主要内容是行为训练和习惯养成，其重点是培养人的品格，强调归属感和对他人的责任感。①1960年代美国品格教育走上现代理性德育发展阶段，出现价值澄清和道德认知发展两大倾向。1980年代，美国社会开始陷入道德衰退和价值虚无的混乱境地，美国社会的道德结构和价值共识逐渐弱化，过去的学校道德教育成为反思的对象，以道德认知发展和价值澄清模式为代表的理性德育理论开始遭受强烈的反对和质疑，在这个背景下，美国进入了新品格教育阶段。里根政府时期的教育部长威廉·贝内特（William J. Bennet）提出要通过重塑核心价值、培育传统美德来开展新品格教育。②1994年，美国众议院和参议院采纳了支持品格教育的联合决定。1994年，美国国会批准授权《中小学教育法案》（ESEA），增加了资助品格教育的经济来源。白宫在1994—1996年，连续三年组织了关于公民与民主社会品格构建研讨会，反复重申品格教育在

---

① MAYER J D, COBB C D. Educational Policy on Emotional Intelligence: Does It Make Sense? [J]. Educational Psychology Review, 2000（2）.

② BENNETT W J. *The Book of Virtues for Young People: A Treasury of Great Moral Stories* [M]. New York: Simon & Schuster Books for Young Readers, 1997: 2-3.

全国优先发展的地位。①2001年乔治·沃克·布什在宣誓就职后的第2个工作日就公布《不让一个儿童落后》的教育蓝图。奥巴马在2008年首次总统就职演说中明确提出，美国人赖以成功的价值观——诸如"勤奋和诚实、勇气和公平、宽容和探索以及忠诚和爱国"均由来已久，这些千真万确的价值观是"创造美国历史的无声力量"，为此现在需要的就是回归这些古老的"真理"。2013年再度就任总统后，奥巴马再次重申美国人要用实际行动把传统的价值观等品格落到实处。托马斯·里克纳（Thomas Lickona）等学者纷纷倡导重建美国精神和社会道德体系，希望从国家教育议程层面来审视新品格教育问题。在当今，新品格教育已成为美国公立学校道德教育的主流形式。至2017年，已有36个州通过立法要求公立学校进行新品格教育。② 美国的学者还积极探索对品格教育进行评价的办法和标准。托马斯·里克纳的"品格教育11条有效原则"、"全球伦理研究所"（Institute of Global Ethics）的鲁斯沃斯·基德（Rushworth Kidder）的"成功教育7'E'说"、马文·W·博克维兹教授（Marvin W. Berkowitz）等的"有效教育8要素"标准等纷纷出台。托马斯·里克纳的"品格教育11条有效原则"尤其引人关注。他提出品格教育应当把促进核心伦理价值作为良好品格的基础；采取有效方法推进核心价值观；给予学生实践道德行为的机会；同时还要形成学习的、道德的社群（moral community）；进行全社会动员并进行有效评价等11方面的原则。③

美国道德教育的发展演变引发并推动了测量道德水平和能力的工具。主要有以下几类：

（一）人格测验类工具

1. 投射测验。主要有五类：墨渍或语词联想技术，如罗夏墨渍测验、霍尔茨曼墨渍技术（Holtzman Inkblot Technique）和语词联想测验（word

---

① 王学风. 美国现代品格教育运动及启示[J]. 外国教育研究，2003（8）.
② 刘晨，康秀云. 美国新品格教育的复归背景、目标转向与理论超越[J]. 外国教育研究，2017（12）.
③ 赵海燕，徐大慰. 美国品格教育项目绩效评估及经验借鉴[J]. 现代教育论丛，2017（6）：90–96.

association tests 等；故事或序列建构技术，如主题统觉测验、图片投射测验（The Picture Projective Test）和儿童统觉测验（Children's Appercception Test）等；句子或故事完成技术，如句子完成测验（sentence completion tests）、罗特不完全句表（Rotter Incomplete Sentences Blank）、罗氏图片挫折研究（Rosenzweig Picture Frustration Study）等；图片排列／选择程序，如臧氏投射测验（Szondi test）等；绘画或游戏表达技术，如画人测验（The Draw-A-Person Test）、房-树-人测验（The House-Tree-Person Test）等。①

2. 人格测验自陈量表。其中一类是使用经验效标法（empirical criterion keying）编制的量表。经验效标法就是依据经验来选择测验题目对不同样本进行试测，然后保留下能区别不同类型人格的题目，其特点是测验的项目选编、分类、记分以及效度检验主要依据测验以外的标准。比较典型的有明尼苏达多相人格调查表（MMPI），是迄今为止应用最广、极具权威性的自陈人格问卷，以及美国加州伯克利人格评估研究所的高夫（Gough，H. G.）教授编制的加利福尼亚心理调查表（California Psychological Inventory，CPI）。20世纪80年代末，布彻（Butcher）等人对MMPI进行了大规模修订。如今，MMPI仍是精神专科医院鉴别诊断、大学生心理健康状况调查、人员招聘心理测试中最常用的测评工具。另一类是以因素分析法编制的人格自陈量表。吉尔福德（J. P. Guilford）在分析大量人格测验的基础上，归纳出10种人格维度，编制了吉尔福德—齐默尔曼气质量表（Guilford-Zimmerman Temperament Survey）。奥尔波特（G. W. Allport）提出了首要特质、中心特质、次要特质三种不同的人格特质。卡特尔在吉尔福德和奥尔波特基础之上采用因素分析方法测定出了16种潜源特质，并于1947年发表了他的16种人格因素问卷（16PF），该问卷至今在国际上广泛流行。之后，随着多因素统计方法和计算机的普及应用，一大批用因素分析方法编制的自陈人格问卷涌现，如孔雷人格量表（Comrey PersonalityScales，1970）、艾森克人格问卷（EPQ，1975）、大五人格问卷（BFI，1991）等。

---

① LINDZEY G. On the Classification of Projective Techniques [J]. Psychological Bulletin, 1959（56）：158-168.

（二）道德发展水平测量类工具

1. 科尔伯格的"道德判断访谈法"（Moral Judgment Interview，MJI）。采用开放型问题，通过个别谈话，让被试对道德两难故事进行开放式的自由陈述，根据评分细则为个体两难故事的回答进行打分。MJI 率先引用测量思想对个体道德发展水平进行测量。但许多批评意见认为，MJI 的评分系统过于复杂，其《标准评分手册》就有1200 多页，而且要进行准确评分也比较困难；作为个别谈话，难以应用于团体的纸笔测验，同时较多地根据道德推理的水平和结构来评分，而较少注意儿童道德判断的特殊内容。

2. 詹姆斯·莱斯特（James Rest）的"限定问题测验"（Defining Issues Test，DIT）。经历了两个版本，目前最新版本是20 世纪90 年代末修订的。DIT 是道德认知发展领域使用最广泛的测评工具，已有50 多万被试参与测验，出版和发表了400 多项研究成果。[①]DIT 以莱斯特的四成分模型为依据，把道德心理过程综合为包括认知推理、情绪情感、人格特征在内的整体，包含道德敏感性、道德判断、道德动机、道德品格，虽坚持了科尔伯格的认知取向，在测量方法上也脱胎于科尔伯格的道德判断访谈法，但并不将道德判断作为决定道德行为的唯一心理成分，在测量方法上，也突破了访谈法依靠语言表达的局限，吸收了认知科学的意会知识和内隐加工理论，采用了更加客观、科学的识别任务测量法。DIT 向被试呈现几个两难故事，并将事先写出来的各阶段的典型观点呈现给被试，让被试对这些观点进行评价，从而确定其道德类型。每个故事后面列出1 道观点题、12 道评定题和4 道排序题。观点题要求被试根据故事做出行动上的选择；评定题要求被试根据测验中列出的12 个理由对自己行为的影响程度进行评分，这12 个理由除了测谎题外，代表着科尔伯格道德发展2～6 个阶段的典型论点；排序题要求被试在评定题的基础上选出自己认为最重要的、最能影响自己决定的四个问题，依次评为

---

① 张倩，杨韶刚. 从DIT 到ICM：道德判断测验的变迁［J］. 教育学报，2017（4）：98–104.

"第一重要""第二重要""第三重要"和"第四重要"。通过被试的回答,研究者计算出三个重要发展指标分数:个人利益阶段分数、维持规范阶段分数和后习俗阶段分数。个人利益阶段分数指一个人在多大程度上是从自己、家人和亲戚朋友的利益出发做出道德判断的,它在确定问题测验中处于最低道德类型;维持规范阶段分数指一个人以遵守社会规则、法律法规为出发点进行道德判断所占比重,是确定问题测验的中等道德类型;后习俗阶段分数指一个人以人类共同理想、道德为出发点进行道德判断所占比重,反映了受测者道德水平最高阶段。

3. 林德(Georg Lind)的"道德判断测验"(Moral Judgment Test,MJT)。MJT包括4个道德情境故事,每个故事都包括两组问题,一组用来考察被试对道德情境中主人公的行为是赞成还是反对(测量情感因素),另一组考察被试对正面或反面的观点是接受还是不接受(测量认知因素)。

(三)大学生精神性测量工具

阿斯汀指出,精神性指个体内在、主观的生活,包括持有的信仰和价值观,对自我的认知、对自己存在于世的思考与意识,对工作与生活目的、意义的探寻,以及我们与他人、世界的关联意识,还包含那些难以言表的经验和体悟,例如直觉、灵感、不可思议的、神秘莫测之物。[①]美国高等教育学界在大学生精神性的测量工具开发方面成果颇丰,主要有:阿斯汀的"大学生信仰与价值观调查问卷(College Students' Beliefs and Values survey,CSBV)"、米勒的"米勒精神性测试量表(Miller Measure of Spirituality,MMS)"、道格拉斯·麦克唐纳(Douglas A. MacDonald)的"精神性表达测试量表(Expressions of Spirituality Inventory,ESI)"、哈奇·罗伯特(Hatch Robert)的"精神性参与和信仰量表(Spiritual Involvement and Belief Scale,SIBS)"、维姬·吉尼亚(Vicky Genia)的"精神性体验测试量表(The Spiritual Experience Index,SEI)"、托尼亚·阿姆斯特朗(Tonya D. Armstrong)的"阿姆斯特朗

---

① ASTIN A W, ASTIN H S, LINDHOLM J A. Cultivating the Spirit: How College can Enhance Students' Inner Lives [M]. San Francisco: Jossey-Bass, 2011: 4.

精神性测试量表（Armstrong Measure of Spirituality，AMOS）"。（见表3-3）[①]

表3-3 国外大学生精神性测试的主要量表

测量工具名称/简称	主要开发者及单位	开发时间	测试目的	主要测试指标	主要测试对象	测试结果（开发类/应用类）
大学生信仰与价值观调查问卷（CSBV）	阿斯汀加州大学洛杉矶分校	2004年	测试大学生精神性、宗教笃信的现状及变化	2个子量表，各5维度（里克特式量表）①精神性测试：精神追求、（内心）宁静、关怀伦理、慈善参与和普遍的世界观②宗教特质测试：宗教信守、宗教参与、宗教保守主义、宗教怀疑主义、宗教挣扎	大学生（全美范围内抽样）试测3700人，前测11200人，后测15000人	整项测试范围广、周期长，从2003年持续到2007年，研究表明：学生各项精神品质的积极变化不完全是自然成长成熟所致，学生某些特定的大学经历、大学环境等因素有助于学生精神性的发展
米勒精神性测试量表（MMS）	米勒肯特州立大学	2004年	测试个体精神性行为、意识等，也分析其与宗教的相关程度	共31条目，2个子量表（里克特式量表）①亲社会信仰：如生活反思、冥想、悲悯意识、利他主义行为等亲社会行为②存在的意义：如超然体验、与上帝的交流和对超然力量的尊崇等存在感状态	1278名大学生	米勒的研究测试主要为调适、确定量表。我国的梁恒豪修订其量表后，以422名中国本科生为被试，研究表明：大学生的精神性在是否独生子女、宗教背景上存在显著差异；在性别、专业等方面虽然存在一定差异，但并不显著。精神性和积极应对呈显著的正相关，和自尊呈显著正相关，与抑郁呈显著负相关
精神性表达测试量表（ESI）	麦克唐纳，温莎大学	2000年	探索并形成精神性构成的因素模型	共98个条目，5个维度①精神性的认知导向：如利他主义，悲悯意识，物质化价值观等；②经验的/现象学维度：如超越性、生活的神圣等；③存在的幸福：如生活的目的与意义等；④超自然的信仰：如唯心论、巫术、未卜先知等；⑤宗教笃信：传统宗教信仰、内在宗教动机、宗教特质	大学生第一次534人第二次938人	整合了前人的11个相关量表让被试填写，对两次测试做因素分析等，发现有5个主要因素——精神性的认知导向、经验的/现象学维度、存在的幸福、超自然的信仰和宗教笃信是构成精神性的重要维度和基础，由此开发形成新的测量工具

[①] 李湘萍，蔡玟. 大学生精神性研究：概念及测评工具概述[J]. 高教探索，2016（12）：100-105.

续表

测量工具名称/简称	主要开发者及单位	开发时间	测试目的	主要测试指标	主要测试对象	测试结果（开发类/应用类）
精神性参与和信仰量表（SIBS）	罗伯特，佛罗里达大学	1998年	测试个体精神信仰水平，以及精神性实践中的参与程度	共26条目，4个子量表（里克特量表）①仪式层面：测量个体参加精神性活动的频率；②内心层面：测量个体内在的精神信仰；③沉思冥想：测量个体对生活目的与意义的反思；④谦逊/个人实践：测量个体的谦逊程度及日常生活中精神性相关的实践和应用	222名大学生	卡丽·温特奥德（Carrie Winterowd）等人应用该量表的研究发现：个体的精神信仰与其压力、愤怒情绪等有显著相关关系。一般而言，精神信仰水平较高的大学生更容易控制自己的焦虑、愤怒等不良情绪。换言之，提升个体的精神信仰水平是一种积极应对大学期间的焦虑、感到高程度压力等不良情况的有效途径
阿姆斯特朗精神性测试量表（AMOS）	阿姆斯特朗，杜克大学	1994年	试图拓展阐释影响精神性的因素	59个条目，4个子量表（李克特量表）①精神信仰，20题；②精神性特质，20题；③精神性实践，10题；④精神性经历，9题	125名大学生	卡伦·韦德尔·维斯特（Karen Weddle-West）等人应用该量表的研究发现：来自以白人为主高校的大学生其精神性水平明显高于传统黑人大学的大学生。可能原因是，在以白人为主的大学中，非美裔大学生属于少数群体，他们更需要寻找和倚靠其精神性作为支柱来应对生活
精神性体验测试量表（SEI）	吉尼亚，美利坚大学	1997年	测量多元宗教和精神信仰的人的精神性成熟度	共23题，2个子量表。①精神支持：13题，主要测量精神性对人格的支持程度；②精神开放：10题测量个人在精神方面的开放和包容程度	211名大学生	将2个子量表的得分整合后得出个体精神性水平逐渐递增的四个阶段：①精神支持和精神开放量表得分都低，说明缺乏精神信仰②精神支持测量得分高，精神开放得分低，说明初步形成信念③精神支持测量得分低，精神开放得分高，说明个体对不同的信仰感到好奇，也会质疑先前的信仰④精神支持和开放的测量得分都高，说明个体比较成熟，对不同宗教信仰持开放态度

从美国道德教育以及评价道德发展的工具的演变过程来看，两者之间具有密切的关联。作为美国道德教育主流的品格教育，尽管经历了几次大的调整和变化，但是其宗旨具有内在一致性。首先是偏向于实用，更强调行动，意图通过道德教育改变个体的行动。其次，将道德作为一个实体的概念，并对之作分析性的理解，划分出不同的道德形式或条目，将之作为道德教育的内容。尤其是新品格教育运动，"试图发现和传播一种普遍的和稳定的道德核心"，① 进而在此基础上将德性行为化，通过学生的行为表现促进德性的教化。正如里克纳在《品格教育的11条有效原则》里指出："品格教育认为存在着普遍共享的核心道德价值观……一所致力于品格教育的学校应该明确命名并且公开代表这些价值观；向全校师生公布；根据在学校生活中可以观察到的行为来定义、展示、研究和讨论它们；将这些价值观作为学校人际关系的基础；赞美它们在学校和社区的表现；并通过使所有学校成员践履核心价值观的行为准则来维护它们。"② 这种实用的、行为化的道德教育方式对学生道德表现进行评价有实在的、内在的需要，同时这种行为化的、实体化的道德观，也为评价学生道德水平和发展提供了分析框架，提供了思想和理论基础。在一定意义上，美国产生的不同种类的道德水平和发展的测量工具既是以其道德教育观为依据的，也是服务于其学校道德教育实践的。这些工具为探索评价学生身上"不可见的变化"提供了一种借鉴路径，但这些基于行为和结果的道德评价工具的局限也仍然在于没有跨越道德中的"不可见的东西"。道德确实是经由行为，经由做事而形成，但并不意味着道德的形成是"刺激－反应"类的行为和做事。道德作为一种实践智慧，是"知与行"螺旋式缠绕与推进的过程。美国品格教育中体现的这种行为化的道德教育，及其基于行为和结果的道德评价，恰恰是不能评价这种道德过程的。这也正是德性的评价面临的难题。

---

① 纳什. 德性的探询：关于品德教育的道德对话 [M]. 李菲, 译. 北京：教育科学出版社, 2007：23.

② LICKONA T. Eleven Principles of Effective Character Education [J]. Journal of Moral Education, 1996：25 (1)：93.

四、智力、能力与德性的三元互动

通过对智力、能力与德性在教育领域的发展历程的梳理，既让我们看到教育领域对智力、能力与德性的研究与实践的丰富性，同时也让我们看到在这种丰富性之中，这三者之间存在着的割离或隔离状态。这既是由人类理性思维的发展带来的一个进步，也是人类理性思维固有的局限带来的结果。这一结果正在现代社会里显现它的威力。人自身原本是一个整体的存在，智力、能力与德性共属一体地归集到人的存在之中。正是理性精神的起源才让人自身从智力、能力与德性共属一体的混沌状态中自觉地意识到自身存在的智力、能力和德性的独立与相依共存的互动关系。但是在实践中的趋向却是理性精神的成长放大了人的主体性，使人陷入主体性的狂妄之中，万物都作为手段与工具，科学被视为智力、能力的结果，并单向度地激发人类欲望，人心异化为物欲之心，丢失了道德理性与精神理想。失去了德性教化的人心如脱缰的野马，智力、能力越强，破坏性越大。全球气候变化、环境危机、战争危机等无一不在揭示着人与人及整个社会、人与地球和谐共生的状态正处于危机之中，进而最终可能将人自身的存在推入无限的深渊。建构学生发展模型应自觉地从人类面临的这种危险之中切入，在智力、能力和德性之间寻求一种适切的三元互动关系，从而为现代教育方案的形成做出贡献。

智力、能力和德性三元互动关系的实质是知识、实践和德性的关系。这在人类早期文明的突破期就已是一个重要问题了。《美诺篇》在探讨德性的可教或不可教问题时，柏拉图首先就将德性与明智（实践智慧）联系在一起，并不时提及知识、理智和智慧，从而勾画了一幅"德性－知识－明智"的关系图景。[①] 首先，德性是知识，其条件是：知识包含了所有好的东西。其次，德性与灵魂有关，而与灵魂有关的是否为好，则取决于明智。因此，德性即明智，德性统一于明智，即实践智慧。无明智的德性都是有缺陷的德性。再

---

① 林志猛，王铠. 德性的自然与不可教的悖论——柏拉图《美诺》中的德性难题 [J]. 浙江学刊，2022（2）：140-149.

次，明智作为实践智慧，与知识有别，但两者密切相关：如果一个人能明智地判断人和事的好坏善恶，并举止得当，就不是无知的人，就此而言，明智可谓一种知识。一切事物要变得有益，也需包含明智的要素。最后，知识是对真实意见的推理溯源，这种推理溯源实为对本己灵魂的葆养，人在求知中能够变得更好（有德性）。将德性即知识的论证转换为德性即明智的考察，既是凸显德性的实践特性，也是避免将德性知识与非伦理的专门知识混为一谈。

在中国，孔子的思想作为一个哲理系统，表现出中国文明的智慧，是中国文化立身成德的教养本原。孔子对德、知、学的关系也有非常自觉的和一以贯之的阐释。人的问题、德性的问题是贯通孔子思想的核心，其思想的出发点是成人之学，而非一种知识论的立场，"孔子是从人的德性修养理解和成就人的智慧，由此归本于德性人格的人生智慧反观人所面对的世界，从而形成一个以道德价值观念为核心的人生观和宇宙观。"① 这就决定了尽管孔子是从整体论和内在关系的视角谈论德性、知识、学习的关系，但是，在这种整体性的内在关系之中，孔子将德性放在了根本的、核心的位置。在孔子那里，最高的德，就是仁，而孔子说仁时总伴随着说知。面对不同学生对"仁"的提问，孔子的回答虽都有不同的侧重面，但其基本立意，都是从人格的挺立和人的内在精神境界的超越性上去谈论的。对于知，孔子主要是从经验知识，从由教养所达成的人格智慧去阐发，其立足点不在教人以知识，而在于人格的成就。当然，人格的成就包含着对人生之理的洞察，"知"是关于人本身的智慧。在人格完成意义上仁和知是相互包容的，即是"未知，焉得仁？"孔子以实事求是的精神面对"知"，"多闻阙疑""多见阙殆""知之为知之，不知为不知，是知也"。孔子也讲智慧，认为，能够以一以贯之的原则对具体知识作融会贯通的整体理解，就是真正的智慧，而这个智慧与知识是有区别的。在《述而》篇，孔子说："志于道，据于德，依于仁，游于艺。"艺即是礼、乐、射、御、书、数六艺，这六艺概括了当时学习者应具备的所有知识

---

① 李景林. 教养的本原——哲学突破期的儒家心性论［M］. 北京：北京师范大学出版社，2009：2.

与技艺。可以说，孔子在这里提出了一个代表中国文明和智慧的经典的个体发展模型。道、德、仁是目的、根据和原则。"游于艺"的"游"是一种悠游自然、无可无不可的状态，提示我们不应教条式地对待知识和技艺。但只要是以道、德、仁为目的、根据和原则，就不必受制于知识和技艺对人的心灵所加的限制。总之，孔子不是从认识论上去谈论"知"，而是从人性，从人格修养，人的内心价值的达成，从"心之乐"的自由状态这样一些角度去谈论"知"。

在当下中国教育领域里，对个体发展模型的用语是"核心素养"。中国学术界对"核心素养"的理解与OECD的"关键能力"模型最大的不同之处，就是具有非常厚重的道德韵味，可以说对道德的自觉意识和重视主导着"中国学生发展核心素养"体系的研制。正如主持研制"中国学生发展核心素养"体系的林崇德先生指出："目前国际上各国际组织和国家的学生素养或核心素养更多地强调能力或技能，普遍不重视品德与人格即人的本质因素。"[①]"中国学生发展核心素养"体系中，有三个一级指标，即文化基础、自主发展、社会参与；六个二级指标，文化基础由人文底蕴、科学精神构成，自主发展由学会学习、健康生活构成，社会参与由责任担当、实践创新构成；六个二级指标再细分为十八个内容要点。[②] 这个核心素养是对学生的全面发展的理想状态的描述，突出了基本素养的重要性，凸显了道德与人格在学生发展中的厚重性。"人文底蕴""科学精神""健康生活""责任担当"四个指标都是与道德有关的，18个三级指标有一半以上也都是价值性、道德性的，即使是非道德非价值领域的素养，也含有一定的价值导向。应该说，"中国学生发展核心素养"体系基本上构建起了一个价值观念、基本品格和关键能力的学生发展模型或框架，比较好地从智力、能力和德性三元互动的视角对学生发展的内涵做出操作性的探索。今后需要明确和继续探究的关键问题是，价值观念、基本品格和关键能力的更深层次的与中国文化相适应的基本内涵，以及这三

---

① 林崇德. 构建中国化的学生发展核心素养[J]. 北京师范大学学报（社会科学版），2017（1）.
② 核心素养研究课题组. 中国学生发展核心素养[J]. 中国教育学刊，2016（10）.

者之间的内在关系。

在美国高等教育研究领域，齐克瑞的大学生认同发展理论比较典型地坚持了学生发展的智力、能力与德性三元互动关系，对构建大学生发展模型具有重要的借鉴意义和价值。大学生认同发展理论基于齐克瑞在 1959 年至 1965 年任教于歌达学院期间的研究。当时他在歌达学院负责评价该校的课程改革实践对学生发展的影响。他管理着针对大二和大四学生的个性问卷调查、学生学业成就测试等工具。与此同时，他还要求被试学生将他们的经验和思考记成日记，而且还就其中一些具体问题对学生进行了大量访谈。[1] 为了对他的前期研究成果和其他关于大学生的研究提供一个解释性的概念框架，他于 1963 年开始写作《教育与认同》一书。齐克瑞与林达·雷瑟（Linda Reisser）合作，于 1993 年出版了《教育与认同》一书的修订版。修订版的《教育与认同》分为两部分。第一部分重点阐述了大学生发展的七个向量，第二部分从学校教育目标、学校规模、师生关系、课程、教学、学生社团、学生发展项目和服务等方面重点分析了影响学生发展的关键因素。修订版在坚持原著的基本观点的同时，提供了许多新的论证材料，不仅将研究对象扩展到更为多样化的大学生群体，而且还整合美国学界在相关研究领域的新发现，同时总结了其他发展理论与大学生认同发展理论的相关性。

齐克瑞以埃里克森（Erik Erikson）的个体发展的八阶段理论作为基础和解释的框架，从而提出大学生认同发展理论，并试图以此解释和指导教育实践。埃里克森认为青少年处于"认同感－角色混乱"的人格发展阶段，"构建稳定的认同感"是处于这个阶段的青少年面临的主要发展任务。[2] 齐克瑞对此深表认同。在他看来，培养学生在口头表达和书面沟通、批判性思维和信息处理等方面的"硬功"以提升学生的独立性和在全球经济中的竞争能力，这些都是大学教育最必要的目的。但是在相互依存的全球社会里，这还不完整和充分，大学更重要的教育目的不但是要培养学生的人际能力和多元文化

---

[1] EVANS N J, FORNEY D S, GUIDO F M, et al. *Student Development in college: Theory, research and practice* [M]. 2nd ed. New York: John Wiley & Sons, Inc., 2010: 8.

[2] ERIKSON E. *Identity and the life cycle* [M]. New York: Norton & Company, 1980.

的理解能力,而且是要让学生构建强大的认同感,懂得相依共存的必要性,使之能够尊重和欣赏不同于他自身的文化。在此基础上,齐克瑞提出了大学生发展的七个向量。在第一版的《教育与认同》中这些向量是:(1)发展能力,(2)管理情绪,(3)发展自主性,(4)建立认同感,(5)构建游刃有余的人际关系,(6)培养目的感,(7)塑造完整性。新版仍然是七个向量,但它将大学生发展的七个向量的一些名称、内容和顺序做了调整。例如,第三个向量在新版中被调整为"从独立自主到相依共存",即在承认自主和自足的重要性的同时,更强调了相互依存的重要性。旧版中的第五个向量"构建游刃有余的人际关系"被改为"发展成熟的人际关系",而且它被放在"建立认同感"之前,这意味着人际关系对于大学生自我核心意识的发展的重要性。

表 3-4 七个向量的常规发展方向 [1]

发展的向量	低级阶段	高级阶段
发展能力	·能力发展水平低(智能、体能和人际) ·对自己的能力缺乏自信	·能力发展水平高(理智、运动和人际) ·对自己能力有很强的自信心
管理情绪	·对扰乱性情绪的控制力不强(如恐惧、焦虑、压抑、罪恶感、愤怒等) ·对情感的意识和觉知能力弱 ·不能将情感整合到行动当中	·能够灵活控制和合理表达情绪 ·不断增强对情绪的意识和接受能力 ·有能力将情感与负责任的行动相结合
独立自主到相依共存	·情感依赖性 ·自我导向或问题解决能力较差;缺乏变通的自由或信心 ·独立	·不需要持续的鼓励 ·工具性独立(内在定位、坚持性、灵活性) ·认同和接受相依共存的重要性
发展成熟的人际关系	·不能认识和容忍差异 ·无法建立健康、持久的亲密人际关系	·包容和欣赏差异 ·有能力建立和维护亲密人际关系

---

[1] CHICKERING A, REISSER L. *Education and identity* [M]. 2nd ed. San Francisco: Jossey-Bass, 1993: 38-39.

续表

发展的向量	低级阶段	高级阶段
形成认同	·不满意自己的身体和外貌 ·不满意自己的性别和性取向 ·不清楚自身身份的社会文化根源和遗存 ·不清楚"我是谁"和自身角色及生活方式定位 ·不了解他人对自己的评价 ·对自我不满意 ·不稳定、碎片化的人格	·满意自己的身体和外貌 ·满意自己的性别和性取向 ·理解自己的社会、历史和文化根源 ·清晰地认识自身角色和生活方式 ·能从自己重视的人的反馈中认识自我 ·自我接纳和自尊 ·人格稳定和完整
培养目的感	·职业目标不清晰 ·个人兴趣狭隘而零散 ·缺乏有意义的人际承诺	·职业目标清晰 ·个人兴趣可持续、有益而专注 ·有强烈的人际和家庭责任感
塑造完整性	·二元对立的思维方式和僵化的教条 ·不清晰或未经检验的个人价值观和信念 ·利己主义 ·观念和行动不一致	·有符合人性的价值观念 ·有清晰肯定的个人理念，但也尊重他人的信念 ·有社会责任感 ·言行一致和真实可靠

齐克瑞将大学生发展的七个向量从低级到高级的发展方向或特点进行了综合性归纳（见表3-4），同时他深入阐释了每个发展向量的内涵、功用及其在学生的态度和行为中的表现。第一个向量是"发展能力"，包括智能、体能及动手能力和人际能力三方面。（1）智能指的是学生运用思维的技巧，包括掌握知识内容、获得理智，以及获得成熟的审美感的能力。理解、分析和综合的能力是最重要的智能，主要表现为能够整合不同的观点，勾勒出更系统的结构，理解超越人们的观察和经验范围之外的东西。（2）体能及动手能力包括运动能力和艺术成就、设计和制作真实产品的能力，以及获得力量、健康和自律的能力。（3）人际能力不但包括倾听、合作和有效交流的技能，而且还包括与他人保持和谐关系、将个人安排服务于集体的目标，以及从不同的策略中选择有助于人际关系发展和群体功能发挥的策略等复杂能力。齐克瑞指出，随着学生学会相信自己的能力、获得他人的准确反馈，以及将技能与稳定的自信心相结合，学生总体的能力也就得到了提升。

第二个向量是管理情绪。齐克瑞认为情绪管理能力的发展包括情绪意识和情绪整合两方面的能力发展。情绪意识能力包括：(1) 对情感有全面的认识和了解，具有差别化对待不同情绪的技能。(2) 善于判断情感的强度。(3) 能够理解情绪是有害的还是有益的，是自我保护的还是自我超越的。情绪整合能力是指让情绪受到灵活控制，同时能增强情绪自我表达的深度和质地，主要表现为：(1) 学生通过行动或象征性行为的检验逐步懂得如何管理强烈的情感。(2) 在高度模拟的情景中懂得如何反思自己的情绪以及如何从各种情绪中解脱出来。(3) 能够发展出对情绪的口头和非口头表达艺术与能力，能够有意识地选择何时以及怎样表达情感。(4) 能够跳出人际交流本身去查看自我的情绪对话方式，观察它是如何产生愤怒或自嘲的情绪模式，以及如何改变这种情绪模式。(5) 能形成新的参考框架，将之作为他们的行为和有意义的信念的指南。齐克瑞认为，大学生身上既有积极的情绪，也有消极的情绪。积极的情绪需要得到培育。消极的情绪对学生发展会产生巨大的负面作用，更需要得到很好的管理。大学生情绪管理能力的发展首先是他们能够更好地意识情感，然后能够学会灵活控制情感，能够在负面和正面情感之间进行平衡，同时将之融入自己的思想和行为之中。

第三个向量是从独立自主到相依共存（interdependence）的发展。从独立自主到相依共存的发展包含三个要素：(1) 情感独立，即不依赖他人的安慰、喜好和认同。独立暗含着能够掌控自己，不受他人的指使和干扰。大学生的情感独立表现为：脱离父母以及不再依赖同辈、权威或机构的支持系统，在和同伴搞好关系的同时也能自如地向其他人坦诚自己而不依附于任何人，对自己的自足能力有足够的自信。(2) 工具性独立（Instrumental Independence），即指能够独立采取行动和自主解决问题，有信心和能力灵活应对新机会和新冒险带来的新情况。工具性独立主要表现为：具有批判性和独立思维的意志力，并能通过这种意志力将自己的理念付诸行动。同时还表现为个体具有学习迁移能力，能够在没有具体条件或细致指导的情况下寻找满足个人需求和欲望所需的信息或资源。(3) 相依共存，指的是个体能随着交友圈的不断扩大，不仅可以尊重他人的自主权，还会想方设法互通有无，能够意识到自己在社会中所处的位置以及对这个社会的责任和义务。齐克瑞指出："只有个体能够独立并能理解他在社区和全球社会中的位置时，他才算懂得相互依存。"① 相依共存和自主之间具有相互联系和促进的关系，更多的自主能够使得个体之间的依存更为健康。依存能力的发展表现为：能够认识到个体不可能生活在真空中，懂得自己的每一个行为都会影响他人，知道自由必须伴随规则和责任才可能获得，为了更大社区的利益能够认识到自己的责任和义务，容易达成共识，具有互惠和牺牲自我的行为表现。

第四个向量是发展成熟的人际关系的能力。这个能力有助于个体找到真实、健康的人际关系，它有两个核心要素：（1）包容和欣赏差异，包容意味着"悬置自己的判断，克制对他人的指责，理解不熟悉或令人不安的思维或行为方式而非忽略、攻击或鄙视它。"② 包容能够让学生更客观、无障碍地获得对未知习俗和价值观念的清晰认知，也能让学生欣赏不同文化间的差异、与来自不同生活背景的人和谐相处。（2）有能力与他人建立亲密关系，包括能够让自己与伙伴和亲密朋友的关系在质量上有更进一步的发展。这种发展不是让各自更独立或更具支配性，而是走向基于平等的相依共存，以给予朋友更多的空间和更大的行动自由。总之，在齐克瑞看来，发展成熟的人际关系能力不仅意味着从自恋中解脱出来，而且还意味着能够基于诚实、感性和无条件的尊重选择健康的人际关系。在成熟的人际关系中，深度交流多了，固执己见少了，彼此都更能接受缺点、欣赏优点，在危机、距离和隔离的环境下也能够营造更为长远和持久的关系。

第五个向量是建立认同感。它能够让个体清晰地知道"我是谁"。齐克瑞认为他所提出的学生发展的其他向量都可归属于"建立认同感"这个向量。建立认同感无疑包含或是取决于能力、情感和价值观、自主和依存等方面的发展。认同感的发展主要体现为解决危机的能力，青少年通过直面和解决危

---

① CHICKERING A, REISSER L. Education and identity [M]. 2nd ed. San Francisco: Jossey-Bass, 1993: 140.
② 同① 206.

机构建自我和获得自尊,这在整个成人阶段会发生周期性重构。建立起认同感的个体具有如下特点或表现:(1)中意自己的身体和外貌。(2)中意自己的性别意识和性倾向。(3)在社会、历史和文化背景下理解自我。(4)通过角色和生活方式确认自我观念。(5)在自己重视的人的反馈中理解自我。(6)拥有自我肯定和自尊。(7)拥有稳定的个性和完整性。在认同感方面发展得好的大学生在思想和行为上的特点表现为:(1)知道自己想要成为什么样的人,具有平衡意识和大局观。(2)倾向于以一套良好的价值观念整体性地看待事物。(3)懂得什么对他们来说是重要的以及能够清醒意识到自己的优缺点。(4)能够平静地处理学习生活、未来职业、同学关系和家庭生活中面临的问题。齐克瑞指出,"认同感的建立包含着个体对构成自我的整体和部分之间的关系的熟悉程度,包含着个体理解自己特有的行为、情感和思维模式,并将之整合到先前的模式之中,逐步领会代代传承的文化遗产,就像墙上的家庭合影或壁炉架上的奖杯,个体由此了解到自己所属群体的期待与希冀,并且在这样的探索中找到了'我是谁'的答案。"[1]

第六个向量是培养目的感。它的功能是让个体知道自己将要向什么方向发展。目的感的形成包含个体有意识的行动能力、对兴趣和选择的判断能力以及确认目标、制订计划和不畏困难坚持行动的能力。培养目的感要求为了行动而形成计划,以及将个体的职业计划和抱负、个人兴趣、个体的人际和家庭责任这三个要素整合起来,它也包含在日常生活中实施个人意志的意向能力的发展。意向性(intentionality)是指有意识地进行优先性选择,让行动更具目的性,持续不断地驱动自己达到目标以及在困难情况下仍然坚持的能力。齐克瑞说:"强烈的价值或信念承诺能够决定目的的走向。……价值观组成了深化目的和增加行动背景的重要参考框架。信念给予我们这个世界是什么和应该是什么的图像。因此,在辨明目的的过程中,我们必须超越所感兴趣的,找到真实的观念和善的原则,让我们在广阔的社会中找到自己的位置

---

[1] CHICKERING A, REISSER L. Education and identity [M]. 2nd ed. San Francisco: Jossey-Bass, 1993: 234.

和存在的意义。"① 齐克瑞指出，许多大学生有很好的能力，但他们不知道自己要去哪里。他们很有精力，但是没有方向感。尽管他们会去思考他们是谁，他们来自哪里，但是他们对自己将要成为什么样的人只有模糊的观念。对绝大多数学生来说，大学的目的是让他们有能力找到好工作，保证他们能有舒适的生活方式，而不是帮助他们习得实用的技能来尽可能拓宽和丰富生活经历与体验，也不是拓展他们的知识基础、找到自己的生活哲学并使他们成为一个终身学习者。因此，"培养目的感"是大学生最重要的发展任务。

第七个向量是塑造完整性（integrity）。塑造完整性与发展认同感和辨明目的紧密相关，它能够让学生为自己的价值观而生活。它包括在强调多样性和批判性思维、运用实验和证据的挑战性环境中审视个体的价值观，还包括价值观确认、寻找解释复杂现实的新办法和调和不一致的观点或是调和旧价值观使之发生实质性转变。塑造完整性包含三个连续且相互交叠的阶段:（1）人性化价值观阶段。在这个阶段，个体从绝对信念中转变过来，从他人利益角度来平衡自己的利益。人性化价值观并不意味着什么都行。它意味着以更为人性的参考框架修正价值观和信念，以正义伦理平衡关怀伦理，以及以分析和理解为基础学会灵活运用原则。（2）个体化价值观阶段。在尊重其他价值观的同时，有意识地肯定自己的核心价值观和信念。处于这个阶段的个体能够运用科尔伯格（Lawrence Kohlberg）所说的"原则性推理"。在这个阶段个体要做的努力是定义自己的道德价值观和与其所在群体不同的有效原则。个体的这种努力只有在他清楚地意识到道德具有依背景而存在的相对性时才会产生。换句话说，个体必须意识到伦理原则是通过人类思想而不是被客观证明所建构起来的。（3）人性化价值观和个体价值观之间的融合。齐克瑞指出，通过调和僵化的信念，更为开放地面对其他解释，权衡证据和经验之间的关系，以及确认拥有一套有意义的原则，大学生由此将人性化价值观和个体化价值观融合起来并因此而获得了完整性的发展。总之，完整性的发展不仅意

---

① CHICKERING A, REISSER L. Education and identity [M]. 2nd ed. San Francisco: Jossey-Bass, 1993: 41.

味着行为和价值观之间的一致性,而且意味着对自我和他人的责任感的增强以及始终如一、深思熟虑地运用伦理原则的能力。

齐克瑞的大学生认同发展理论为我们提供了一幅关于大学生大学期间在心理和社会性发展方面的综合图景。总结起来,这个理论有三个要点。其一,"认同感的发展"(Identity development)是大学生发展和教育面临的主要任务。认同感的核心要素是个体"坚固的自我意识"(solid sense of self),表现为个体内在的掌控感和归属感。在齐克瑞看来,以往的教育的主要任务是"社会化",让个体学到符合社会需要的态度、行为和必要的技能。但是,在以变革为特征的21世纪的全球社会中,教育的核心目的和任务则是个体认同感的形成与发展。他说,"为了培养个体潜在的所有天赋,我们需要有能力全面地看待个体并相信他们自身的核心价值。"[1] 他将教育比作一场交响乐。在以往的教育中,主题和旋律都很清楚,乐器的类型和位置都已确定,而个体仅仅需要选择一种标准的乐器,学会如何演奏这种乐器以及学会如何奏响其中的乐章。但是接受过以"认同感的发展"为核心的大学教育的毕业生将不再被限制在一种乐器上,他们能够在古典和前卫的乐曲之间自如变换,无论学生扮演何种角色和表演何种任务,他们都知道如何最好地展示自己的天赋,从而为自己所在的群体做出更大的贡献,他们甚至能够根据自身的需要创作新的乐章。其二,在对人类发展的乐观预计的基础上,齐克瑞以"整体的观念"看待大学生发展的七个向量之间的关系。这七个向量以"建立认同感"为核心形成一个整体。学生的能力、情绪、自主性和人际关系这六个向量的不断发展能够帮助个体建立认同感,个体认同感的建立以及变得更为坚定,能够为个体的目的性和完整性构筑基础框架,也会促进学生在其他向量上的发展。另外,其他发展向量之间也会产生相互影响。其三,大学生发展的七个向量是"学生个性化发展历程中的必经路径",就像不同的人虽然驾驶的交通工具不一样,但最终都会共同走到交通主干线上去一样。而且大学生在七

---

[1] CHICKERING A, REISSER L. *Education and identity* [M]. 2nd ed. San Francisco: Jossey-Bass, 1993: 34.

个向量上的发展呈现出非线性的特征。"向量"这个术语本身除了具有"方向性""重要性""力量和优点"等含义外,也还有"螺旋式上升"的意义。正如齐克瑞所说:"学生每方面的发展都有它的方向和其重要性,这些方向更多的是以曲线而非线性的方式呈现出来的。"① 不过,不同的学生在这些向量上会表现出不同的发展程度。学生不但会在同一时间面临不止一个发展向量方面的问题,而且常常还会发现他们自己在不同时期反复地遇到同一发展向量方面的问题。

齐克瑞的大学生认同发展理论在美国高等教育学术界有重要影响,在实践界获得了广泛应用。其一,在学术界,许多研究人员对他的理论进行了具有评估和验证性质的再研究,这些研究主要集中在检验大学生认同发展理论的有效性,评估大学生发展的七个向量的方法,运用认同发展理论调查大学生发展的现状和研究大学生就读经验和学生心理社会性发展的关系,以及学生心理社会性发展和其他形式的发展之间的相互联系。例如,佐治亚大学(University of Georgia)和爱荷华大学(University of Iowa)的研究团队对齐克瑞等人提出的大学生心理社会性发展做出了评估研究。相关领域的研究人员以齐克瑞的大学生认同发展理论为基础开发出《爱荷华学生发展量表》(Iowa Student Development Inventories,ISDI)和《学生发展任务和生活方式评估量表》(Student Developmental Task and Lifestyle Assessment,SDTLA)这两个测量工具。怀特和胡德等人运用《爱荷华学生发展量表》和学生认知发展的客观测量工具调查了 225 名大学生,对齐克瑞的大学生发展的七个向量的有效性进行了检验。②《学生发展任务和生活方式评估量表》是目前美国高等教育学术界比较认可的测评工具,它被认为是齐克瑞的理论在评估实践中应用得较好的一个典型工具和案例。这个工具有 153 道题目,主要分为两部分,第一部分测量齐克瑞的大学生发展的七个向量的早期版本中的三个向量:(1)

---

① CHICKERING A, REISSER L. *Education and identity* [M]. 2nd ed. San Francisco: Jossey-Bass, 1993: 37.

② WHITE D B, HOOD A B. An assessment of the validity of Chickering's theory of student development [J]. Journal of College Student Development, 1989,34: 289-294.

辨明和形成目的,(2)培育自主性,(3)构建成熟的人际关系。第二部分是健康生活方式量表,主要从学生拥有的行为特点、态度或情感等方面测量学生在多大程度上拥有健康的生活方式。① 其二,在高校实践层面,齐克瑞的理论在学生事务管理领域尤其是在课程或学生活动等方面的应用非常广泛。实践证明,齐克瑞的学生发展模型在开发课程或活动的总体策略和优先性上尤为有效,大学生发展的向量已经成为课程或活动规划中开发需求评估工具的依据。他的理论也可用作评估和解释课程或活动的影响作用。另外,七个向量所体现的大学生发展问题能够帮助学生事务管理领域的实践者更好地与学生沟通和互动,查找学生面临的发展问题,从而采取针对性措施促进学生发展。齐克瑞的理论具有深厚的实践基础和良好的综合概括性,同时他还采取了比较实用的研究和叙述方法,这些都使得他的理论易于理解和应用。因此,齐克瑞成为时至今日仍受到美国学术界广泛认可的大学生发展理论研究专家。黑格比(Higbee,J. L.)认为他的理论是他所处时代的杰作。② 瓦伦铁(Valentine)和陶布(Taub)认为齐克瑞的理论"仍然是理解和描述大学生心理社会性发展的最有名、应用广泛和综合性强的模型。"③ 帕斯卡瑞拉等指出:"齐克瑞对大学生发展的研究或在推进学生管理方面做出的努力也许比心理社会学家具有更大的影响力。"④

总而言之,齐克瑞的理论的价值主要在于有助于深化我们对大学生发展内涵的理解,他的大学生发展的七个向量有助于人们判断学生的发展情况和发展趋势,对中国大学生发展模型及其评价都具有重要参考价值,为我们更

---

① WINSTON R B J. The student developmental task and lifestyle inventory: an approaching to measuring students' psychosocial development [J]. Journal of College Student Development, 1990, 31: 108-120.

② HIGBEE J L. The application of Chickering's theory of student development to student success in the sixties and beyond [J]. Research and Teaching in Developmental Education, 2002, 18(2): 24-26.

③ VALENTINE J J, TAUB D J. Responding to the development needs of student athletes [J]. Journal of College Counseling, 1999, 2: 164-179.

④ PASCARELLA E T, TERENZINI P T. *How college affects students: A third decade of research* [M]. San Francisco: Jossey-Bass, 2005: 20-21.

好地从智力、能力和德性视角建构大学生发展模型提供了很好的思路。虽然中国学生发展核心素养体系已经形成并对教育实践发挥着重要的引领作用，但从大学生这一特殊群体的发展内涵出发，构建大学生发展模型或核心素养，是高等教育实践最关心的问题。齐克瑞的大学生认同发展理论对于解决这个关键难题具有重要参考价值。

综上所论，建构大学生发展模型，从大的层面来看，要着眼于人类和国家的普适性的价值观念、道德理想，在现实层面适应这些观念和理想，在超越性层面要有自觉的反思意识，成为人类和国家价值观念和道德理想的策源地。从小的层面来看，需要关注到人本身，以德性论和幸福论为统领，着眼于人格修养、道德完善、幸福自由，培养和发展人的关键能力和核心素养，并以此进一步促动个体践行道德人格修养工夫，寻求实现人自身作为人的内在价值，进而积极探索德性、智力和能力内在一体的交互关系何以归集到现代人的整体存在状态及其学习或受教育过程之中。在德性、智力和能力的三元互动关系之中，既尊重现代科学为人类带来进步的客观效用，承认知识独立但不失范于道德的诉求；同时也反对良知道德吞噬、覆盖或者产生知识的臆想，反对把知识作为德性的附庸，而是承认独立性的知识与德性之间的张力，以积极的态度寻找知识对德性建构的有益内涵。如此才能塑造出对古今中外的丰富思想有更大的包容性的理想道德人格，既有中华民族共同体意识的深切认同，也有人类命运共同体的宏伟理想。

第四节 大学生发展影响因素模型的"场域-互动"论构想[①]

如果说大学生发展模型是对"怎样才算是一个受过高等教育的人"的反思与重建，那么大学生发展影响因素模型，则是重点讨论"什么造就了一个受过高等教育的人"。研究大学生发展影响因素模型和研究大学生发展模型一样，都是促进学生评价和教育评价科学化、可操作化，发挥学生评价和教育评价对教育活动的改进功用，以及帮助相关教育行动者找到其教育管理、教学活动乃至教育改进的方向和着力点，以促进学生发展，切实提高本科人才培养质量所需要解决的关键性理论难题。

一、大学生发展影响因素模型构建的理路

作为一种理性设计的学校教育，它的前提是相信教育能够改变人和发展人。在实践中不断地追问"教育有没有发生"所指向的就是这个前提。回应这样的追问就是要反思"学校教育是怎么改变人和发展人的？"但是，学校和学生都不是孤立存在的，需要从学校和学生自身及其外部环境等方面思考学校对学生发展的影响。学者们在这方面做出了巨大努力，奠定了坚实基础。

[①] 本节的部分内容曾以《大学生发展的影响因素模型：一个理论构想》发表于《教育学报》2016年第5期，合作者为北京师范大学周作宇教授、杜瑞军副教授。

本书的文献综述部分已从学生个体、家庭、学校和现代传媒等方面勾勒出学者们对推动大学生发展的这几个关键的"力"的研究路径。

从影响大学生发展的个体因素的有关研究来看，当将个体自身作为他的发展的一个原因时，他的"心意知行"或者说行为和心理是合一的、也是相互促动的循环过程，正所谓"心之发动处谓之意，意之灵明处谓之知"、"知是行之始，行是知之成"。[①] 但在不同的学科视野下，许多研究往往难以将个体的行为因素和心理因素融合起来。

从影响大学生发展的家庭因素的有关研究来看，将心理学视角中关注的家庭的结构和特点、父母的教养方式以及亲子关系等因素与社会学视角中关注的家庭的社会经济地位（如父母的受教育程度，职业、经济收入）等因素间存在的相互影响关系融合起来研究其对大学生的人格发展和学业成功的影响，也不多见；而且心理学和社会学视角的相关研究都在一定程度上过于强调家庭因素的重要性，相对忽略了个体的主动性、建构性和创造性。

从影响大学生发展的学校因素的相关研究来看，社会学视角研究学校对学生发展的影响时更关注学校与社会的互动，也更关注从结构的角度分析影响学生发展的学校因素，而且始终关注社会和学校的价值和文化在学校结构性要素中的渗透和运作带给学生的影响。在教育研究领域，虽然对影响学生发展的因素进行了解剖式的分析和细化，但很大程度上只是将学校看作一个孤立和封闭的环境，既缺乏从学校结构的角度系统审视学校各影响因素之间的关系，也缺乏对社会和学校的价值和文化层面的影响因素的研究。

从影响大学生发展的现代传媒因素的相关研究来看，大多数研究都还只是从技术层面理解现代传媒对教育和学生发展的影响，而且不多见的相关研究也还没有将现代传媒作为影响大学生发展的重要因素。实际上，当反思以印刷媒介为基础的学校教育体系中存在的"客观知识与个体知识"、"间接经验与直接经验"之间的争论时，会发现以互联网为主的现代传媒

---

① 王守仁. 王阳明全集 [M]. 上海：上海古籍出版社，1992：4.

对教育及学生发展的影响不仅止于"技术影响",而是从根本上正在改变着大学教育的场景、影响着大学的知识生产和传播方式、影响大学生的思维、行为和学习方式。在这个意义上,英尼斯(Harold Adams Innis)、麦克卢汉(Marshall Mcluhan)、波兹曼(Neil Postman)等人的媒介理论值得关注。尤其是麦克卢汉的"媒介是人的延伸"的思想,以及他对机械时代和电力时代教育的不同特征的概括,对我们研究现代传媒对大学生发展的影响具有启发性。他指出:机械时代的标准化和专门化已经成为历史,电力时代的自动化正在成为现实,电力媒介使人类的中枢神经系统在全球范围内延伸,使人类顷刻之间与人类的一切经验相关联,这使得文理综合教育成为必须。① 因此,深刻把握以互联网为主的现代传媒的本质和传播特点,研究它对社会、教育和大学生发展的影响,是一个重要而急迫的课题。

总之,影响大学生发展的每一种"力"或因素都非常复杂。就笔者目前掌握的相关研究文献来看,尽管有许多研究试图系统审视学生个体、家庭和学校对大学生发展的联合影响作用,但一方面受研究视角的影响,许多研究对各类因素的复杂性的认识不够,各类视角之间缺乏"视域融合",另一方面许多研究在方法论上没有公平对待各类因素的影响作用。我们看到,每一类因素都对学生发展有重要的、关键的影响,那么,这些因素的影响作用有没有边界?另外,还有一些重要的影响因素如现代传媒还没有被纳入学生发展的影响源之中。库尔特·勒温认为事件的原因可分为历史的因果概念和系统的因果概念。② 从这个角度看,许多关于大学生发展影响因素的研究对教育空间的系统把握还不够,且相对忽略了时间的维度,也还没有意识到时间和空间的互动。具体说来,构建大学生发展的影响因素模型需要着力关注以下三点:

首先,更充分和完整地解释影响大学生发展的系统性因果关系。作为学

---

① 马歇尔·麦克卢汉.理解媒介——论人的延伸[M].何道宽,译.北京:商务印书馆,2007:438.
② 勒温.拓扑心理学原理[M].竺培良,译.杭州:浙江教育出版社,1997:28.

习的主体，大学生既在大学中，也在家庭中，更在社会中。人们常说大学是黑箱，实际上学生所在的每一个场域都是一个黑箱，且在各种黑箱之间存在一种"镶嵌"的关系，大学生存在于各种"套箱"之中。因此，从空间维度观察和分析大学生发展的原因时，应对大学生存在于其中的各种"套箱"有清晰的认识，而且应尽可能地将能够认识到和观察到的各种"套箱"的要素放到平等的位置，公正、客观和科学地分析它们对大学生发展的影响，对各"套箱"的各要素在大学生发展中的地位和作用做出理性判断。在许多对某一因素（如大学环境、大学前的教育经验甚至是学生参与、师生互动、学生的社团活动等）与大学生发展的关系的研究中，都会得到某一因素对大学生发展产生了重要影响，但是，在讨论某一因素的影响作用的重要性时，是否将其他的可能因素放到公平位置？不同的因素之间的重要性程度有何差异？诸如此类的问题都需要以系统性思维进行深入研究。日常生活中我们会发现，将一滴水放到一瓶墨里与将一滴墨放到一瓶水里，然后将它们分别泼到人的身上，它们在人的身上留下的印迹是不一样的，前者是墨的印迹更浓，后者是水的印迹更多。因此，在研究大学生发展的影响因素时，应注意回避默顿曾揭示的"自我实现预言"的现象。[①]

其次，加强对影响大学生发展的历时性因果关系的研究。学校教育既发生在空间中，也发生于时间中。从横切面来说，时间如何作用于大学生？这还是一个有待揭开的隐秘机制。已有的相关研究指出，学生越是积极地参与到大学的课程、教学及其他教育性活动之中，他们的收获就会越多、发展就会越好。从时间维度考量，这个观点所倡导的"越多"其实是应该有限度的。"留白"在艺术创作中的重要性已是无可非议的。如果将对学生的教育看作一种艺术创作行为，那么"留白"也是必不可少的。但是，这样的命题本身还需要加以实证探索。大学生在时间中被塞得满满的而没有反思和喘息的机会，这对他们的发展意味着什么？另外，从纵向上看，"今日"的大学生是从

---

① 默顿. 社会研究与社会政策 [M]. 林聚任，等译. 北京：生活. 读书. 新知三联书店，2001：147.

"过去"的婴儿、小学生、中学生走来的,他们的"过去"是如何影响他们的"今日"的?这也是个有待揭示的隐秘机制。有人说,过去的事情再也没有力量了。但现在是过去的累积,昨天发生过的许多事情今天还在"我"的记忆里徘徊。许多心理学研究强调早期教育和家庭教养的因素对个体发展的潜在影响,其实就是重视从时间维度研究个体发展。大学或高等教育与市场和社会的距离是最近的,人们在解释进入市场和社会中的人才质量高低的原因时,很容易将之归结为是大学或高等教育的功过。但在学校教育的时间河流中,大学不是唯一的而只是重要的摆渡者,它的这种重要性程度,需要放到更远的时间维度中去衡量。

当然,时间和空间并非截然分离的。"什么时候""在哪里",这是个体和事实的存在样式。大学生发展中存在的系统性因果关系和历时性因果关系并非截然分离而是相互融合的。时空有普世性,但时空更是具体的、地方的。这就引出我们研究大学生发展影响因素需要关注的第三个方面:加大力度探究当下处境中影响大学生发展的中国因素。中国的大学尽管是在模仿或追赶欧美大学的过程中生发的,但它也有着自己独有的特色。中国的家庭和社会结构也具有自身的特点。这些特点中的哪些因素影响了大学生发展?又是一种怎样的影响路径?这需要深入探索。举例来说,国内外的许多研究都指出,师生关系或互动对大学生的发展有重要的影响作用。但是,"师道尊严"传统下的师生关系和"民主平等"下的师生关系对大学生的发展的影响是否有所差异?再例如,同是参与社团活动,由于社会和大学文化机制的不同,欧美大学生和中国大学生参与社团活动的动机和目的也会有所差异,因而对学生的社会性发展的影响是否有所差异?因此,只有探索当下处境影响大学生发展的中国因素,而不是用彼时彼地的框架来套中国的现实,才能得出本真的认识并真正发挥研究对于中国大学教育实践的推动作用。

二、大学生发展影响因素的"场域-互动"论模型的基本思路

理论的构建源于问题和猜想，它以概念和判断的形式呈现。在综合已有研究文献的基础上，我们认为构建大学生发展影响因素模型需要研究的关键问题，一是哪些因素影响大学生的学习和发展？二是如何判断影响大学生发展的各因素的影响强度？三是各因素对大学生发展的影响方式是什么？四是各因素对大学生发展的影响过程和结果可能是怎样的？我们的理论构想围绕着这四个关键问题展开，主要观点体现在图3-3中：首先，影响大学生发展的因素，从小的场域看，可以简化为个体—家庭、中小学和大学。从大的场域看，可以简化为政治、经济和文化系统影响下的教育价值观、教育行动和政策等场域。图中的竖直虚线和虚曲线表示，无论大的还是小的场域，它们自身是开放的而不是封闭的系统，它们在相互交叉与融合中进行互动。将"个体—家庭"作为一个场域，主要是为了表明：大学生作为个体存在，他首先被抛入到家庭之中，且始终受到家庭价值观和行动方式的影响。其次，影响大学生发展的各类场域蕴含着时间的因素。图中"个体—家庭"这个场域出现三次是为了表明，大学生在时间中穿越了家庭、中小学校和大学为其营造的场域，每经历一个场域，大学生经历着生理成熟，更经历着文化和心理的成熟，其行动方式和价值观念都在与时空的互动中发生改变。再次，在大学场域中，大学对学生发展的影响作用不是单独发挥的，而是在与其他场域的互动中整合自己的价值、文化和行动对学生施加影响。尤其是职业群体的资源、行动方式和价值观既会通过影响学校的行动而间接影响学生，也会对学生产生直接影响。最后，大学生自身也是影响其发展的一个"场域"，①

---

① 布尔迪厄的场域概念侧重于物理空间和社会空间中的关系网络。勒温的"场理论"侧重于心理生活空间，正如他所说：个体是生活空间内一个分化的区域。两种概念是互补的，而非相互排斥的。在这个意义上，个体实则占据着一定的物理、社会和心理空间，因而我们认为他自身的存在也是一种"场域"。参见：皮埃尔．布迪厄、华康德著：《实践与反思：反思社会学引论》，李猛译，北京：中央编译出版社，1998，131-151。库尔特．勒温著：《拓扑心理学原理》，竺培梁译，杭州：浙江教育出版社，1997年，165-166.

那些包裹着或照耀着学生的各类场域对学生产生影响，必须经历学生个体的"知与行"的内化过程。在这过程中，各类物质意义的场域进入学生的身体和心理生活空间。

本书的这种理论构想蕴含着如下关键概念：

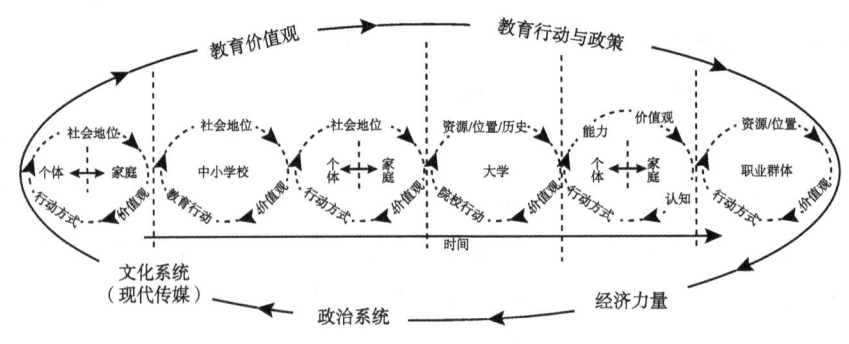

图 3-3　影响大学生发展的各类场域

1. **主体套箱**。这个概念是对应"哪些因素影响大学生发展"这个问题的。对影响大学生发展的因素分析，不可回避从个体的存在状态入手。个体作为这个世界的主体，他的存在与这个世界的分化息息相关。高度分化的现代社会里，个体存在于社会的各种代理机构营造的场域之中，这些场域并非相互隔绝而是形成一种互动和嵌套的关系存在。因此，从空间角度揭示个体发展受到的影响时，我们就像是在"剥洋葱"。这就是我们用"主体套箱"这个概念的用意所在。具体地说，影响大学生发展的绝大多数因素都可以用"个体—组织—结构"的维度进行整合。每一类因素都是一个场域，每一类场域都具有"历时—空间"性的特点，同时也都有自身的循环系统。场域的基本构成要素是场域自身的位置、价值观、认知及行动方式，这本身表明场域具有物质的属性，也具有心理建构的属性，不同个体对作为物质的场域的心理建构的侧重点会有所不同。个体的、组织的和结构的场域在现实中并不是彼此隔离和对立的关系，而是一种镶嵌关系和互动关系。个体在组织中，组织在结构中。个体既直接与结构发生互动，也通过组织与结构发生互动。个体、组织和结构三者之间的互动的显在表现是三者行动方式的互动，潜在表现为三者认知和价值观的互动。各个场域之间虽然有嵌套关系，但也有自己相对独立的边界，它们的边界是伸缩的，各个场域的行动力的增加或减小，是判断其边界伸缩的依据。

2. 最近他者和重要他者。这两个概念是回应"如何判断影响大学生发展的各类因素的重要性程度"这一问题的。我们的假设是：某种因素是否为大学生的"重要他者"和"最近他者"是判断这种因素对大学生发展是否具有"决定性影响"的主要依据。"重要他者"是从某种因素与大学生互动的频度、深度和性质进行判断的。"最近他者"是从某种因素与大学生互动的时间和空间的距离进行判断的。大学生自己是他的最近他者之一，如果他不与他自己进行经常的有深度的互动，不把他自己作为重要他者，他自己对他的影响程度就会受到削弱。大学对于大学生来说是"最近他者"，但只是个体旅途的一个驿站。家庭也是大学生的"最近他者"，个体首先是被抛入家庭这个场域之中，且会在相当长时间内在家庭这个场域中行动。家庭的影响可能被学校、职业群体等其他场域的影响所冲淡或增强，但家庭的影响无疑是持久性的。大学生带着家庭的影响穿越了小学和中学的场域进入大学，这个过程的影响凝聚为学生大学入学时的价值观、认知和行动方式。因此，分析大学生发展的影响因素时，一方面要特别关注"增殖"的起点，这个起点就是早期家庭和基础教育对学生认知、价值观和行动方式所产生的影响的结果。另一方面要特别关注职业群体对大学和学生行动的影响。因为学生进入大学时，总会在有意无意中瞄准着他在不远的将来所要进入的以职业群体为代理机构的社会。同时也要关注大学生与现代传媒互动的深度、频度及时空距离所带来的影响。

3. 正向影响与负向影响、刚性影响与弹性影响。这几个概念对应"各因素对大学生发展的影响方式"这一问题。场域和行动相互影响，场域对学生发展的影响是通过学生的认知和行动产生的。各类场域对大学生行为和大学生发展的影响是一种动态的和复杂多样的。从影响方式看，既有正向的，也有负向的；既有刚性的，也有弹性的。正向影响和负向影响的判断与各类场域中的价值选择、沟通、协商和融合相关。刚性影响指的是场域在空间和时间上的强制属性和大学生个体在知行层面上的主动性。如：学生主动积极地接受学校的课程和教学的影响就属于刚性影响。弹性影响是指场域的文化层面上的弹性约束和大学生个体在知行层面上的被动性。如：学生对学校价值观的被动接受就属于一种弹性影响。揭示场域的这几类影响都具有同等重要的价值。大学生的行为能否对他自身的发展产生正向影响，取决于他是否自由、积极和正向地选择和应对场域的推力。各个场域之间的嵌套和互动关系决定了那些即使是极细微的影响因素实际上都会引出一种非常复杂的结构或场域的因果循环。探究大学对学生发展的影响时，引出的是社会的教育价值观、教育行动和社会的经济力量和政治文化氛围的因果循环系统中家庭、大学、现代传媒和职业环境的互动带来的影响。图 3-4 截取学生进入大学系统后影响他的发展的个体的、大学的、现代传媒的和职业群体的因素之间的互动关系。职业群体中的要素主要是职业群体的位置、资源、价值观及人才素质要求；大学中的要素主要有大学的地位、资源、历史与传统、教育价值观、学习的制度与组织设计、课程和教学以及教师行为等；个体的要素主要有个

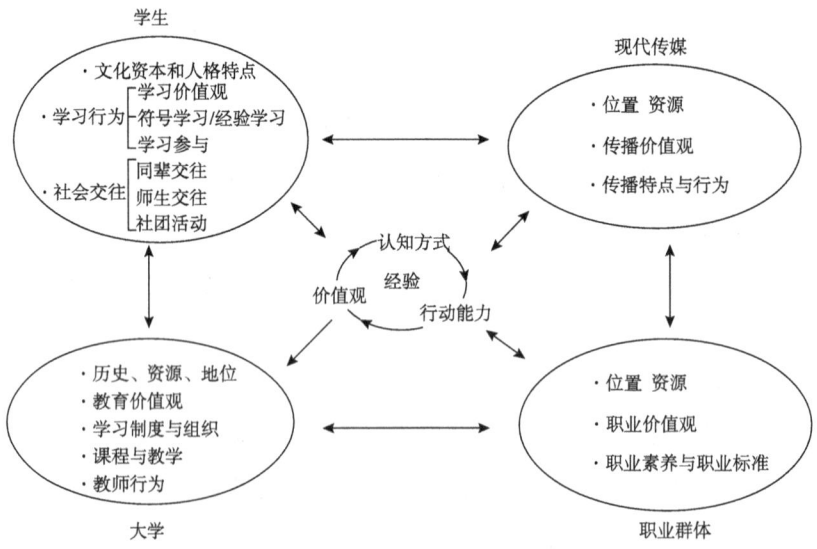

图 3-4 影响大学生发展的各类场域之间的互动

体的文化资本和人格特点、学习行为和社会交往行为,学习行为的要素包括大学生在家庭和基础教育影响下形成的学习价值观、符号学习和经验学习能力,课堂和课外的学习参与,社会交往行为的要素包括大学生与同伴、教师的关系及参与学校社团活动的行为;现代传媒的要素包括传媒的位置、资源、传播价值观、传播特点和传播行为等。

4. 时间滞延和经验的增长。这个概念对应于"各因素对大学生发展的影响过程和结果"。各个场域之间的互动既会产生及时性的影响,但更多时候所产生的影响具有"时间滞延"的特点。某一场域对大学生发展的影响需要时间。影响大学生发展的个体的、组织的和结构的因素之间的互动的结果是个体经验和组织经验的增长,个体经验和组织经验的积累在个体身上内化为价值观与行动,在组织层面生长为组织文化与集体行动。经验是由"知"和"行"构成的"知行合一"的循环系统,不同的场域或因素对经验中的"知"与"行"的构成要素的影响程度和路径也是不尽相同的。就图 3-4 中的互动来看,大学生、大学、现代传媒和职业群体之间的互动都会加深四者对自身和彼此的认知和行动方式的反思,从而产生彼此经验的交融和各自经验的增长。根据各类场域在互动过程中"认知"和"行为"的卷入程度,经验可以被划分为直接经验和间接经验以及浅层经验和深层经验两类。大学内部的互动主要在个体、群体、院系和学校之间展开。大学生的能力、行动和产出受到大学内部人际互动中的怀疑与信任、个体与群体和组织互动中的合作与冲突等文化氛围的影响。

综而言之,大学不是一座孤岛,大学生进入大学时也不是一块"白板",他们带着自己在基础教育及其与家庭和社会的互动中养成的认知和思维习惯及行动方式进入大学。既有的许多研究都表明,学生固有的认知和行为习惯会促进或阻碍他们在大学里的学习和发展。大学生的发展并不完全是大学教育的结果。有学者指出"钱学森之问"不是问大学,而是问社会。[①] 这其中蕴含的论争实质涉及的就是如何看待学校和社会对人才成长的影响机制问题。

---

① 葛剑雄. 中国的教育问题? 教育的中国问题? [N]. 光明日报,2014-01-06(16).

从影响大学生发展的"场域—互动"论来看,"钱学森之问"既是问大学,也是问社会。由此可见,大学生发展不是微观的而是复杂的问题域。大学生发展研究能够"自下而上"地帮助教育政策和行动找到实在的抓手,从而保证育人为本的价值观得以贯穿本科教育全过程。在这个意义上,本书对大学生发展的影响因素的理论构想不是终点而是开端,还需要在与现实的磨合中不断地调整和完善,但我们希望在以下两方面起到抛砖引玉的作用。

一方面帮助不同层面的机构和人员"看到"大学教育质量问题的系统性和整体性,"看到"自身的行动对大学教育的影响,以及各自在发挥大学教育的作用过程中的位置和责任,协同努力而非相互推诿和指责。当然,促进大学生的发展和成才,是大学最根本而义不容辞的责任。我们将学校之外的因素纳入大学生发展的影响机制之中,不是为大学教育的不当乃至失败寻找借口,重点是让大学看清自己的价值观、政策和行动是如何影响学生行为和发展的,为大学实施和改进人才培养的行动奠定经验基础。

另一方面,我们希望通过这样的理论构思为本科教育系统重建"有公平的质量"和"有质量的公平"的质量文化提供一些参考性意见。在关注以学生发展作为本科教育质量评价的主要依据时,既要看到不同学校由于历史、位置和资源等方面的差异性对学生发展产生的影响的差异性,也要看到不同学校的制度设计和行动措施对学生发展的影响的差异性,更要看到个体能力水平和投入程度的不同所带来的学生发展的差异性。将这三类差异性对立起来,是与"有公平的质量"和"有质量的公平"的质量文化理念不相符的。这就意味着仅仅评价学生个体的努力以及大学教育的过程或结果都是不够的,更应关注过程和结果、个体和结构之间的互动关系。

对影响大学生发展的各种因素的深入探索有助于解决这两方面的问题,也能够推动大学生学习与发展的调查研究转化为社会和大学持续提高本科教育质量、建设兼顾公平与质量的文化氛围的切实行动。

第四章
高校学生学习质量的调查研究

在中国当前的学生学习评价实践领域，正在兴起以对大学生的问卷调查为基础的学生学习行为、学习投入、学习成果的诊断和评价，由于这种评价超越了高校传统的以分数呈现的课程学习评价、论文和考试评价以及综合素质评价等，重视过程和结果，具有诊断和改进的特别功用，因此在高等教育实践中越来越受到重视。本章通过对大学生就读经验的实证调查数据，分析大学生学习参与和投入、学习成果和发展的现状，探究大学教育如何影响学生的学习质量和学生发展，并在结合前文对高校学生学习质量评价的国内外实践以及相关理论问题的研究基础上进一步反思，如何将对大学生的学习质量的调查研究转化到本科教育质量评价体系之中，进而促进学生学习和发展，改进大学教育方式。

第一节 高校学生学习质量调查研究设计、研究方法和技术路线

一、研究问题与调查对象

（一）研究问题

高校学生不是铁板一块的。我们尝试通过问卷调查更多地从学校、学科、学生类型等角度讨论高校学生学习质量及其评价的相关问题，研究个体、家庭和学校是如何影响学生学习成果的差异性的，尤其是重点研究学校对学生学习成果的"净影响"，探讨国家层面和学校层面提升处境不利学校的学生学习成果的策略和措施，以及如何缩小学校之间和学校内部学生学习成果的差异，为重建"有公平的质量"和"有质量的公平"的本科教育系统提出更加具体、有针对性的政策建议。

重点研究的问题主要有：(1) 高校学生学习成果的差异的现状和问题。从学生个体、学科、学校和区域的角度，选取若干高校，对其学生学习成果的差异进行问卷调查，探索其中存在的主要问题。(2) 研究高校学生学习成果的差异的影响因素。分析学生个体行为与心理、学校行为与环境、家庭的社会经济背景等因素对大学生学习成果的联合影响机制，重点关注院校是缩小还是扩大了高校学生学习成果的差异以及学校对学生学习成果的"净影响"等问题。(3) 从学校和国家层面分析研究改进、缩小高校学生学习成果的差

异的方案和措施。探讨如何缩小学校间、学生个体间的学习成果差异，以及如何保证教育过程和教育结果公平的策略。特别是就国家和学校层面如何提升处境不利的学生学习成果提供具有参考意义的解决思路和办法。

（二）调查对象

问卷调查的对象是大学生。"大学生"这个概念是个普遍、统一的称谓。现实教育生活中的大学生却是鲜活的个体，这些鲜活的个体之学习的载体却是不同的，这种不同主要表现在地域、学校和学科专业等方面。调查研究的目的是既要从个体以及个体活动的载体的差异性基础上寻求某种规律性的统一，也要在某种规律性的统一之下找到某种差异性。我们主要从双一流高校和非双一流高校两种类型的高校，自然科学和人文社会科学两类学科，以及低年级学生和高年级学生这三个维度进行关于大学生学习成果的调查研究。

二、研究工具、数据搜集与主要变量

1. 研究工具

问卷调查的工具是《大学生就读经验问卷》（CSEQ）。前文已对它的起源等问题做了简要介绍。CSEQ 早在 1960 年代就被开发出来，经历四轮较大规模的修订完善，具有深厚的心理测量学、大学生发展和增值评价的理论底蕴。北京师范大学周作宇教授于 2002 年将其引进到中国。在问卷引进之初，为了保证问卷的有效性，在翻译过程中采取了"互译"的方法，将 CSEQ 翻译成中文后，又请美国方面的研究人员将中文翻译成英文，然后比较其与原始问卷的差异，进而对中文翻译做出修改和调整，最后又邀请国内教育界的有关研究人员对问卷的结构、内容提出修改建议。在之后的问卷调查研究过程之中，根据高等教育发展和大学生学习行为等实际情况，对问卷进行适当的修改完善。经过修改完善的大学生就读经验调查问卷分为四个部分，第一部分调查学生的背景信息，包括学生年龄、性别、专业、父母受教育程度、年级等。第二部分调查学生大学期间与学习有关的活动，包括学生在图书馆的行为、课程学习活动、生师互动、同伴交往等。本次调查过程之中，根据之前运用 CSEQ 进行研究的经验或结果，对问卷第二部分学生在大学期间的学习活动进行了相应的调整，将原来的 13 个大学生学习参与量表缩减为五个关键性的学习参与量表（见表 4-1）。第三部分调查学生对大学校园环境的感知，主要了解学生如何感受他所在的大学校园环境。学生对大学环境的感知调查分为三方面，即学术环境、人际环境和实用环境，共有 10 个调查项目（见表 4-2）。问卷的第四部分主要调查学生对他在大学里的学习成果或收获的自我报告，共有 25 个调查题目（见表 4-3）。

表 4-1 大学生学习参与量表

图书馆参与量表
课程学习参与量表
写作参与量表
与教师交往的程度量表
与同学交往的程度量表

表 4-2 大学环境条目

1. 强调发展学科、学术及智力品质
2. 强调发展艺术、表现及创造品质
3. 强调发展批判、评价和分析品质
4. 强调发展对人类特点多样性的理解与鉴赏力
5. 强调发展信息科技搜索能力（使用计算机、其他信息源）
6. 强调发展职业及专业胜任力
7. 强调课程与个人的相关性及实用价值
8. 与其他同学的关系
9. 与行政人员及办公人员的关系
10. 与教师的关系

表 4-3　学生收获测评题项

1. 获得知识和技能，他们可用于专门的职业或工作（职业准备）
2. 获得在职业（专业）、科学或学术领域接受继续教育的背景知识及专门知识
3. 获得涉及不同领域知识的宽泛的综合教育
4. 获得也许与某种职业相关的一定范围的信息
5. 在美术、音乐及戏剧的理解力和鉴赏力方面得到发展
6. 对文学作品的熟悉程度及欣赏水平得以扩展
7. 明白历史对理解现在和过去的重要性
8. 获取世界其他地区及其他民族的知识（如亚洲、非洲、南美等）
9. 清晰而有效地写作
10. 当和别人讲话的时候，能有效地发表自己的观点和信息
11. 使用电脑及其他信息技术
12. 了解不同的哲学、文化及生活方式
13. 形成你自己的价值及伦理标准
14. 了解你自己、你的能力、兴趣和个性
15. 增强与不同的人交往的能力
16. 发展与人合作的能力
17. 养成锻炼身体、保持健康的习惯
18. 理解科学和实验的本质
19. 了解科学技术的新发展
20. 了解科学技术的新运用所带来的结果（利益、灾害、危险）
21. 分析的和逻辑思维能力
22. 分析数量性问题（理解概率、比例等）
23. 整合观念、理解观念之间的关系、相似性及不同点
24. 主动学习、积极思考，寻找你所需要的信息
25. 学会适应新变化（新技术、不同的工作或个人环境等）

2. 数据搜集、数据整理和预分析

运用《中国大学生就读经验问卷》在北京、山东、湖南、内蒙古、新疆等地高校对大学生进行了随机抽样调查，建立了规模较为庞大的数据库。案例研究的实证分析以此数据库为基础进行，其有效样本为 22411 份。样本中（见表 4-4），来自"双一流"高校的学生所占比例为 27.72%，来自一般本科院校的学生所占比例为 72.28%。来自东部高校的学生所占比例为 78.43%，来自西部高校的学生所占比例为 21.57%。男生所占比例为 40.43%，女生比例为 59.57%。低年级学生所占比例为 62.56%，高年级学生所占比例为 37.44%。样本中父母是大学毕业的所占比例为 40.89%，父母不是大学毕业的所占比例为 59.11%。属于自然科学学科的学生所占比例为 50.71%，属于人文社科学科的学生所占比例为 49.29%。

在运用有关统计分析方法之前，通过对数据的再整理和预分析、预研究能够发现并调整被试在调查过程中的填写错误以及数据在录入过程中的错误，从而进一步保证数据的有效性和真实性，确保研究的顺利进行。（1）我们剔除了那些看来明显不符合常理的个案。（2）被试对有些问题没有做出回答，在数据库中产生了一定数量的缺失值。我们采用了两类办法对此问题进行处理。一是对于那些在年级、专业、性别、父母受教育程度等基本背景信息缺失的个体，缺失量比较小（缺失率在 1.1%～7.9% 之间），且基本符合完全随机缺失的情况，主要采用"个案剔除"的方法将这部分被试删除。二是根据统计的一些基本方法，将缺失值所涉及的题项计算出序列均值，并以这个序列均值来替换。（3）运用因子分析的方法对学生在大学期间的学习参与活动的各量表进行分析，结果显示，学习参与活动的各量表的结构效度是非常好的。同时运用因子分析的方法，根据旋转成分矩阵对学生自我报告的 25 个大学学习成果与发展题项进行分析，获得五个因子。根据每个因子的具体内容和前期的研究经验，我们将这五因子分别命名为社会性发展、通识能力发展、科技能力发展、实践能力发展和智力技能发展。（4）根据随机系数回归模型中的参数估计结果中的系数分析结果，剔除了学生个体层面变量中的干扰变量。

在进行具体的数据分析时，我们主要利用 SPSS 25.0 进行描述性结果统计分析、差异检验分析和相关分析，使用 HLM 6.08 进行多层线性模型（HLM）分析，并使用 Mplus 7.0 进行潜在轮廓分析（LPA）和结构方程模型（SEM）分析。

表 4-4　样本中主要变量统计描述

	变量	样本（人）	均值（%）	方差
因变量	总收获	22411		
	实践能力	22411	2.64	0.692
	社会性发展	22411	2.84	0.651
	通识能力	22411	2.44	0.668
	科技能力	22411	2.5	0.738
	智力技能	22411	2.65	0.603
第一层变量	男生	9061	40.43%	
	女生	13350	59.57%	
	低年级学生	14021	62.56%	
	高年级学生	8390	37.44%	
	父母学历（大学毕业）	22411	40.89%	
	父母学历（非大学毕业）	22411	59.11%	
	图书馆活动	22411	2.3	0.613
	课程学习	22411	2.69	0.53
	师生交往	22411	2.13	0.677
	同伴交往	22411	2.42	0.606
第二层变量	"双一流"高校学生占比	6212	27.72%	
	一般院校学生占比	16199	72.28%	
	东部高校学生占比	17577	78.43%	

续表

	变量	样本（人）	均值（%）	方差
第二层变量	西部高校学生占比	4834	21.57%	
	自然科学学科学生	11365	50.71%	
	人文社科学学科学生	11046	49.29%	
	校园学术环境	22411	4.77	1.366
	校园实用环境	22411	4.96	1.417
	校园人际环境	22411	5.22	1.211

3. 使用的主要变量

我们主要使用三类变量，它们是：

（1）学生个体层面的变量。包括学生背景、大学生在校学习行为。我们用性别、父母受教育情况、学科和专业、课前学习时间等变量来描述和定义大学生的背景，用大学生在学校图书馆、课堂学习、师生交往、同伴交往、社团活动等方面的学习行为和校园参与定义大学生在校学习行为。

（2）学校层面的变量。主要包括学校类型（"双一流"高校和一般高校；东部高校和西部高校）和学校环境以及学科专业（分为人文社会科学和自然科学）。有10个题目测量学生对学校环境的感知。通过因子分析，我们将这10个测量维度划分为校园学术环境（强调学科、学术和智力品质的校园环境）、校园实用环境（强调课程与个人的实用、强调发展职业与专业胜任力的校园环境）和校园人际环境（学校的人际关系氛围）。

（3）学生学习成果的变量。包括社会性发展、通识能力发展、实践能力发展、科学技术能力发展和智力技能发展五个测量维度。有25个问题要求大学生自我报告他们的大学收获，这些问题涉及学生的价值观、智力、实践能力和科学观念与技术能力等方面，是对大学生全面发展的一种理想型建构。通过对大学生自我报告的这25个大学学习成果问题做因子分析提取出大学生社会性发展、通识能力、实践能力、科学技术能力和智力技能这五个测量维度。

三、统计分析的思路与方法

（1）描述性统计方法

描述性统计的方法主要用于把握大学生在校期间学习投入和学习成果的现状。主要是从不同高校、不同学科以及低年级学生和高年级学生这三个视角观察大学生的学习时间以及他们在图书馆、课堂学习、师生交往、同伴交往这几方面的投入程度及其差异。对大学生学习成果的现状把握则主要是从社会性发展、通识能力发展、实践能力发展、科学技术能力发展、智力技能发展五个方面进行。

（2）聚类分析方法

聚类分析方法能够根据研究对象的特征对研究对象进行分类。通过聚类分析，可以从学生众多的行为特点中将学生归为不同类型，能够为院校决策提供非常有价值的信息。通过运用聚类分析方法，笔者试图了解大学生在校期间的学习投入和学习成果的不同类型，并分析这些不同类型学习参与和学习成果在性别、学科和不同院校上的分布，以及不同类型学生在大学期间学习成果的不同特点和现状。主要从大学生的时间投入、图书馆参与、课程学习、师生交往、同伴交往、阅读写作等六个学习参与变量进行聚类分析。我们以这六个指标作为对学生分类的依据，并将这六个指标的数据转化为均值为 0、标准差为 1 的标准分数（Z 分数），利用 K-Means 分析和潜在轮廓分析（LPA）对参与调查的学生进行分类。

（3）多层线性模型分析方法

高校学生学习成果是多维度、多向度的。不同区域、不同院校、不同学科、不同家庭背景以及学生学习的努力程度的不同，对学生学习成果的影响路径也是十分复杂的。通过问卷调查获取的关于高校学生的实证数据一般是具有嵌套关系的多层次数据结构，常规的普通最小二乘法回归只能对涉及某一层数据的问题进行分析，不能对多层数据结构问题进行综合分析，而近年来发展成熟的多层线性模型方法则可以对多层数据结构问题进行综合分析。

笔者拟采用该种方法分析大学生个体层面和院校层面与大学生学习成果之间的关系。据此，构建学生个体和学校两个层面的估计模型，分别探讨学生个体和学校两个层面的因素对大学生学习成果的不同向度的影响路径。

学生个体层面的模型我们用如下公式表示：

$Y = \beta_0 + \beta_1 X_1 + \beta_2 X_2 + \cdots + \beta_p X_p + R$

（Y 分别表示高校学生总的学习成果以及高校学生在认知、行为和价值观方面的学习成果，X 表示学生个体背景和学习投入的变量，如性别、年级、父母学历、学生的学习时间投入、在课程学习、同伴交往等方面的投入，X 的系数表示学生个体层面的变量对学业成果的影响。）

学校层面的模型用如下公式表示：

$\beta_0 = G_{00} + G_{01} Z_{01} + G_{02} Z_{02} + \cdots + G_{0n} Z_n + \cup_0$

［Z 表示学校层面的变量如学校所在区域（东部高校和西部高校）、学校的类型（主要比较"双一流"高校和一般高校）、学校的环境（学术环境和人际环境）等，Z 的系数表示学校层面的变量对学生学习成果的影响。］

（4）结构方程模型分析方法

结构方程模型可以同时处理多个因变量，并容许自变量及因变量含测量误差，它既可研究可观测变量和不能直接观测的变量，也可研究变量之间的直接和间接作用，通过路径图直观地显示变量之间的关系，通过结构方程模型，研究者可以构建出潜变量之间的关系，并验证这种结构关系是否合理。

以大学生学习成果为分析单位，探讨个人投入、家庭背景和学校投入对大学生学习成果的影响（见图4-1）。个人投入的测量指标主要有学习时间、学生的图书馆活动、课程学习、师生交往和同学交往；家庭背景的测量指标主要有：父母的受教育程度、家庭经济条件等；学校投入的测量指标主要有学校的人际环境、实用环境和学术环境。学校投入和家庭背景既可能直接影响学生学习成果，也可能通过影响学生个人投入进而影响学生学习成果。我们拟建立的结构方程模型可以有效地分析家庭、学校和学生个体对大学生学习成果的联合影响路径和机制，与上述的多层线性模型相结合运用，能够为我们揭示出大学生学习成果的差异和分层的原因，更有效地从复杂多变的因素和变量中看清大学教育对学生学习成果的影响路径。

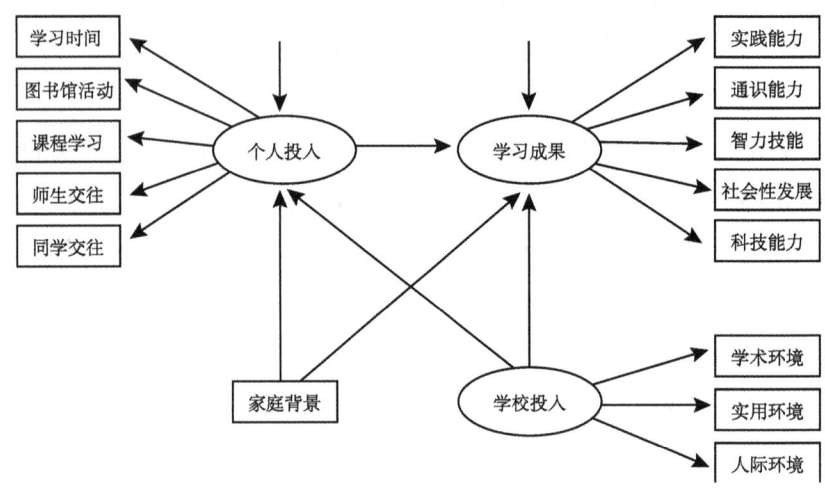

图 4-1　结构方程模型路径图

第二节 高校学生学习质量调查研究结果与发现

一、描述性统计分析结果

(一) 大学生学习投入的现状及差异检验

在前期的研究中,我们发现对大学生学习成果有显著影响的学习投入活动主要有学习时间、图书馆活动、课程学习、师生交往和同学交往这五个方面。[①] 因此,我们在对大学生学习投入的现状进行差异分析时,主要从这五个方面进行。

表4-5 大学生学习投入的差异检验

		性别		年级		专业		学校类型		学校区域		二代大学生	
		男	女	低年级	高年级	自然	人文社会	"双一流"	非"双一流"	东部	西部	是	否
样本量		9061	13350	14021	8390	11365	11046	6212	16199	17577	4834	9163	13248
学习时间	均值	3.1	3.22	3.1	3.29	3.13	3.21	3.53	3.03	3.27	2.82	3.25	3.11
	标准差	1.915	1.928	1.884	1.982	1.916	1.93	2.006	1.873	1.943	1.807	1.911	1.93
	F	#20.903***		#51.497***		#10.419**		#285.649***		#223.322***		28.847***	

[①] 周廷勇,周作宇. 高校学生发展影响因素的探索性研究[J]. 复旦教育论坛,2012(3):48-55.

续表

		性别		年级		专业		学校类型		学校区域		二代大学生	
		男	女	低年级	高年级	自然	人文社会	双一流	非双一流	东部	西部	是	否
图书馆活动	均值	2.28	2.31	2.25	2.37	2.24	2.36	2.41	2.25	2.3	2.3	2.34	2.27
	标准差	0.626	0.604	0.624	0.587	0.607	0.613	0.617	0.605	0.62	0.585	0.647	0.586
	F	#19.417***		#203.280***		223.457***		#304.986***		#0.142		#74.435***	
课程学习	均值	2.61	2.74	2.68	2.7	2.64	2.74	2.72	2.68	2.68	2.74	2.76	2.64
	标准差	0.538	0.519	0.536	0.521	0.529	0.527	0.515	0.536	0.532	0.522	0.553	0.509
	F	322.059***		#8.710**		196.804***		#25.092***		61.164***		#274.672***	
师生交往	均值	2.2	2.09	2.11	2.17	2.12	2.14	2.02	2.17	2.1	2.25	2.18	2.1
	标准差	0.694	0.662	0.689	0.654	0.685	0.668	0.637	0.687	0.662	0.715	0.685	0.669
	F	#142.168***		#53.108***		#6.944**		#252.022***		#178.285***		89.781***	
同学交往	均值	2.44	2.41	2.42	2.43	2.4	2.45	2.44	2.41	2.4	2.5	2.49	2.38
	标准差	0.611	0.603	0.617	0.588	0.61	0.601	0.599	0.608	0.593	0.645	0.624	0.589
	F	10.255**		#1.109		32.928***		#12.065**		#101.393***		#188.572***	

注：*** 表示 $p<0.001$，** 表示 $p<0.01$，* 表示 $p<0.05$。

表4-5显示，高校学生在学习时间、图书馆活动、课程学习、师生交往、同学交往这五方面都存在着性别、年级、专业、学校类型、学校区域和是否第二代大学生的差异。具体来说：（1）在学习时间投入方面，"双一流"高校的学生显著高于非"双一流"高校的学生；东部高校的学生显著高于西部高校的学生，二代大学生要高于非二代大学生。（2）在图书馆活动方面，高年级的学生投入度比低年级学生高，"双一流"高校比非"双一流"高校的学生高。（3）在课程学习投入上，西部高校学生高于东部高校，二代大学生高于非二代大学生，人文社会科学的学生高于自然科学学生。（4）在师生交往的投入度上，西部高校的学生高于东部高校的学生，非"双一流"高校的学生高于"双一流"高校的学生，男生高于女生。（5）在同学交往的投入度上，西部高校的学生高于东部高校的学生，二代大学生高于非二代大学生。

（二）大学生学习成果的现状及差异检验

表 4-6 大学生学习成果的差异检验

		性别		年级		专业		学校类型		学校区域		二代大学生	
		男	女	低年级	高年级	自然	人文社会	"双一流"	非"双一流"	东部	西部	是	否
	样本量	9061	13350	14021	8390	11365	11046	6212	16199	17577	4834	9163	13248
实践能力	均值	2.63	2.64	2.64	2.63	2.62	2.65	2.71	2.61	2.65	2.59	2.72	2.58
	标准差	0.692	0.693	0.7	0.679	0.694	0.69	0.673	0.697	0.69	0.7	0.702	0.68
	F	1.422		#1.113		5.910*		#111.235***		#30.536***		#216.891***	
通识能力	均值	2.44	2.43	2.44	2.42	2.38	2.49	2.46	2.43	2.43	2.45	2.51	2.38
	标准差	0.669	0.666	0.672	0.661	0.672	0.658	0.668	0.667	0.672	0.652	0.694	0.643
	F	0.586		4.931*		171.107***		13.576***		#2.875		#211.037***	
智力技能	均值	2.66	2.64	2.64	2.66	2.64	2.65	2.71	2.62	2.64	2.66	2.71	2.6
	标准差	0.61	0.598	0.609	0.594	0.604	0.603	0.582	0.609	0.603	0.604	0.627	0.583
	F	4.978*		5.812*		1.649		#103.987**		1.831		#151.425***	
社会性发展	均值	2.82	2.86	2.84	2.84	2.82	2.86	2.92	2.81	2.82	2.9	2.87	2.82
	标准差	0.66	0.645	0.656	0.643	0.653	0.648	0.625	0.658	0.652	0.644	0.672	0.636
	F	21.568***		0.743		31.333***		#130.473***		53.966***		#32.977***	
科技能力	均值	2.6	2.43	2.5	2.5	2.6	2.4	2.48	2.51	2.48	2.57	2.55	2.47
	标准差	0.71	0.749	0.76	0.725	0	0.762	0.763	0.29	0.74	0.73	0.762	0.72
	F	#281.437***		#0.424		#454.365***		#8.638**		50.066***		#55.730***	
学习收获	均值	2.63	2.6	2.61	2.61	2.61	2.61	2.66	2.59	2.61	2.63	2.67	2.57
	标准差	0.571	0.596	0.57	0.55	0.566	0.559	0.537	0.571	0.563	0.559	0.591	0.538
	F	13.473***		#0.010		0.081		#57.304***		8.237**		#166.997***	

注：*** 表示 $p<0.001$，** 表示 $p<0.01$，* 表示 $p<0.05$。

表 4-6 呈现的是大学生学习成果的差异检验结果。（1）从大学生在实践能力方面的成果来看，性别和年级层面的差异很小，但是"双一流"高校学

生高于非"双一流"高校学生，东部高校的学生高于西部高校的学生，二代大学生高于非二代大学生。（2）在通识能力的成果上，人文社会科学的学生高于自然科学的学生，"双一流"高校的学生高于非"双一流"高校的学生，二代大学生高于非二代大学生，但是在男学生和女学生、低年级和高年级学生之间的差异很微弱。（3）在智力技能成果方面，"双一流"高校的学生高于非"双一流"高校的学生，二代大学生高于非二代大学生。（4）在社会性发展方面，"双一流"高校的学生明显高于非"双一流"高校学生，西部高校学生高于东部高校学生，二代大学生高于非二代大学生。（5）在科技能力成果上，西部高校的学生高于东部高校学生，非"双一流"高校高于"双一流"高校，男生高于女生。（6）从总的学习成果来看，二代大学生高于非二代大学生，"双一流"高校学生高于非"双一流"高校学生。

二、聚类分析结果

（一）按照大学生学习投入进行分类的结果

表 4-7 LPA 拟合信息

类别数	AIC	BIC	aBIC	Entropy	LMR-LRT	BLRT
1C	2740593.121	2741362.783	2741057.698	—	—	—
2C	2554015.696	2555178.205	2554717.400	0.938	<0.001	<0.001
3C	2498603.973	2500159.331	2499542.806	0.924	<0.001	<0.001
4C	2474345.891	2476294.096	2475521.851	0.905	<0.001	<0.001
5C	2453355.006	2455696.060	2454768.094	0.902	<0.001	<0.001
6C	2436434.618	2439168.520	2438084.834	0.902	<0.001	<0.001

主要使用大学生的时间投入、图书馆参与、课程学习、师生交往、同伴交往、阅读写作等六个对大学生学习发展最有显著影响的学习参与变量，采用潜在轮廓分析的方法（LPA），对大学生进行分类，具体结果见表 4-7。

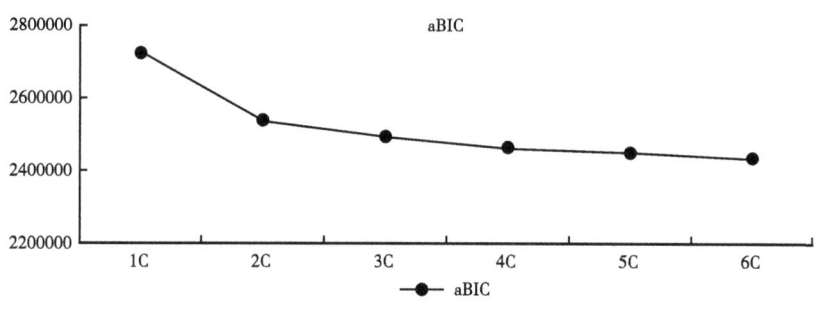

图 4-2 aBIC 的陡坡图

参考表 4-7 中各分类模型的指数,可以看到当将大学生分为 2 类时,Entropy 最大,且根据 aBIC 的陡坡图(见图 4-2)可以看到,2 类对应的 aBIC 是一个明显的拐点。[①] 综合各指数可以认为,将大学生分为 2 类最为合适。

具体分类结果如下图 4-3 所示,可以看到,第一类学生在各方面的得分都比较高,占总人数的 39.0%,可以称为高投入型学生;而另一类学生则在各项上的投入度都相对较低,占总体人数的 61.0%,可以称为低投入型学生。不论是高投入型还是低投入型学生,他们在上课缺席(都倾向于不缺席)以及读与写(大致对应于 10 本以上,20 本以下的水平)上的差异不大。

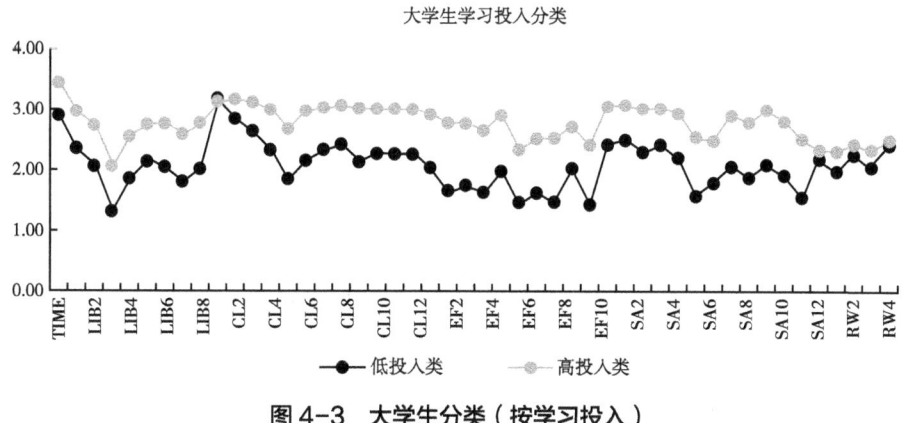

图 4-3 大学生分类(按学习投入)

[①] 王孟成,毕向阳. 潜变量建模与 Mplus 应用·进阶篇 [M]. 重庆:重庆大学出版社,2018.

将学生分类和学校地域、学校类型、父母受教育程度等变量进行交叉分析，可以看到两类学生在不同学校、不同家庭以及不同年级、不同性别上的分布，具体结果如下表4-8所示，可以看到：西部高校中高投入型学生占比比东部更高，非"双一流"高校中高投入型学生占比比"双一流"更高，二代大学生中高投入型学生占比比非二代大学生更高，男生里面的高投入型学生占比比女生高，高年级学生中高投入型学生占比比低年级更高。

表4-8 两类学生的分布特征

		低投入型 （人数/百分比）	高投入型 （人数/百分比）	卡方	p
学校 地域	西部	2684/55.5%	2150/44.5%	78.786	<0.001
	东部	10995/62.6%	6582/37.4%		
学校 类型	非"双一流"	9840/60.7%	6359/39.3%	2.102	0.150
	"双一流"	3839/61.8%	2373/38.2%		
二代 大学生	否	8521/64.3%	4727/35.7%	146.773	<0.001
	是	5158/56.3%	4005/43.7%		
性别	女	8278/62.0%	5072/38.0%	13.077	<0.001
	男	5401/59.6%	3660/40.4%		
年级	高年级	4926/58.7%	3464/41.3%	30.462	<0.001
	低年级	8753/62.4%	5268/37.6%		

另外，我们也了解到高投入型和低投入型的学生在学习成果上的差异，结果如下表4-9所示，可以看到，高投入型学生学习成果显著高于低投入型学生学习成果，效应量（偏 η^2）在0.11~0.21之间。

表4-9 两类学生在学习成果上的差异

	低投入型（N=13679）		高投入型（N=8732）		F	偏 η^2
	均值	方差	均值	方差		
实践能力	2.45	0.645	2.93	0.662	2903.265***	0.115
通识能力	2.21	0.584	2.79	0.637	#4643.307***	0.177

续表

	低投入型（N=13679）		高投入型（N=8732）		F	偏 η^2
	均值	方差	均值	方差		
智力技能	2.44	0.538	2.96	0.564	#4600.320***	0.173
社会性发展	2.66	0.613	3.12	0.607	3067.431***	0.120
科技能力	2.28	0.664	2.85	0.715	#3551.979***	0.141
学习成果	2.41	0.489	2.93	0.521	#5577.467***	0.204

（二）按照大学生学习成果进行分类的结果

采用潜在轮廓分析的方法（LPA）利用大学生的学习成果对大学生进行分类，具体结果如下：

表 4-10 LPA 拟合信息

类别数	AIC	BIC	aBIC	Entropy	LMR-LRT	BLRT
1C	1393305.650	1393706.515	1393547.617	—	—	—
2C	1239326.735	1239936.050	1239694.525	0.923	<0.001	<0.001
3C	1183920.175	1184737.941	1184413.788	0.931	<0.001	<0.001
4C	1161688.610	1162714.825	1162308.046	0.907	<0.001	<0.001
5C	1150276.593	1151511.258	1151021.852	0.904	<0.001	<0.001
6C	1139655.204	1141098.319	1140526.286	0.902	<0.001	<0.001

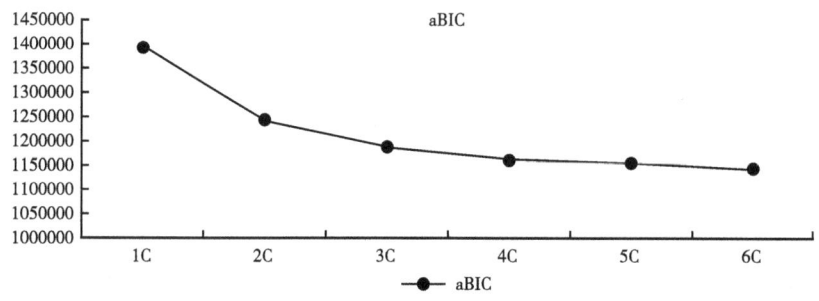

图 4-4 aBIC 的陡坡图

参考表 4-10 中各分类模型的指数，根据 aBIC 的陡坡图（图 4-4）可以看到，2、3 类对应的 aBIC 都可以认为有相对明显的拐点，而当将学生分为 3 类时，Entropy 最大。综合各指数可以认为，将大学生分为 3 类最为合适。

具体分类结果如图 4-5 所示，可以看到，第一类学生在学习成果各方面的得分都比较高，占总人数的 15.8%，可以称为优生；第二类学生在各项上的得分处于中间水平，占总人数的 53.3%，可以称为中等水平的学生；第三类学生则在学习成果的各方面得分都较低，占总人数的 30.9%，称为较差水平的学生。

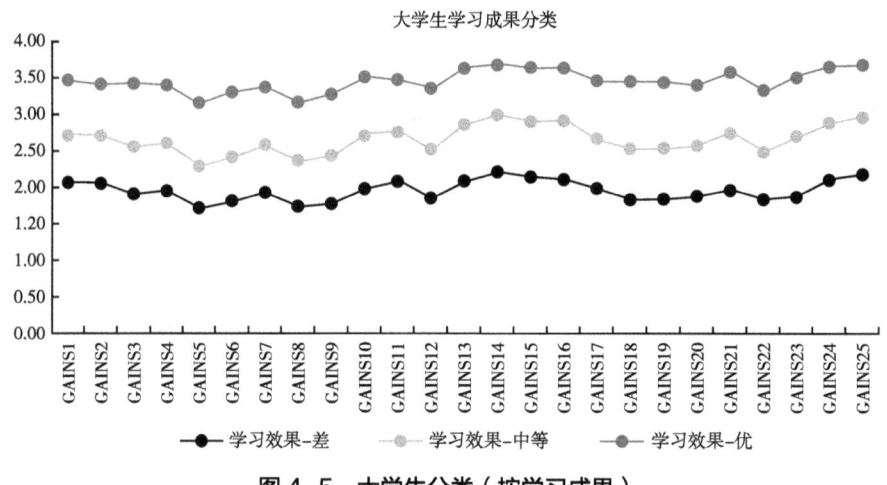

图 4-5 大学生分类（按学习成果）

三类学生在不同学校、家庭和不同年级、性别上的分布如表 4-11 所示，可以看到：西部高校中学习效果好的学生占比相对东部更高，学习效果差的学生占比更低；"双一流"高校学习效果好的学生占比相对于非"双一流"更高，中等效果的占比也更高，而学习效果差的学生占比更低；二代大学生中学习效果好的学生占比相对于非二代大学生更高，学习效果差的学生占比更低；女生中学习效果好的学生占比相对于男生更低，学习效果差的学生占比更高。

表 4-11　三类学生的分布特征

		学习效果差 （人数/百分比）	学习效果中等 （人数/百分比）	学习效果好 （人数/百分比）	卡方
学校 地域	西部	1393/28.8%	2546/52.7%	895/18.5%	37.150
	东部	5530/31.5%	9395/53.5%	2652/15.1%	
学校 类型	非"双一流"	5283/32.6%	8440/52.1%	2476/15.3%	82.224
	"双一流"	1640/26.4%	3501/56.4%	1071/17.2%	
二代 大学生	否	4256/32.1%	7108/53.7%	1884/14.2%	69.631
	是	2667/29.1%	4833/52.7%	1663/18.1%	
性别	女	4248/31.8%	7083/53.1%	2019/15.1%	19.867
	男	2675/29.5%	4858/53.6%	1528/16.9%	
年级	高年级	2527/30.1%	4542/54.1%	1321/15.7%	4.479
	低年级	4396/31.4%	7399/52.8%	2226/15.9%	
专业	自然科学	3367/30.5%	5914/53.5%	1765/16.0%	1.770
	人文社会科学	3556/31.3%	6027/53.0%	1782/15.7%	

（三）K-means 聚类分析结果

Hu 和 McCormick 把学生分为 7 种类型：不努力型、学习型、学术型、非同一般型、全面发展型、刻苦型、普通型。[①] 我们借鉴这种研究思路，采用 K-means 聚类分析法，对学生学习参与和投入的类型做进一步的细致研究。根据聚类分析的结果和现实情况的考量，将大学生分为全面发展型、普通型、不努力型、社交型和学习型五类。从表 4-12 看，全面发展型的学生在学习参与的六个方面得分都很高，表明他们在校期间的学习参与是比较全面的。普通型学生在学习参与的六个方面表现不是最好，也不是最差，比较平常。不努力型的学生则是属于那种在六个学习参与活动中的得分都很低，表现不好，

---

① HU S, MCCORMICK A C. An Engagement-Based Student Typology and Its Relationship to College Outcomes. Paper presented at the annual forum of the Association for Institutional Research, Toronto, 2011.

游离于大学学习生活之外。社交型的学生显然在与人际交往相关的活动中得分比较高。学习型的学生则专注于学习，对人际交往的参与和投入不多。

表 4-12 大学生学习质量调查聚类分析结果

	全面发展型	普通型	不努力型	社交型	学习型
时间投入	0.3858	−0.0163	−0.3745	−0.5667	0.7769
对图书馆的利用	1.1276	0.1365	−0.9319	−0.0251	0.0568
课堂学习情况	1.132	0.055	−0.9816	0.064	0.1158
师生交往的情况	1.2309	0.0791	−1.0194	0.3829	−0.1955
社团活动	1.0786	0.0494	−0.7887	0.5575	−0.3978
同伴交往的情况	1.1029	0.0358	−0.9033	0.4603	−0.2908
阅读写作	0.3123	−1.0553	−0.276	0.4002	0.6187

1. 五类学生的性别构成

男生数量占被试样本的47.6%，女生占52.4%。在学习型（60%）、不努力型（53.4%）和普通型（52.3%）中，女生的比例明显超过或接近她们在总体样本中的比例。在全面发展型（52.4%）和社交型（54%）中，男生的比例明显超过了他们在总体样本中的比例。（见表4-13）

表 4-13 不同类型学生的性别构成（%）

	全面发展型	普通型	不努力型	社交型	学习型	总计
男	52.4	47.7	46.6	54	40	47.6
女	47.6	52.3	53.4	46	60	52.4

2. 五类学生的学科构成

全面发展型、普通型、社交型和学习型的学生在人文社会科学中的比重多于自然科学类的学生，分别为60.5%，57.7%，52.5%和53.7%，不努力型的学生在自然科学中的比例（55.5%）多于人文社会科学类的学生（见表4-14）。

表 4-14 不同类型学生的学科构成（%）

	全面发展型	普通型	不努力型	社交型	学习型
人文社会科学	60.5	57.7	44.5	52.5	53.7
自然科学	39.5	42.3	55.5	47.5	46.3

3. 不同院校类型的学生类型分布状况

表 4-15 表明，非"双一流"高校里，五类学生所占比例从大到小的顺序是：不努力型（25%）、学习型（21.2%）、社交型（19.4%）、全面发展型（17.7%）、普通型（16.7%）。"双一流"高校里，五类学生所占比例由大到小的顺序是：不努力型（24%）、学习型（22.4%）、普通型（21.5%）、全面发展型（17.1%）和社交型（15.1%）。

表 4-15 非双一流高校和双一流高校学生类型的分布情况（%）

	全面发展型	普通型	不努力型	社交型	学习型
非"双一流"	17.7	16.7	25.0	19.4	21.2
"双一流"	17.1	21.5	24.0	15.1	22.4

4. 五类学生学习成果的比较

全面发展型的学生在五项指标下都有最高得分，不努力型的指标得分是最低的。学习型的学生在科技能力发展、通识能力发展和社会性发展的得分都比较高。社交型的学生在社会性发展的得分比较高（见表 4-16）。

表 4-16 不同类型学生的学习收获得分比较（Z 分数）

	社会性发展	通识能力发展	科技能力发展	实践能力发展	学习总成就
全面发展型	.613624	.797762	.751829	.699712	.865270
普通型	−.035259	−.013059	−.045238	−.008420	−.037865
不努力型	−.547507	−.635688	−.608357	−.551992	−.710239
学习型	.118655	.150135	.187855	.105851	.183240
社交型	.082756	−.056048	−.041930	−.007554	.000192

三、多层线性模型分析结果

（一）零模型检验结果

在零模型中，我们将高校学生学习成果分为学习总成果、实践能力、通识能力、智力技能、社会性发展和科技能力六个因变量，分别探讨学生层面和学校层面的变量与这六个因变量的关系。该模型中，第一层变量和第二层变量都没有预测变量，只注重区别被研究的大学生的个体差异和学校差异，而暂时不考虑相关控制变量对相应变量的影响。主要目的是将高校学生学习成果的总方差分解为学生个体及其所在的学校两个层次，以检验各层方差（特别是第二层方差）的比例是否显著，它决定了在此研究中分层模型是否有意义。

零模型中的高校学生学习总成果、实践能力、通识能力、智力技能、社会性发展和科技能力这六个变量的信度检验结果都较为理想，其值分别为 0.891，0.894，0.906，0.884，0.927，0.896，这说明用所取的样本均值来表示高校学生的实际的学习参与和学习成果的均值是很可靠和可信的（见表 4-17）。从表 4-17 可看出，当将学习总成果、实践能力、通识能力、智力技能、社会性发展和科技能力这六个变量分别作为因变量进行方差分析，各个模型中层 2 随机项方差估计的卡方检验 P 值都小于 0.001，这表明高校学生学习成果在第二层（学校层面）存在着显著的差异。这表明学校背景因素对大

表 4-17 高校学生学习成果方差分析模型方差成分估计结果

因变量	组内方差	组间方差	p	ICC	信度
实践能力	0.46297	0.02587	<0.001	0.053	0.894
通识能力	0.43125	0.0279	<0.001	0.061	0.906
智力技能	0.35329	0.01768	<0.001	0.048	0.884
社会性发展	0.4078	0.03635	<0.001	0.082	0.927
科技能力	0.5267	0.03029	<0.001	0.054	0.896
学习总成果	0.30709	0.01656	<0.001	0.051	0.891

学生发展的差异有很大影响。高校学生学习总成果、实践能力、通识能力、智力技能、社会性发展和科技能力这六个变量因变量进行方差分析后，进一步计算 ICC 可以发现学校可以解释的差异占比在 4.8%~8.2% 之间，即六个因变量均存在一定的分层效应，这说明高校学生学习成果的差异除了源于学生特征和学生学习参与的差异之外，还与学生所在学校的环境之差异有关。因此，零模型的结果表明继续用 HLM 模型进行分析是有意义的。

（二）随机效应模型检验结果

随机系数回归模型只对学生层面的变量进行分析，没有包含学校层面的变量。这里我们先假定学生层面的自变量对学生学习成果的影响以随机效应的形式进行，也即各个影响因素在不同学校的斜率可能不同。通过这个模型我们能够确定对学习成果有影响的学生层面的变量。

表 4-18 报告的是自变量为学生背景信息（包括学生家庭经济状况、学生父母受教育水平、性别、年级、专业）和学生学习参与（包括学生学习时间投入、在图书馆的活动、信息技术活动、课程学习活动、师生交往、同伴交往），因变量分别为学生在大学学习总成果、实践能力、通识能力、智力技能、社会性发展和科技能力的随机系数回归模型的分析结果。主要结果说明如下：(1) 家庭经济状况每高一个单位，学生学习总成果、通识能力、智力技能和社会性发展就会分别增加 0.011，0.008，0.016，0.02 个单位。(2) 男生在通识能力、智力技能、科技能力发展和学习总成果上比女生分别高 0.032，0.035，0.082，0.03 个单位。(3) 高年级学生在通识能力、科技能力和学习总成果上要分别高于低年级学生 0.033，0.047，0.03 个单位。(4) 学生的学习时间投入每增加一个单位，学生的实践能力、智力技能、社会性发展和学习总成果就会分别增加 0.016，0.006，0.011，0.006 个单位；(5) 学生对图书馆的利用程度每增加一个单位，学生在实践能力、通识能力、智力技能、社会性发展，科技能力和学习总成果上就会分别增加 0.105，0.125，0.079，0.043，0.099 和 0.088 个单位；(6) 学生在课程学习的投入程度上每增加一个单位，学生在实践能力、通识能力，智力技能、社会性发展、科技能力和学习总成

果上就会分别增加 0.262，0.156，0.288，0.343，0.215，0.248 个单位；(7) 学生在师生交往上的投入每增加一个单位，学生的实践能力、通识能力、智力技能、科技能力和学习总成果就会分别增加 0.082，0.124，0.071，0.168，0.092 个单位；(8) 学生在同学交往方面的投入每增加一个单位，其在实践能力、通识能力、智力技能、社会性发展、科技能力和学习总成果上就会分别增加 0.185，0.292，0.233，0.249，0.249，0.243 个单位。(9) 学生在读与写的努力方面每增加一个单位，其实践能力、通识能力、智力技能、社会性发展、科技能力和学习总成果就会分别增加 0.073，0.066，0.09，0.082，0.101，0.084 个单位。

表 4-18 随机效应模型检验的固定效应结果

自变量	实践能力	通识能力	智力技能	社会性发展	科技能力	总成果
截距	0.748***	0.537***	0.631***	0.837***	0.355***	0.633***
父母教育投资	0.007	0.008*	0.016**	0.020***	0.004	0.011**
父母受教育水平	0.021	0.033	0.008	0.008	0.006	0.010
性别	0.018	0.032**	0.035**	−0.006	0.082***	0.030**
年级	0.041	0.033*	0.009	0.027	0.047***	0.030*
专业	0.016	−0.028	0.014	0.007	0.145***	0.032
时间投入	0.016***	−0.001	0.006*	0.011**	−0.003	0.006**
图书馆	0.105***	0.125***	0.079***	0.043**	0.099***	0.088***
课程学习	0.262***	0.156***	0.288***	0.343***	0.215***	0.248***
师生交往	0.082**	0.124***	0.071***	0.005	0.168***	0.092***
同学交往	0.185**	0.292***	0.233***	0.249***	0.249***	0.243***
读与写	0.073**	0.066**	0.090***	0.082***	0.101***	0.084***

注：*** 表示 P<0.01，** 表示 0.01 ≤ P<0.05，* 表示 0.05 ≤ P<0.1

为了解释第一层面变量的相关在第二层面上的变异有多少比例是由学生个体层面的变量造成的，需要求随机效应模型方差成分对零模型方差的比例。方差比例为"(零模型方差-随机效应模型方差)/零模型方差"。根据这个计算公式，我们算出了学生层面变量所解释的方差成分和比例（结果见表4-19）。由表4-19可知，学生个人层面的变量对大学生学习总成果、大学生实践能力、通识能力、智力技能、社会性发展和科技能力的方差变异的解释率分别为37.4%、22.4%、29.8%、33.0%、26.7%、29.5%。

表4-19 学生层面变量所解释的方差成分和比例

	零模型	随机模型	解释的方差
实践能力	0.46297	0.35935	22.4%
通识能力	0.43125	0.30260	29.8%
智力技能	0.35329	0.23657	33.0%
社会性发展	0.40780	0.29877	26.7%
科技能力	0.52670	0.37145	29.5%
学习成果	0.30709	0.19218	37.4%

（三）截距模型检验结果

截距模型主要是检验层-2中的变量是否显著影响因变量，具体模型表达如下：

层-1：$Y_{ij} = \beta_{0j} + r_{ij}$

层-2：$\beta_{0j} = \gamma_{00} + \gamma_{01}*$（学校类型）$+ \gamma_{02}*$（学校区域）$+ \gamma_{03}*$（学术环境）$+ \gamma_{04}*$（实用环境）$+ \gamma_{05}*$（人际环境）$+ \mu_{0j}$

表4-20 截距模型的检验结果

自变量	实践能力	通识能力	智力技能	社会性发展	科技能力	总成果
截距	1.106**	1.190***	1.076***	1.719***	0.877*	1.167***
学校类型	−0.052	−0.097*	0.017	0.019	0.029	−0.016
学校地域	0.185**	0.047	0.078*	0.005	0.010	0.070

续表

自变量	实践能力	通识能力	智力技能	社会性发展	科技能力	总成果
学术环境	0.347***	0.615***	0.257***	0.274**	−0.050	0.284***
实用环境	0.116	−0.220**	0.121*	0.167	0.272**	0.101
人际环境	−0.16	−0.112	−0.062	−0.199**	0.096	−0.088***

表 4-20 显示，学校类型对学生通识能力成果的影响是负向的，学校地域对学生实践能力成果、智力技能成果是正向影响。学校的学术环境对学生实践能力、通识能力、智力技能、社会性发展和学习总成果都有显著的正向影响。学校的实用环境对学生通识教育是负向影响，但对学生智力技能、科技能力和学习总成果方面的影响是正向的。

（四）完整两层模型分析结果

我们根据零模型、随机效应回归模型和截距模型的结果，分别以学生学习总成果、实践能力、通识能力、智力技能、社会性发展为因变量建立完整两层模型。

1. 高校学生学习总成果的完整两层模型结果分析

从表 4-21 呈现的结果来看，总体而言，学校环境中，学术环境对学生学习总成果有正向影响，人际环境对学习成果的影响不显著。学术环境对学生学习总成果的影响通过学生的性别、学生所处的年级、学生家庭经济状况、学生自己的学习时间投入、图书馆活动、课程学习、与教师的交往和读写活动来发生的。具体地说，学术环境对男生、高年级学生和家庭经济条件较好的学生的学习成果具有更明显的正向影响，尤其是通过学生的时间投入、图书馆活动、课程学习参与、与教师的交往和读写活动等方面的积极投入，学生的学习总成果更倾向于有好的表现。同学交往对于学习成果的影响受到学校人际环境的调节，具体表现为学校的人际环境通过同学交往对于学生的学习总成果的影响有干扰、消解作用，也即人际环境越好的高校，同学交往越深入，学生学习总成果受到的正向影响作用就越小。

表 4-21 学生学习总成果的完整两层模型结果

固定效应		系数	标准误	t 比率	p
截距 1 β_0					
截距 2	G00	2.564	0.013	201.017	<0.001
学术环境	G01	0.288	0.037	7.751	<0.001
人际环境	G02	−0.023	0.054	−0.42	0.676
家庭教育投入 β_1					
截距 2	G10	0.011	0.004	3.05	0.004
学术环境	G11	0.001	0.013	0.095	0.925
人际环境	G12	−0.011	0.017	−0.629	0.532
性别 β_2					
截距 2	G20	0.042	0.011	3.904	<0.001
学术环境	G21	0.053	0.038	1.379	0.174
人际环境	G22	−0.049	0.049	−1.009	0.318
年级 β_3					
截距 2	G30	0.033	0.014	2.342	0.023
学术环境	G31	0.042	0.056	0.756	0.453
人际环境	G32	−0.053	0.073	−0.721	0.474
学习时间投入 β_4					
截距 2	G40	0.007	0.002	3.924	<0.001
学术环境	G41	−0.002	0.006	−0.415	0.677
人际环境	G42	0.005	0.012	0.442	0.658
图书馆 β_5					
截距 2	G50	0.091	0.013	7.199	<0.001
学术环境	G51	−0.037	0.035	−1.055	0.297
人际环境	G52	0.029	0.049	0.597	0.553
课程学习 β_6					
截距 2	G60	0.242	0.013	18.057	<0.001
学术环境	G61	−0.063	0.048	−1.318	0.193
人际环境	G62	0.048	0.062	0.768	0.446

续表

固定效应		系数	标准误	t比率	p
师生交往 β_7					
截距2	G70	0.090	0.013	6.748	<0.001
学术环境	G71	0.068	0.037	1.847	0.07
人际环境	G72	−0.057	0.060	−0.947	0.348
同学交往 β_8					
截距2	G80	0.243	0.013	19.287	<0.001
学术环境	G81	0.038	0.043	0.899	0.373
人际环境	G82	−0.115	0.052	−2.206	0.032
读与写 β_9					
截距2	G90	0.085	0.015	5.567	<0.001
学术环境	G91	−0.009	0.061	−0.143	0.888
人际环境	G92	−0.013	0.07	−0.189	0.851

2. 高校学生实践能力发展完整两层模型结果分析

学生实践能力发展完整两层模型分析的结果表明（见表4-22），总体来看，学校地域对学生实践能力有一定影响，表现为东部学生实践能力更强；另外，学校学术环境越好，学生实践能力越强。学生的学习时间投入、图书馆使用、课程学习和同学交往对学生实践能力也都有正向预测作用，这些影响与学校层面的变量关系不大。然而，师生交往对实践能力的影响受到高校地域的调节，具体表现为，东部高校师生交往对于实践能力的影响相对于西部而言更小。

表4-22 学生实践能力发展完整两层模型结果

固定效应		系数	标准误	t比率	p
截距1 β_0					
截距2	G00	2.488	0.032	77.877	<0.001
学校区域	G01	0.182	0.042	4.354	<0.001

续表

固定效应		系数	标准误	t比率	p
学术环境	G02	0.368	0.052	7.061	<0.001
学习时间投入 β_1					
截距2	G10	0.015	0.005	3.253	0.002
学校区域	G11	−0.001	0.005	−0.135	0.893
学术环境	G12	−0.006	0.010	−0.651	0.515
图书馆 β_2					
截距2	G30	0.276	0.031	8.99	<0.001
学校区域	G31	−0.024	0.037	−0.655	0.515
学术环境	G32	−0.024	0.041	−0.575	0.567
课程学习 β_3					
截距2	G30	0.276	0.031	8.99	<0.001
学校区域	G31	−0.024	0.037	−0.655	0.515
学术环境	G32	−0.024	0.041	−0.575	0.567
师生交往 β_4					
截距2	G40	−0.016	0.050	−0.311	0.757
学校区域	G41	0.124	0.055	2.257	0.028
学术环境	G42	0.065	0.054	1.214	0.231
同学交往 β_5					
截距2	G50	0.166	0.034	4.936	0
学校区域	G51	0.032	0.036	0.911	0.367
学术环境	G52	0.016	0.030	0.522	0.604
读与写 β_6					
截距2	G60	0.045	0.073	0.62	0.538
学校区域	G61	0.036	0.077	0.472	0.638
学术环境	G62	−0.087	0.061	−1.42	0.162

3. 高校学生通识教育成果的完整两层模型结果分析

通识教育成果完整两层模型的分析结果如表4-23所示，学校学术环境对大学生通识教育有正向影响，学校实用环境对大学生通识教育有负向影响。大学生在图书馆使用、课程学习、师生交往、学生交往以及读与写方面的投入对学生通识教育都有正向预测作用，且这些影响不受学校环境的影响。不过家庭经济条件对学生通识教育的影响受到学术环境和实用环境的调节，具体表现为学校学术环境对于家庭经济条件对学生通识教育成果的影响具有增强调节作用，也就是说，那些学术环境更好的学校，学生家庭经济条件对学生通识教育成果的正向影响更大；而学校强调实用的学习环境对于家庭经济条件对通识教育的影响则属于干扰调节，也就是说，那些更强调实用性的学校，家庭经济条件对学生通识教育成果的正向影响就更小。

表4-23 学生通识教育成果的完整两层模型结果

固定效应		系数	标准误	t比率	p
截距1 β_0					
截距2	G00	2.447	0.021	116.105	<0.001
学校类型	G01	−0.101	0.065	−1.566	0.123
学术环境	G02	0.631	0.099	6.343	<0.001
实用环境	G03	−0.395	0.093	−4.273	<0.001
家庭教育投入 β_1					
截距2	G10	0.013	0.005	2.707	0.01
学校类型	G11	−0.017	0.015	−1.147	0.257
学术环境	G12	0.054	0.027	2.016	0.049
实用环境	G13	−0.077	0.025	−3.108	0.004
性别 β_2					
截距2	G20	0.023	0.013	1.812	0.075
学校类型	G21	−0.030	0.034	−0.877	0.385
学术环境	G22	−0.041	0.068	−0.608	0.545
实用环境	G23	0.086	0.065	1.324	0.192

续表

固定效应		系数	标准误	t比率	p
年级 β_3					
截距2	G30	0.022	0.020	1.082	0.285
学校类型	G31	0.049	0.060	0.816	0.419
学术环境	G32	0.015	0.099	0.149	0.883
实用环境	G33	0.033	0.092	0.355	0.724
图书馆 β_4					
截距2	G40	0.127	0.016	7.95	<0.001
学校类型	G41	−0.022	0.047	−0.472	0.639
学术环境	G42	0.056	0.078	0.719	0.475
实用环境	G43	−0.045	0.073	−0.611	0.543
课程学习 β_5					
截距2	G50	0.164	0.017	9.396	<0.001
学校类型	G51	0.004	0.050	0.078	0.938
学术环境	G52	0.127	0.090	1.409	0.165
实用环境	G53	−0.165	0.084	−1.957	0.055
师生交往 β_6					
截距2	G60	0.128	0.018	7.214	<0.001
学校类型	G61	−0.017	0.053	−0.322	0.749
学术环境	G62	0.041	0.085	0.481	0.632
实用环境	G63	−0.066	0.079	−0.836	0.407
同学交往 β_7					
截距2	G70	0.287	0.016	18.076	<0.001
学校类型	G71	0.010	0.045	0.214	0.832
学术环境	G72	−0.024	0.078	−0.31	0.758
实用环境	G73	0.02	0.073	0.276	0.784
读与写 β_8					
截距2	G80	0.068	0.019	3.517	0.001

4. 高校学生智力技能成果的完整两层模型结果分析

从学生智力技能成果的完整两层模型的结果来看（见表4-24），东部高校学生的智力技能得分更高，学校学术环境对智力技能有正向影响，但是实用环境影响不显著；另外，男生的智力技能得分高于女生，而家庭教育投入、图书馆、课程学习以及读与写对智力技能有正向影响作用，且这些影响与学校层面的因素无关。此外，同学交往对于智力技能的正向影响受到学术环境和实用环境的调节。具体而言：学术环境对于同学交往对智力技能的正向影响有增强作用，也即学术环境越好的学校，同学交往对智力技能发展的正向影响越大；而实用环境对于同学交往对智力技能的正向影响有干扰、减弱或消解作用，也即那些更多强调实用性和职业性的学校环境的学校，同学交往对于智力技能的正向影响越小。

表4-24 学生智力技能成果的完整两层模型结果

固定效应		系数	标准误	t比率	p
截距1 β_0					
截距2	G00	2.539	0.027	95.026	<0.001
学校区域	G01	0.094	0.037	2.561	0.014
学术环境	G02	0.269	0.053	5.052	<0.001
实用环境	G03	0.080	0.062	1.299	0.2
家庭教育投入 β_1					
截距2	G10	0.035	0.013	2.653	0.011
学校类型	G11	−0.025	0.015	−1.611	0.113
学术环境	G12	0.02	0.026	0.749	0.457
实用环境	G13	−0.047	0.031	−1.501	0.139
性别 β_2					
截距2	G20	0.092	0.029	3.152	0.003
学校类型	G21	−0.058	0.031	−1.875	0.066
学术环境	G22	0.038	0.074	0.522	0.604

续表

固定效应		系数	标准误	t比率	p
实用环境	G23	−0.022	0.076	−0.292	0.771
学习时间投入 β_3					
截距2	G30	0.000	0.007	−0.059	0.953
学校类型	G31	0.011	0.008	1.398	0.162
学术环境	G32	−0.006	0.010	−0.56	0.575
实用环境	G33	0.008	0.011	0.723	0.47
图书馆 β_4					
截距2	G40	0.110	0.046	2.391	0.021
学校类型	G41	−0.043	0.048	−0.884	0.381
学术环境	G42	0.050	0.070	0.719	0.475
实用环境	G43	−0.071	0.085	−0.835	0.408
课程学习 β_5					
截距2	G50	0.275	0.045	6.086	<0.001
学校类型	G51	0.005	0.053	0.09	0.929
学术环境	G52	−0.163	0.091	−1.778	0.081
实用环境	G53	0.106	0.090	1.176	0.245
师生交往 β_6					
截距2	G60	0.024	0.058	0.416	0.679
学校类型	G61	0.059	0.060	0.974	0.335
学术环境	G62	0.053	0.092	0.572	0.569
实用环境	G63	0.033	0.110	0.302	0.764
同学交往 β_7					
截距2	G70	0.240	0.035	6.826	<0.001
学校类型	G71	0.000	0.041	0.002	0.999
学术环境	G72	0.199	0.073	2.746	0.009
实用环境	G73	−0.207	0.079	−2.605	0.012
读与写 β_8					

5. 高校学生社会性发展的完整两层模型结果分析

从学生社会性发展的完整两层模型结果来看（表4-25），学术环境对学生社会性发展有正向影响，人际环境对社会性发展的影响不显著。另外，家庭教育投入、学生学习时间投入、图书馆、课程学习、同学交往以及读与写对大学生社会性的发展有正向影响作用，这些影响不受学术或者人际环境的影响。

表4-25　学生社会性发展的完整两层模型结果

固定效应		系数	标准误	t比率	p
截距1 β_0					
截距2	G00	2.810	0.02	139.168	<0.001
学术环境	G01	0.381	0.054	7.06	<0.001
人际环境	G02	−0.112	0.062	−1.81	0.076
家庭教育投入 β_1					
截距2	G10	0.021	0.005	4.409	<0.001
学术环境	G11	0.005	0.017	0.283	0.778
人际环境	G12	0.012	0.023	0.534	0.595
学习时间投入 β_2					
截距2	G20	0.011	0.002	5.262	<0.001
学术环境	G21	0.001	0.008	0.191	0.848
人际环境	G22	0.010	0.015	0.68	0.496
图书馆 β_3					
截距2	G30	0.050	0.013	3.939	<0.001
学术环境	G31	−0.029	0.035	−0.831	0.41
人际环境	G32	−0.015	0.054	−0.275	0.784
课程学习 β_4					
截距2	G40	0.337	0.020	17.263	<0.001
学术环境	G41	−0.067	0.068	−0.979	0.333

续表

固定效应		系数	标准误	t比率	p
人际环境	G42	−0.019	0.091	−0.213	0.832
师生交往 β_5					
截距2	G50	0.002	0.016	0.117	0.908
学术环境	Gs1	0.074	0.045	1.645	0.106
人际环境	G52	−0.026	0.061	−0.425	0.672
同学交往 β_6					
截距2	G60	0.251	0.016	15.417	<0.001
学术环境	G61	0.017	0.053	0.315	0.754
人际环境	G62	−0.096	0.071	−1.345	0.185
读与写 β_7					
截距2	G70	0.083	0.016	5.132	<0.001
学术环境	G71	−0.047	0.059	−0.797	0.429
人际环境	G72	0.012	0.078	0.151	0.881

6. 高校学生科技能力发展的完整两层模型结果分析

从结果来看（见表4-26），学校实用环境对大学生科技能力的发展有正向影响。另外，男生的科技能力比女生更强，高年级比低年级更强，学生在图书馆、课程学习、师生交往以及读与写等方面的投入对科技能力的发展有正向影响作用，这些影响不受学校层面因素的影响。专业和同学交往对学生的科技能力的影响受到实用环境的调节，具体表现为：

相对于人文社会科学专业的学生而言，自然科学专业的学生科技能力更强，但是实用环境对这种影响有消解作用，也即实用环境更好的高校，这种专业造成的科技能力差异相对更小；

另外，同学交往对学生科技能力的正向影响作用也受到实用环境的消解作用，也即实用环境更好的高校，同学交往对学生科技能力的正向影响更小。

表 4-26　学生科技能力发展的完整两层模型结果

固定效应		系数	标准误	t 比率	p
截距1 β_0					
截距2	G00	2.362	0.026	91.246	<0.001
实用环境	G01	0.377	0.059	6.43	<0.001
性别 β_1					
截距2	G10	0.089	0.015	5.944	<0.001
实用环境	G11	0.000	0.032	−0.003	0.998
年级 β_2					
截距2	G20	0.046	0.014	3.252	0.002
实用环境	G21	0.004	0.040	0.096	0.924
专业 β_3					
截距2	G30	0.142	0.029	4.91	<0.001
实用环境	G31	−0.218	0.073	−2.98	0.005
图书馆 β_4					
截距2	G40	0.098	0.015	6.705	<0.001
实用环境	G41	−0.058	0.050	−1.14	0.26
课程学习 β_5					
截距2	G50	0.221	0.022	9.864	<0.001
实用环境	G51	−0.020	0.060	−0.334	0.739
师生交往 β_6					
截距2	G60	0.163	0.018	8.813	<0.001
实用环境	G61	0.074	0.053	1.389	0.171
同学交往 β_0					
截距2	G70	0.247	0.014	17.509	<0.001
实用环境	G71	−0.091	0.042	−2.16	0.035
读与写 β_8					
截距2	G80	0.107	0.016	6.603	<0.001
实用环境	G81	0.012	0.032	0.386	0.701

四、结构方程模型分析结果

（一）变量之间的相关分析

表 4-27 中列出了学生投入、家庭投入、学校投入和学习成果之间的相关。可以看到，除了家庭学费占比之外，各变量之间具有一定程度的正相关，相关系数在 0.1–0.8 之间。

表 4-27　变量之间的相关及描述性信息

	1	2	3	4	5	6	7	8	9	10	11
1. 图书馆	1										
2. 课程学习	.471***	1									
3. 师生交往	.494***	.540***	1								
4. 同学交往	.390***	.474***	.548***	1							
5. 家庭学费占比	−0.066***	.020**	−.104***	−.047***	1						
6. 父母受教育水平	.059***	.112***	.063***	.092***	.082**	1					
7. 学校学术环境	.216***	.277***	.237***	.250***	.018***	.031***	1				
8. 学校实用环境	.163***	.245***	.197***	.196***	.030***	−0.012	.781***	1			
9. 学校人际环境	.157***	.263***	.239***	.236***	.044***	.024***	.501***	.502***	1		
10. 实践能力	.309***	.411***	.333***	.362***	−0.007	.098***	.364***	.364***	.293***	1	
11. 通识教育	.371***	.409***	.420***	.466***	−.015*	.098***	.386***	.318***	.265***	.634***	1
12. 智力技能	.363***	.488***	.400***	.462***	<0.001	.083***	.382***	.367***	.336***	.652***	.710*
13. 社会性发展	.291***	.452***	.304***	.410***	.024***	.039***	.353***	.355***	.335***	.590***	.591*
14. 科技能力	0.303***	.369***	.406***	.403***	−.032***	.050***	.321***	.323***	.284***	0.519	.551*
M	2.30	2.69	2.13	2.42	5.20	—	4.77	4.96	5.22	2.64	2.44
SD	0.613	0.530	0.677	0.606	1.417	—	1.366	1.417	1.211	0.692	0.66

（二）学生投入的中介模型

利用结构方程模型，讨论学校投入、家庭背景和学生投入对学习成果的影响。根据中介效应检验的程序，[①] 首先分析学校投入以及家庭背景对大学生学习成果的直接影响作用模型。其中，大学环境作为潜变量，包括学术环境、实用环境和人际环境3个观测变量，学习成果在模型中同样作为潜变量，包括实践能力、通识能力、智力技能、社会性发展和科技能力5个观测变量。

表 4-28　结构方程模型拟合度结果

SEM	χ^2	df	χ^2/df	CFI	TLI	RMSEA	SRMR
直接效应模型	3743.881	26	143.995***	0.965	0.951	0.080	0.035
中介效应模型	7509.074	61	123.100***	0.949	0.935	0.074	0.038

结构方程模型分析得到的模型拟合指标见表4-28所示［模型的适配度可以通过拟合指标来进行评估。绝对适配指标中，以卡方值除以自由度（χ^2/df）所得到的值小于2，p值大于0.05，表示模型具有理想的适配度，但在样本量较大时卡方很容易显著，此时可参考CFI、TLI与RMSEA、SRMR等指标来判断模。一般认为，RMSEA和SRMR小于0.08为可以接受的范围，CFI、TLI应大于0.9］。可以看到，直接模型拟合度良好，学校投入对学习成果有正向影响作用（$\gamma=0.48$，$p<0.001$），家庭背景对学习成果有正向影响作用（$\gamma=0.08$，$p<0.001$）。然后，将学生投入作为中介变量引入模型，具体拟合指标见表4-28所示，模型拟合良好。

路径分析的结果如图4-6所示，加入学生投入中介变量后，（1）学校投入对学习成果的正向作用依然显著，但路径系数从0.48变成了0.27（$p<0.001$）；同时，学校投入对学生投入有正向影响（$\gamma=0.38$，$p<0.001$），且个人投入对

[①] 温忠麟，张雷，侯杰泰，刘红云. 中介效应检验程序及其应用［J］. 心理学报，2004（5）.

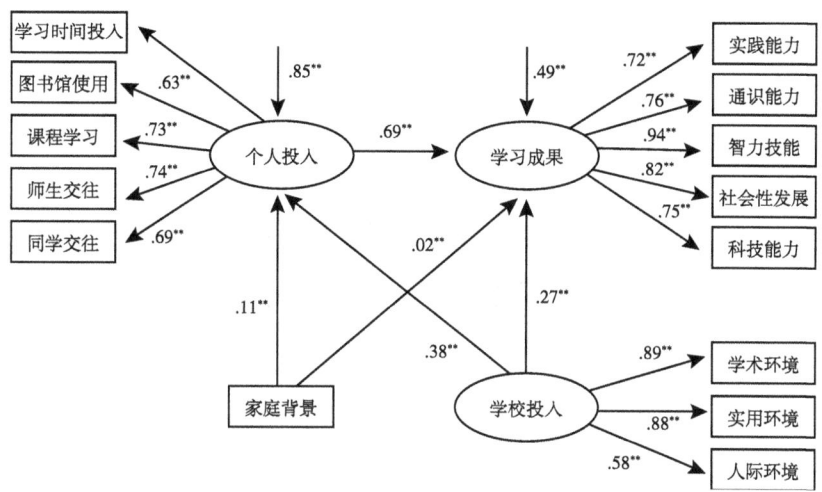

图 4-6　学校投入、家庭背景和个人投入对学习成果的影响模型

学习成果的正向影响显著（γ=0.56，p<0.001）。采用 Bootstrap 的方法对该模型的中介效应进行检验，设置重复取样 5000 次，置信区间 95%，如果置信区间不包括 0，则说明间接效应不等于 0，也即中介作用显著。检验结果表明，学校投入到学习成果间接效应 95% 置信区间为 [0.201，0.223]，置信区间不包括 0，说明间接效应不等于 0，也即学生投入的中介效应显著。学校投入可以直接影响学习成果，也可以通过个人投入间接影响学习成果。（2）家庭背景对学习成果的影响作用依然显著，但路径系数从 0.08 变成了 0.02（p<0.001）；同时，家庭背景对个人投入有正向影响（γ=0.11，p<0.001），且个人投入对学习成果的正向影响显著（γ=0.56，p<0.001）。采用 Bootstrap 的方法对该模型的中介效应进行检验，设置重复取样 5000 次，置信区间 95%，如果置信区间不包括 0，则说明间接效应不等于 0，也即中介作用显著。检验结果表明，家庭背景到学习成果间接效应 95% 置信区间为 [0.056，0.072]，置信区间不包括 0，也即学生投入的中介效应显著。家庭背景可以直接影响学习成果，也可以通过个人投入间接影响学习成果。总的来看，个人投入在学校投入以及家庭背景到学习成果的中介效应占总效应量的 0.274/0.564=48.6%。

第三节 高校学生学习质量调查研究结果的分析和讨论

一、关于高校学生学习投入和学习成果的差异的分析和讨论

从描述性统计分析、差异检验和聚类分析的结果，我们可以得到如下结论：

1. 高校学生在学习期间的学习投入主要表现为学习时间投入、图书馆使用、课程学习、师生交往、同学交往这五方面，在这五方面的学习投入存在着性别、年级、专业、学校类型、学校区域和是否第二代大学生的差异。具体来说：(1)在学习时间投入方面，"双一流"高校的学生要显著高于非"双一流"高校的学生，东部高校的学生要显著高于西部高校的学生，二代大学生要高于非二代大学生。(2)在图书馆活动方面，"双一流"高校比非"双一流"高校的学生高，高年级的学生投入度比低年级学生高。(3)在课程学习投入上，西部高校学生高于东部高校。二代大学生高于非二代大学生，人文社会科学的学生高于自然科学学生。(4)在师生交往的投入度上，西部高校的学生高于东部高校的学生，非"双一流"高校的学生高于"双一流"高校的学生，男生高于女生。(5)在同学交往的投入度上，西部高校的学生高于东部高校的学生，二代大学生高于非二代大学生。

2. 按学习投入进行分类，学生可以分为高投入型和低投入型两类学生。高投入型学生占总人数的39.0%，低投入型学生占总体人数的61.0%。具体来说，西部高校高投入型学生占比比东部更高，二代大学生中高投入型学生

占比比非二代大学生更高，男生里面的高投入型学生占比比女生高，高年级学生中高投入型学生占比比低年级更高。高投入型学生学习成果显著高于低投入型学生学习成果。

3. 高校学生在学习期间的学习成果的差异的主要表现在：（1）从总的学习成果来看，二代大学生高于非二代大学生，"双一流"高校学生高于非"双一流"。（2）从大学生在实践能力方面的成果来看，性别和年级层面的差异很小，但是"双一流"高校学生高于非"双一流"高校学生，东部高校的学生高于西部高校的学生，二代大学生高于非二代大学生。（3）在通识教育成果上，"双一流"高校的学生高于非"双一流"高校的学生，二代大学生高于非二代大学生，人文社会科学的学生高于自然科学的学生，但是在男学生和女学生、低年级和高年级学生之间的差异很微弱。（4）在智力技能成果方面，"双一流"高校的学生要高于非"双一流"高校的学生，二代大学生高于非二代大学生。（5）在社会性发展方面，"双一流"高校的学生明显高于非"双一流"高校学生，西部高校学生高于东部高校学生，二代大学生高于非二代大学生。（6）在科技能力成果上，西部高校的学生要高于东部高校学生，非"双一流"高校高于"双一流"高校，男生高于女生。

4. 根据对被试学生学习成果的调查结果对学生进行分类，可分为三类：一是在学习成果各方面的得分都比较高的学生，占总人数的15.8%，可以称之为优等生；二是在各项上的得分处于中间水平的学生，占总体人数的53.3%，可以称为中等生；三是在学习成果的各方面得分都较低的学生，占总体人数的30.9%，我们称其学困生。这三类学生在不同学校、不同家庭背景和不同年级、性别上的分布情况：（1）西部高校中优等生的占比（18.5%）相对东部高校优等生的占比（15.1%）更高，学困生占比（28.8%）相对东部高校学困生占比（31.5%）更低；（2）"双一流"高校优生的占比（17.2%）相对于非"双一流"优等生的占比（15.%）更高，"双一流"高校中等生的占比（56.4%）相对非"双一流"高校（52.%）也更高，而"双一流"高校学困生的占比（26.%）相对非"双一流"高校学困生的占比（32.6%）要低；（3）二代大学生中优等生占比（18.1%）相对于非二代大学生优生占比（14.2%）要高，二代大学生学困生占比（29.1%）相对非二代大学生学困生占比（32.1%）要低；女生中优等生占比（15.1%）相对于男生优等生占比（16.9%）要低，女生中学困生占比（31.8%）比男生中学困生的占比（29.5%）更高。

二、关于高校学生学习成果差异的影响因素的分析和讨论

从多层线性模型的分析结果，可以发现我们构建的两层模型验证了之前的研究假设，即学生学习成果的影响因素是多样化的。学生个体的特征、学生的学习投入和学校类型及其环境都不同程度地对学生学习成果产生影响。从大学生个体（学生背景和学习投入）和学校（学校类型、学校地域、学术环境、实用环境和人际环境）两个层面构建完整两层模型较好地探索了各因素对大学生在校期间的学习成果的影响路径。从结构方程模型的分析结果看，模型更好地验证了多层线性模型构建的学生家庭背景、学习投入和学校环境对大学生学习成果的影响路径，有效地揭示了家庭、学校和学生自身对大学生学习成果的联合影响路径和机制。具体说来，关于大学生学习成果的差异的影响因素的实证分析的主要结论如下：

1. 学校层面的变量对高校学生学习总成果的方差变异解释率为5.1%，具体地说，学校层面的变量对大学生实践能力、通识能力、智力技能、社会性发展和科技能力这五个方面的学习成果的方差变异的解释率分别为：5.3%、6.1%、4.8%、8.2%、5.4%。学生个体层面的变量对其学习总成果的方差变异的解释率为37.4%。具体来说，学生个体层面的变量对其实践能力、通识能力、智力技能、社会性发展和科技能力这五个方面的学习成果的方差变异的解释率分别为22.4%、29.8%、33.0%、26.7%、29.5%。从这个结果可以看到：高校学生在校期间的学习投入是其学习成果的决定因素。这个结果证实了之前一些有关高校对学生发展的影响研究的结论。[1] 另外，如果我们将学生个体投入和学校层面的变量对于学生学习成果的方差变异的解释率简单地加总，

---

[1] National Survey of Student Engagement（2000）. NSSE 2000: National benchmarks of effective educational practice. Bloomington, IN: Indiana Postsecondary Research and Planning.

大概为 42.5%（5.1%+37.4%）。由这样的结果可以适当地推断，学生和学校环境所构筑的教育体系对学生学习成果的影响也是有一定限度的，影响高校学生学习成果的其他因素或许存在于高等教育体系之外。

2. 学校层面的变量对学生学习成果的影响方式从路径来说有直接影响和间接影响两种方式，从结果来说有正向影响和负向影响两种方式，同时，学校层面的变量对学生学习成果的影响也是具有差异性的。更具体地说：（1）学生所在学校的区域对其实践能力、智力技能的影响作用显著，东部高校对学生实践能力、智力技能的影响作用相对于西部高校来说更显著一些。但是，学生所在学校的区域会调节高校学生的师生交往投入对其实践能力的影响，相对于西部高校的情况来说，东部高校师生交往对于学生实践能力的影响小一些。（2）学生所属学科对其科技能力发展的影响作用显著。相对于人文社会科学专业的学生而言，自然科学专业的学生科技能力更强。但是在更强调实用性和职业性的学习环境的高校，这种专业造成的科技能力发展差异相对更小，而且在这种环境里，同学交往会进一步消解这种专业造成的学生科技能力发展差异。（3）高校学术环境对学生学习总成果以及学生的社会性发展成果的正向影响作用显著。另外，高校学术环境对于家庭教育背景和经济条件对学生通识教育成果的影响具有增强调节作用，那些学术环境更好的学校，学生家庭教育背景和经济条件对学生通识教育成果的正向影响更大。同时，高校学术环境对于同学交往对学生智力技能学习成果的正向影响有增强作用，也即学术环境越好的学校，同学交往对智力技能发展的正向影响越大。（4）高校实用环境对学生科技能力发展的正向影响作用显著，但对学生通识教育成果的负向影响作用显著。但是，强调实用的学习环境的学校对于家庭经济条件对学生通识教育成果表现为干扰调节的影响作用，对那些更强调实用性的学校来说，家庭经济条件对学生通识教育成果的正向影响就更小。同样，对那些更多强调实用性和职业性的学习环境的学校，同学交往对于智力技能的正向影响越小。

3. 结构方程模型分析结果验证了多层线性模型关于学生个人投入对其学习成果的决定性影响作用，并更细致地揭示了学生家庭背景、学校投入、学生个人投入对其学习成果的联合影响机制。（1）多层线性模型分析的结果中学生个体层面的变量对其学习成果的方差解释率是37.4%，相对于学校层面的变量的方差解释率（5.1%）更高。结构方程模型分析结果中个人投入在学校投入以及家庭背景到学习成果的中介效应占总效应量的0.274/0.564=48.6%，这相对于学校投入和家庭背景变量效应量来说更高一些。（2）从直接效应模型看，学校投入对学习成果有显著正向影响作用（$\gamma=0.48$，$p<0.001$），但是在引入学生投入变量后，虽然学校投入对学生学习成果的直接影响作用依然显著，但路径系数从0.48变成了0.27，此时学校投入通过影响学生投入进而影响学生学习成果，学校投入对学生投入有显著的正向影响（$\gamma=0.38$，$p<0.001$），学生投入对其学习成果的正向影响效果显著（$\gamma=0.56$，$p<0.001$），学校投入对学生学习成果的间接影响效应值是0.212（0.38*0.56）。（3）从直接效应模型看，家庭背景对学习成果有正向影响（$\gamma=0.08$，$p<0.001$）。但在引入学生投入变量后，家庭背景对学习成果的影响作用依然显著，但路径系数从0.08变成了0.02（$p<0.001$）；同时，家庭背景对个人投入有正向影响（$\gamma=0.11$，$p<0.001$），且个人投入对学习成果的正向影响显著（$\gamma=0.56$，$p<0.001$）。家庭背景通过个人投入对学生学习成果的间接影响效应值为0.06（0.11*0.56）。从这个结果来看，虽然在引入学生个人投入之后，学校投入和家庭投入对学生学习成果的直接影响的效应值都变小，可以推论它们的部分影响被转化为对学生个人投入的支持和影响上，但是，当分别将学校投入的间接影响效应系数（0.212）和直接影响效应系数（0.27）与家庭背景的间接影响效应系数（0.06）和直接影响效应系数（0.02）的这种细微变化做对比，我们实际上发现，家庭背景通过影响学生学习投入而对学生学习成果产生的间接影响要大于其直接影响。学校投入通过影响学生学习投入而对学生学习成果产生的间接影响却要小于其直接影响。对这种情况的可能解释是：一方面，学生更易于从其家庭背景寻求支持，以获得对其学习成果的正向影响，但是学生在利用学校环境或投入资源方面却仍然有极大的改进空间，即是说学生还没有最大限度地发挥学校投入或学校环境对其学习成果的最大价值。反过来说，学校还没有让学生更好地利用学校投入对学生学习成果的最大价值。另一方面，是不是也存在着这样一种可能，即学校教育强化了学生家庭背景对其学习成果的正向影响？这是一个值得进一步探索的问题。

第四节　高校学生学习质量调查研究结果的启示

本次实证调查研究的结果和结论对于我国高校改进教育行动，改进高等教育评价实践和推动我国大学生发展研究都具有一定程度的启示意义和价值。我们主要从以下几点着力进行比较具体的说明和分析。

一、对高校教育行为改进的启示

（一）高质量的高等教育体系建设需要高度关注学生学习发展的差异性，关注教育过程和教育结果的公平性，解决人民群众从"有学上"到"上好学"的关切转向

本次问卷调查研究发现，高校学生学习投入和学习成果不仅呈现出校际之间的差异性，也呈现出校内的差异性，同时这种差异性会受到学生个体、学生家庭背景和学校投入的综合交错的影响。校际之间的差异主要表现为学校所处的地域和学校所属的类型。例如，从学习过程来看，西部高校高投入型学生占比相对于东部高校高投入型学生占比来说更高。但从学习结果来看，"双一流"高校（调查的"双一流"高校都处于东部地区）优等生的占比（17.2%）相对于非"双一流"优等生的占比（15.%）更高，"双一流"高校学困生的占比（26.%）相对非"双一流"高校学困生的占比（32.6%）要低。

从这个结果来看，西部高校学生虽然很努力，但他们要取得与东部高校学生同等的成绩，却需要更努力。在校内差异性上主要表现为性别、学科，尤其是学生的家庭背景所呈现出来的差异性。例如：从学习过程看，二代大学生中高投入型学生占比比非二代大学生更高，从学习结果看，二代大学生中优型生占比（18.1%）相对于非二代大学生优生占比（14.2%）要高，二代大学生学困生占比（29.1%）相对非二代大学生学困生占比（32.1%）要低。这个研究结果与前期许多研究发现一致，[①]再一次证实大学生学习发展的差异性是普遍存在的。近年来，国家着力解决了高等教育入学机会公平的问题，但还需要关注由于高校类型和学生家庭背景及经济条件带来的学生学习成果的差异问题，建立"公平与质量"共进的高质量教育体系。高校自身也应建立动态的、增值的质量观，对学生进入大学之后的学习成果进行持续不断的追踪监测，根据学生发展的差异性有针对性地设计教育活动，提供多层次多面向的教育教学模式和有梯度可选择的课程学习目标，满足学生发展的差异化需求，促进高校教育过程和结果公平。

（二）高校将自身的教育行为改进立身于对大学生学习状况进行持续的追踪调查研究基础之上，不断聚焦于对学生学习和发展具有高质量影响的教育行为上

长期以来，学校教育被贴上"黑箱"的标签。学生在经历学校这个"黑箱"之后，他们发生了什么变化？这种变化又是怎样发生的？学校应该怎样设计、摆布和改造自己的教育行为和教育环境，以更好地促进学生的学习和发展？回答和解决这些问题，根本上需要通过实证数据的持续分析和研究，详实、适时地把握学生学习状况和学习成果的相关事实，只有以事实为基础才能找到学校教育的抓手和着力点。我们的研究发现或证实，学校环境或学校教育只是诸多影响学生学习发展和学习成果的因素之一，学生在校期间的学习投入是影响学生学习成果最重要的因素。学生学习成果和学习发展仍然

---

① 牛新春.迎头赶上：来自不同地域学生的大学学业表现的实证案例研究［J］.清华大学教育研究，2018（1）：91-124.

需要学校教育之外的其他因素来解释。但是这从另一侧面表明，学校在提升自身对学生学习成果和其发展的影响力方面，仍有更大空间，任重道远。尤其是在信息技术时代，高等学校面临的竞争对手不再仅仅是其他同类学校，学校围墙外面的社会，尤其是技术社会悄无声息地入侵大学校园，已经成为学校最强有力的竞争对手。如果学校不变革传统的教育方式，如果学校不努力提升自己对学生的影响力，那么其他的力量就将取代学校的位置对学生产生影响。届时，学校将面临或陷于一种非常尴尬或非常危险的境地。

（三）高校要致力于创设能够支持学生在校期间的学习投入的良好环境，特别重视家庭背景等先赋因素对学习成果的影响，促进高校学生平等发展

高校努力提升自身对学生学习和发展的影响力的最主要的路径是：创设能够支持学生在校期间的学习参与活动的良好环境。一是高校的教育行为的改变和教育资源的投放应该着眼于促进学生在校期间的学习参与活动，或者说是应着眼于将学生吸引到学校的各种与学习有关的活动之中。二是高校应该创设良好的、有效的、能够支持学生在校期间的学习参与活动的校园环境。

在本次问卷调查的样本中，高校学生学习时间投入、课程学习参与、同伴交往、利用图书馆的频率、师生互动这五个学生学习投入活动是影响学生学习成果不可忽视的关键因素。如果我们的建议只是面向研究样本来源学校的话，我们倒是可以建议这些学校从这五个方面改变自己的教育行为以及调整自身教育资源的投放方向。但是，如果要上升到一种普遍性的话，则还需要深入、具体和长期的追踪研究。校园中的事实尽管有规律性可循，但这种规律会随着时间和空间的变化而发生波动。学校教育行为的改变不是一劳永逸的，而是应根据学生学习参与活动的各种变量对学生学习和发展的影响值和影响路径随时调整。不同的影响因素的影响作用一般来说会随着不同的宏观背景、不同的群体和不同的个体而发生相对的变化。那些曾经能够对学生学习和发展产生很大影响的要素，很有可能会在一段时间之后、会在不同的群体身上有着完全不一样的影响作用。

那么，高校的教育行为和教育资源的重点到底应该放在学生的何种学习投入活动上？或者说应该将学生吸引到哪些学习活动中？我们认为，高校应关注对学生学习成果的影响作用处于两个极端的因素。一是对学生学习成果的影响比较显著的要素，从统计分析的角度来看，某些要素对学生学习成果的影响之所以强，也许只是表明我们习惯于通过这样的方式促进学生的学习。二是对那些影响作用比较小或者可能是负向影响的因素则更需要关注。影响作用小或是负向影响，并不表明这些因素对学生学习成果提升的意义和价值不大，或许这些所谓影响作用小的因素正是教育行为的软肋，也正是需要努力加以改进的地方。尤其是那些对学生学习成果起到负向影响的因素，更是需要加以关注的。

让我们以问卷调查研究的一个发现来试举例说明。其中有一个发现是：高校实用环境对学生科技能力发展的正向影响作用显著，对学生通识教育成果的负向影响作用显著。强调实用的学习环境的学校对于家庭经济条件对学生通识教育成果表现为干扰调节的影响作用，对那些更强调实用性的学校来说，家庭经济条件对学生通识教育成果的正向影响就更小。对那些更多强调实用性和职业性的学习环境的学校，同学交往对于智力技能的正向影响更小。从这个发现中我们看到，同是强调实用性的环境，对于学生学习成果的影响却是多面向的，一个是对学生科技能力发展有正向影响，一个是对学生通识教育成果和智力技能的影响是负向的。因此，我们不能看到有正向的显著影响就忘乎所以，而看到有负向影响就自暴自弃，而是要通过仔细的反思和追问，小心地考量，不断地接近或抵达事实真相的原因，从而采取有针对性的行动。由这个发现激发我们想到，高校创设能够有效支持学生大学期间学习投入的校园环境最基本的一条原则是：高等学校在设计校园学习环境时，应该了解不同导向（如实用导向和学术导向）的环境通过大学生学习参与的哪些形式对大学生发展的哪些方面可能会产生积极的或者是消极影响，在此基础上创设那些能够强化学生学习参与对学生发展的正向关联的学习环境，尽量减少那些可能阻碍学生学习参与对学生发展的正面影响的环境设计。

另外，高校在创设有利于学生更好地投入学习，取得更好的学习成果的教育活动和校园环境时，要特别关注学生家庭背景等先赋因素对学生学习成果的影响。在这方面我们有三个有实际意义的发现：一是从总的学习成果来看，二代大学生高于非二代大学生。二是根据学习成果对学生分类的结果来看，非二代大学生中学困生的占比高、优等生的占比少。三是家庭背景通过学生投入对学习成果产生的间接影响效应大于家庭背景对学生学习成果的直接影响，但相比起来，学校教育通过学生投入对学生学习成果产生的间接影响却小于学校教育对学生学习成果的直接影响。尽管第三个发现的原因还有待通过进一步的科学研究来深入解释，但至少引起我们对家庭背景等先赋因素对学生学习成果的影响效应的重视。布尔迪厄曾指出，大学生发展建立在家庭的文化资本、先赋资源的差异基础之上，它们影响大学生的学习成功。[①]我国的相关研究表明，弱势阶层的学生进入高校后适应性较差，交往能力不强。[②]他们难以适应高校的学术和社会环境，容易陷入文化适应障碍，从而影响学业。另一种观点与之相反，认为优势阶层学生由于父辈经济资源的积累优势而缺少学习的内驱力，因此更易陷入学业困境。[③]从研究的结果来看，在一定程度上验证了前一种观点。一个高质量的教育体系必须处理其面临的差异和公平问题。有质量的公平和有公平的质量理应是高质量教育体系的重要标志。高校应该特别重视学生学习和发展差异的家庭背景要素，在制定学校教育政策、设计学校教育活动和课程体系、实施学生发展评价时，应着力于帮助先赋因素不利的学生群体，增强教育活动的公平性。

二、对以学生发展为中心的高等教育评价的启示

将大学生在校期间的变化与发展视为高校人才培养质量的最重要体现。

---

① 布尔迪厄，帕斯隆. 继承人：大学生与文化[M]. 邢克超，译. 北京：商务印书馆，2002：22.

② 杨钋，毛丹. "适应"：大学新生发展的关键词[J]. 北京教育（高教），2013（4）：28-31.

③ 赵崇峰. 高校学困生的成因及其转化方法[J]. 黑龙江高教研究，2007（7）：119-121.

这已经得到了相当的重视，一种"以学生发展为中心的高等教育评价"的观念和实践正在逐渐汇聚为社会各界的共识。但是如何将对高校学生学习成果的评价转换为对高校人才培养质量的判断，这里还有一些详细的问题需要着力探究。研究结果为此问题带来的启示主要是：坚持系统的质量观。对本科教育质量的判断或评价不是单纯地考量本科教育中的物质资源、教学活动和学生发展，而是要考察本科教育中的物质资源、教学活动与学生发展之间的相互关系所产生的结果或事实。因此，要注重从以下三方面去搜集本科教育质量的数据和证据。（1）本科教育的"培养质量"，包括学校的资源、环境和教学等方面。（2）本科教育培养的学生的质量，学生的质量主要体现为学生在大学期间取得的学习成果。（3）本科教育的"培养"对"学生发展"的影响作用。那么，"以学生发展为中心的高等教育评价"就不仅需要对学校的培养质量做出判断，而且需要对其培养的人才的质量进行判断（这里的人才的质量则主要是由学生的学习参与和学习成果或收获质量来体现的）。更重要的是要判断学校的培养对学生学习参与和学习成果及发展的影响力，判断这种影响力的实质是以相对客观科学的方法求证出各个高校对大学生学习成果的"净影响"或者说是纯粹影响的系数。因为大学生在校期间的变化与发展受到家庭、社会、学校和他们自身学习观念与行为的影响，且这些不同因素对大学生发展的影响路径也不尽相同。因此，只有尽量排除大学生的学习成果或学习发展可能受到的来自学校之外的因素的影响，努力探究学校培养对人才质量即学生发展的"纯影响"，如此才能对大学教育的作用或质量做出科学、准确的判断。例如，在研究中我们尝试性地探索了影响学生学习成果的学校教育因素、学生家庭背景和学生个人投入因素对学生学习成果的影响路径。本次问卷调查研究发现，学校层面的变量对高校学生学习总成果的方差变异解释率为 5.1%，学生个体层面的变量对其学习总成果的方差变异的解释率为 37.4%。结构方程模型的结果表明，学校对学生学习成果的直接影响效应是 0.27，间接影响效应是 0.212。如果一定要以数字化的思维、实证化的思维来进行"以学生发展为中心的质量评价"的话，通过我们的研究的思路和方法得出的诸如此类的数值对于评价学校对学生发展的贡献就具有一种参考意义。

三、对我国大学生学习成果评价研究的启示

我国学术共同体在相关研究中引进大量国外的最新研究成果和研究工具，开展了大量本土化的学生学习经验、学生学习成果评价等方面的研究。我们正是在学术共同体的相关研究基础上推进此研究的。同时也希望通过此研究对学术共同体的进一步研究起到"抛砖引玉"的功用，以共同推进我国大学生学习成果评价的相关研究，共同为我国大学生发展和我国高等教育的发展贡献力量。

（一）深入理解我国大学生学习成果的内涵是开展大学生学习成果评价的前提

大学生学习成果的内涵是开展学习成果评估的前提之一。欧美国家主要从认知、情感和技能三个方面定义大学生的学习成果。但是，大学生学习成果的内涵界定与国家的经济文化背景和高等教育的实际情况紧密关联。我国高等教育体系对于大学生的学习成果有什么样的预期以及应该有什么样的预期？怎样才算是一个受过高等教育的中国人？这些都是很难找到标准答案但也是不得不去寻找和探索的问题。否则，提高本科教育质量就失去了方向。

（二）具有世界视野也切合中国高等教育实际和中国大学生特点的多样化的学习成果评估工具在大学生学习经验和学习成果的调查研究中相当重要

切合中国实际的学习成果评估工具的匮乏，是在中国开展学习成果评估的又一障碍。但评估工具的开发是一项大工程，需要有充足的经费、人员、机构等方面的支持和保障。例如，美国的 CLA、CAAP 和 EPP 这三个测量工具能够发展起来，这是与它们背后的机构、经费和专业研究团队的保障不无关系的。尽管中国当前在引进国外的相关评估工具时进行了本土化的改进，但工具隐含的理论和文化之根仍然属于他国，这些工具对于提出创新人才培

养目标的中国高等教育体系和实践的适应性仍需经受不断地调整和改进。另外，在美国评估工具的多样化存在也给美国高等教育评估带来一定的混乱，增加了高校在工具选择过程中的时间、人力和物力成本，给高校的管理带来一定程度的困扰。汲取美国的经验，那么在中国开展大学生学习成果评估，既应提倡多样化的评估工具，也应避免美国出现过的问题，使多样化的评估工具能够和谐共生。

（三）成熟的评估方法和数据分析方法对于学生学习成果评价研究非常关键

数据能否得以客观科学地呈现以服务于学生学习成果评估的目的之关键在于以何种评估方法为指导进行数据分析。"价值增值"的评估理念和实践在欧美国家时有所闻，主要有横向比较和纵向比较两种实践方式。但是无论是何种方式，在我国实施却还面临相当的困难，不仅需要花费巨大的人力、物力和财力，而且还面临着关键的调查难题和技术难题，既受到学生参与热情的限制，也受到研究人员对统计技术的熟练掌握与否的限制。就价值增值的理念和实践来说，关键的是如何计算价值增值的系数问题。本书前文介绍的价值增值系数的计算方法对中国开展大学生学习成果评估具有重要的借鉴和参考作用。

综上所述，我们通过问卷调查对大学生学习成果的现状、差异和影响因素等问题进行了科学分析，根据调查结果和结论为高校教育行为改进和高等教育评价如何利用大学生学习成果调查的结果提供了一些参考性建议，就推进学习成果评价的实践进展的问题从学习成果内涵界定、本土化评估工具的设计和评估方法及数据分析方法三个方面谈了我们的想法。但是，问卷调查自身也会带来两方面的局限：一是被试态度可能带来的误差。调查问卷题目比较多，学生认真填写完一份问卷需要的时间比较长，尽管在组织问卷调查时做了充分的准备和安排，并对回收来的问卷做了认真仔细的剔除，但仍然不可避免由于学生填写问卷过程中的疲劳感而带来的数据质量方面的误差，导致某些研究的发现与事实之间存在一定程度的差距。二是统计技术可能带来的误差。一方面是调查的整体设计方面，虽然考虑了被试学校所处地域和类型等方面的因素，但基于大规模调查的一些不可控因素，被试样本的代表性可能存在问题。在对如此庞大规模的数据处理和分析过程中，可能会存在由于研究者没有注意的细节问题带来的小差错，从而导致研究结果的偏差。

但无论如何，就大学生学习成果的现状来看，个体学习投入和学习成果之间的差异非常大。这种差异会带到群体和组织之中。不同的个体、群体或组织，有不同的导向、偏向乃至偏好，有时候我们很难指出这种偏向或偏好是"好的"、那种偏向或偏好是"不好的"。不同的个体、不同的大学也都是自由的，他们都有各自的发展轨道。差异似乎会在相当长一段时期内存在，然而，似乎现实中对于高质量高等教育、高质量学生学习成果又有一种共同的期待和需要，如何在差异中寻求卓越，在卓越的追求中缩小差异，这是高等教育发展过程中需要持续不断地关注的一对突出矛盾。作为高等教育实践和研究人员，为了学生发展，为了教育强国建设，理应直面高等教育发展中的这对矛盾而永远在路上。

结　语

进入21世纪的二十多年以来，将学生质量视为衡量教育质量的根本，已经越来越成为实践界和学术界的共识。在我国目前构建的学校自我评估、国际评估、院校评估、专业认证、教学基本状态数据常态监测"五位一体"的评估体系之中，对学生发展的关注，对学生知识、能力和素质的综合性要求，都占据着非常重要的位置。在高校的教育行动之中，无论是教学管理，还是教师教学，都在发生着以学为中心谋划和设计教育教学行动方案的大变化。在教育学术研究领域，对大学生学习与发展、学生就读经验调查、大学生学习质量与学习成果等方面的研究，蓬勃发展，成果颇丰。尤其是，相关学术研究与教育评估实践深度嵌入、融合与互动，相互成就，正成为中国高等教育领域一道亮丽的风景。

在高等教育现代化历程之中，教育评价确实是一项不得不做的冒险事业。之所以不得不做，是因为现代化内含的进步和发展的价值意蕴，需要发挥评价的作用。"合理的评价是现代化的工具。"① 之所以是冒险的事业，是因为人类教育活动关涉的对象——人及其行为——自身是纷繁复杂的，难以避免地面临着评价的贫困和陷入评价的陷阱。更重要的是，评价对人的影响是深远而持久的，不合理的评价对被评者带来的伤害是不可逆的。学生学习评价作为教育评价最重要最关键的领域也是如此。当然，理性仍然是抵御风险

---

① 周作宇. 论教育评价的治理功能及其自反性立场［J］. 华东师范大学学报（教育科学版），2021（8）：1-19.

的根本。学生学习评价研究即是理性生长的最重要途径之一。本书试图在前人和学界同人的努力基础上,从为学生学习评价的理性化和科学化的知识增量贡献一点绵薄之力的前提出发,做了以下几方面的探索:一是对现实的观照。既观照中国自身的学生学习评价实践,也关注他者的学习评价实践,相互借鉴,取长补短。二是理论的观照,从评价观、质量观、教育价值观、学习观等价值层面深入反思学生评价的实践。其中最重要的理论问题就是在追问"培养什么样的人"的过程之中自觉地探索一个受过高等教育的人的发展的内涵与特征,探究高等教育领域里学生发展的核心素养,自觉地摸索学生发展核心素养的影响因素是什么等问题。这些都是与学生学习评价有关的深层次理论问题。三是行动的尝试。运用比较成熟的调查工具,通过科学的方法,多角度观察和理解学生的学习状态和学习质量及其影响因素。

在高等教育普及化阶段由教到学的转变背景之下,更急需探索以学习和学生为中心的学生学习质量评价体系。理性化的学生学习质量评价体系的建设需要关注的问题很多,笔者认为最关键的是评价主体的评价能力建设问题,需要关注以下两点:

一是评价理念问题。促进学生学习和发展的理念无疑已深入人心。但仍需要从教育的理想和现实层面更深入完整地理解学生学习和发展。在以学生和学习为中心的评价理念兴起和发展历程之中,学生学习评价发生了从重考试到重能力和结果的转变。大学教育的根本是培育理性和德性兼具的人,因此,学生学习评价当前急需的是从重能力和结果转变到对学生发展以及学生学习过程与学习结果并重的阶段,通过评价激发学生学习动力,提高学生学习成果,促进学生发展。一方面,学生发展的内涵需要更高远精神的探索,不仅仅是从来自社会政治经济等各方面的要求定义学生发展,更关键的是从学生作为人自身的内在性的成长来理解学生发展,让学生是其所是,行其所能。另一方面,更多地从学生学习的过程包括其内在的动机、兴趣、价值观念和学习行为等去探究学生是如何在与其身处其中的教育环境的互动中进行学习的,进而考察其学习的成果,研究其影响因素,真正地发挥评价对学生成长和发展的促进作用。

二是评价的方法论和方法层面的问题。评价与研究具有同构性，都是从第三人的角度去搜集数据、理解行为、构建事实的。能否真实地再现学生学习过程与结果的质量，能否通过评价学生学习的质量判断整个教育系统的质量，关键取决于能否真切地把握学生的学习观念、学习过程和学习结果所组建的事实领域。计算性的第三目光是当前评价学生学习质量的主流。计算性的第三目光意味着对理性的、系统的和严格的研究方法和程序的计算性筹划，解析概念、构建假设、确定方法、搜集事实、解释现象、证明关系、得出结论、构建理论、解决问题等是计算性筹划的关键环节。数字化确保了计算性筹划得以实现。人们一方面为事实领域的形式创造种种概念，另一方面为概念创造出一种数量和数值关系，然后通过测量技术对这些概念的量值进行测定，由计算技术去发现这些概念的量值之间的相互关系，并由此建立概念和命题之间的关系，这种关系被内置于概念和命题所指称的现象世界中各现象之间存在的法则和规律。可以说，通过计算性的第三目光，我国的学生学习质量评价研究快速地走上了现代科学的轨道，其成就不容置疑。但是，计算性的第三目光通过数字化的裁剪精致地消灭了学生学习过程的丰富性特质，学生学习过程和学习成果被数字化地抽象了，它不能从学生内在意义体验成长的视角理解学生的变化和发展。这就有必要从解释性的第三目光评价学生学习质量。解释性的第三目光依据建立在意识反思基础上的本质的、定性的严格性，通过体验、理解、解释和表达共同参与到对事情的精神和意义建构的过程，并将这种意义建构与事情发生的时间和情境关联起来，超越性地探寻事情蕴含的本质和意义。在解释性的第三目光下评价学生学习，意味着评价者置身于大学生原初的生活世界所呈现的教育现场和教育事情中，通过与大学生的对话和交往，将自己的生活世界与大学生的教育生活世界关联起来，并获得这个关联世界的表达形式，以深描大学生是怎样以特定的方式把其教育生活中的事件放在一种可理解的、有意义的教育和文化系统之中的，进而在反观评价者自身意向中进行本质性描述、超越性解释和创造性反思。

计算性的第三目光只是作为人的存在方式的科学的一种道路，它的研究对象是以事实为基础的，这个事实领域本是由基本概念规定和筹划的。而解释性的第三目光正是着眼于概念自身的创建、修正和质疑，以及人类意识和行为领域的共在共享意义的阐释。解释性的第三目光实际走在计算性的第三目光的前面，两者的差异并不完全对应于质性与量化、思辨与实证之间的差异。计算性的第三目光的实质是将认识主体与认识对象对立起来而对认识对象进行以客观性、精确性和实用性为目标的加工，它在确定性的情境之中对于确定性的寻求大有裨益，但它难以应付偶然性和文化情境性。解释性的第三目光并不将事实和对象领域作为孤立的不变的现象而将其放置在自身的对立面，而是研究者在融合自身生活世界和科学世界的过程中以明见性为目标追寻事情和生命的意义阐释，它在不确定性的情境之中对不确定性的确定性以及确定性的不确定性的寻求都大有用武之地。置身于现代科学研究舞台的学生学习评价研究，其所面对的学生的行动和生活世界具有的偶然性和不确定性，内在地要求我们通过解释性的第三目光来创建和修正概念、阐释学生学习的意义，并借此提出和解决问题。尽管我国借助借鉴美国的学生调查工具，在计算性的第三目光的助力之下，快速地与世界同行建立起学术对话关系，但是，相比起来，学生学习评价的重要理论基础——学生发展及其影响因素的理论所涉及的许多与中国文化情境密切关联的概念和问题还需要进一步探索，这更加要求我们转向解释性的第三目光，既为计算性的第三目光奠立基础、找寻意义，也为学生学习评价研究的知识增量做出中国学术界的特有贡献。

参考文献

一、中文文献

［1］阿什比.科技发达时代的大学教育［M］.滕大春,译.北京:人民教育出版社,1985.

［2］艾伦·布卢姆.美国精神的封闭［M］.战旭英,译.南京:译林出版社,2011.

［3］爱弥儿·涂尔干,著.宗教生活的初级形式［M］.林宗锦,彭守义,译.中央民族大学出版社,1999.

［4］爱弥尔·涂尔干著.教育思想的演进［M］.李康译.上海:上海人民出版社,2003.

［5］白华.本科生就读经验影响学习收获的路径研究——基于结构方程模型［J］,中国高教研究,2013（6）.

［6］包志梅.我国高水平大学本科生差异化学业表现的影响因素研究［J］.高等教育研究,2021（10）.

［7］鲍威.扩招后中国高校学生的学习行为特征分析［J］.清华大学教育研究,2009（2）.

［8］鲍威.未完成的转型——普及化阶段首都高等教育的人才培养与学生发展［J］.北京大学教育评论,2010（1）.

［9］伯格.人格心理学（第六版）［M］.陈会昌等,译.北京:中国轻工业出版社,2004.

［10］蔡小婷.AHELO-OECD高等教育学习成果评量计划［J］.评鉴双月刊，2012（39）.

［11］陈文远.教育转型视角下的高校学生评价［J］.教育发展研究，2012（9）.

［12］程明明，常桐善，黄海涛.美国加州大学本科生就读经验调查项目解析［J］.清华大学教育研究，2009（6）.

［13］丹尼尔·贝尔.后工业社会［M］.彭强，编译.北京：科学普及出版社，1985.19.

［14］丁兴富.教育评估的基本概念和历史发展［J］.湖北广播电视大学学报，2001(3).

［15］杜瑞军，周廷勇，周作宇.大学生能力模型：概念、坐标与原则［J］.教育研究，2017（6）.

［16］杜瑞军.立德树人——高等教育质量的内涵及价值坐标.大学与学科，2021（2）.

［17］杜威，著.评价理论［M］.冯平，译.上海：上海译文出版社.2007.

［18］杜威，著.确定性的寻求［M］.傅统先，译.上海：上海人民出版社.2004.282.

［19］高德胜.追寻更有道德意蕴的核心素养［J］.西北师大学报（社会科学版），2021（1）.

［20］葛剑雄.中国的教育问题？教育的中国问题？［Z］.光明日报，2014年1月6日，第16版.

［21］顾基发.物理-事理-人理系统方法论综述［J］.交通运输系统工程与信息.2007（6）.

［22］海迪·罗斯，罗燕，岑逾豪.清华大学和美国大学在学习过程指标上的比较：一种高等教育质量观［J］.清华大学教育研究，2008（2）.

［23］核心素养研究课题组.中国学生发展核心素养［J］.中国教育学刊，2016（10）.

［24］胡弼成.高等教育质量观的演进［J］.教育研究，2006（11）.

［25］黄海涛.美国高等教育中的"学生学习成果评估"：内涵与特征［J］.高等教育研究，2010（7）.

［26］季羡林."天人合一"新解［J］.传统文化与现代化，1993（1）.

［27］蒋华林，李华，等.学习性投入调查：本科教育质量保障的新视角［J］.高教发展与评估，2010（7）.

［28］蒋礼.大众化高等教育质量问题.［J］.现代大学教育.2002（6）.

［29］库尔特·勒温.拓扑心理学原理［M］.竺培良，译.杭州：浙江教育出版社，1997.

［30］李德顺.价值论［M］.北京：中国人民大学出版社，2007.

［31］李景林.教养的本原——哲学突破期的儒家心性论［M］.北京：北京师范大学出版社，2009，2.

［32］李岚清.深化教育改革，全面推进素质教育，为实现中华民族的伟大复兴而奋斗（摘要）——在第三次全国教育工作会议上的报告［G］.中国教育年鉴1999.北京：人民教育出版社，2000.

［33］李曼丽.通识教育：一种大学教育观［M］.北京：清华大学出版社，1999，69.

［34］李其维，金瑜.简评一种新的智力理论：PASS模型［J］.华东师范大学学报（教育科学版），1995（4）.

［35］李威.筑牢大国良师培养之基——师范专业认证政策的阶段性审视与反思［J］.现代教育科学.2021（1）.

［36］李文利.高等教育之于学生发展：能力提升还是能力筛选？［J］.北京大学教育评论，2010（1）.

［37］李湘萍，蔡玟.大学生精神性研究：概念及测评工具概述［J］.高教探索，2016（12）.

［38］联合国教科文组织国际教育发展委员会.学会生存——教育世界的今天和明天［M］.华东师范大学比较教育研究所，译.北京：教育科学出版社，1996.

［39］林崇德，白学军，李庆安.关于智力研究的新进展［J］.北京师范大学学报（社会科学版），2004（1）.

［40］林崇德.构建中国化的学生发展核心素养［J］.北京师范大学学报（社会科学版），2017（1）.

［41］林志猛，王铠.德性的自然与不可教的悖论——柏拉图《美诺》中的德性难题［J］.浙江学刊，2022（2）.

[42] 刘本固.教育评价的理论与实践[M].杭州：浙江教育出版社，2000.

[43] 刘晨，康秀云.美国新品格教育的复归背景、目标转向与理论超越[J].外国教育研究，2017（12）.

[44] 刘振天.我国新一轮高校本科教学评估总体设计与制度创新[J].高等教育研究，2012(3).

[45] 陆根书，胡文静.师生、同伴互动与大学生能力发展——第一代与非第一代大学生的差异分析[J].高等工程教育研究，2015（5）.

[46] 陆根书.学习风格与学习成绩的相关分析[J].高等工程教育研究，2005（4）.

[47] 罗伯特.K.默顿.社会研究与社会政策[M].林聚任等，译.北京：生活.读书.新知三联书店，2001.

[48] 罗伯特·纳什.德性的探询：关于品德教育的道德对话[M].李菲，译.北京：教育科学出版社，2007.

[49] 罗晓燕，陈洁瑜.以学生学习为中心的高等教育质量评估——美国NSSE"全国学生学习投入调查解析"[J].比较教育研究，2007（10）.

[50] 罗燕，史静寰，涂冬波.清华大学本科教育学情调查报告2009——与美国顶尖研究型大学的比较[J].清华大学教育研究，2009（5）.

[51] 马丁·特罗，徐丹，连进军.从精英到大众再到普及高等教育的反思：二战后现代社会高等教育的形态与阶段[J].大学教育科学，2009（3）.

[52] 马凤岐，高等教育概念：昨天的认识与今天的发展[J].教育研究，2012（7）.

[53] 马歇尔.麦克卢汉.理解媒介——论人的延伸[M].何道宽，译.北京：商务印书馆，2007.

[54] 迈克尔.W.阿普尔.意识形态与课程[M].黄忠敬，译.上海：华东师范大学出版社，2001.

[55] 迈克尔.波兰尼.个人知识——迈向后批判哲学[M].许泽民，译.贵阳：贵州人民出版社，2000.

[56] 麦克.F.D.扬.知识与控制——教育社会学新探[M].谢维和，朱旭东，译.上海：华东师范大学出版社，2002.

[57] 米歇尔·福柯. 词与物 [M]. 莫伟民, 译. 上海：上海三联书店, 2001.

[58] 米歇尔·福柯. 规训与惩罚 [M]. 刘北成, 等译. 北京：生活．读书．新知三联书店, 2003.

[59] 牛新春. 迎头赶上：来自不同地域学生的大学业表现的实证案例研究 [J]. 清华大学教育研究, 2018 (1).

[60] 潘光旦. 完人教育新说 [A]. 潘光旦. 潘光旦文集（第 2 卷）[C]. 北京大学出版社, 1994.

[61] 潘懋元, 高等教育学 [M]. 福州：福建教育出版社, 1984.

[62] 皮埃尔·布迪厄, J.C. 帕斯隆. 继承人：大学生与文化 [M]. 邢克超, 译. 北京：商务印书馆, 2002.

[63] 皮埃尔·布迪厄, J.-C. 帕斯隆. 再生产——一种教育系统理论的要点 [M]. 邢克超, 译. 北京：商务印书馆, 2002.

[64] 皮埃尔·布迪厄、华康德著. 实践与反思：反思社会学引论 [M]. 李猛译. 北京：中央编译出版社, 1998.

[65] 钱穆. 文化与教育 [M]. 北京：生活·读书·新知三联书店, 2009.

[66] 瞿葆奎主编. 陈玉琨, 赵永年选编. 教育学文集·教育评价 [M]. 北京：人民教育出版社, 1989.

[67] R.J. 斯滕伯格著. 成功智力 [M]. 吴国宏, 钱文译. 上海：华东师范大学出版社, 1999.

[68] R.J. 斯滕伯格著. 超越 IQ——人类智力的三元理论 [M]. 俞晓琳, 吴国宏译. 上海：华东师范大学出版社, 2000.

[69] 史秋衡, 郭建鹏. 我国大学生学情状态与影响机制的实证分析 [J], 教育研究, 2012 (2).

[70] 史秋衡, 王爱萍. 高等教育质量观：从认识论到价值论 [J]. 厦门大学学报（哲学社会科学版）, 2010 (2).

[71] 斯塔弗尔比姆. 评估模型 [M]. 苏锦丽, 等译. 北京：北京大学出版社, 2007.

[72] 苏国勋. 社会学与社会建构论 [J]. 国外社会科学. 2002 (1).

[73] 孙超. 对美国大学生学习产出研究的反思 [J]. 高教发展与评估, 2009(6)：81-84.

［74］孙进.作为质的研究与量的研究相结合的"三角测量法"——国际研究回顾与综述［J］.南京社会科学，2006（10）.

［75］孙喜亭.教育问题的理论求索［M］.北京：人民教育出版社，2004.

［76］托夫勒.第三次浪潮［M］.北京：生活·读书·新知三联书店，1983.

［77］王斌华.学生评价的发展轨迹［J］.华东师范大学学报（教育科学版），2012（1）.

［78］王芳."十四五"时期深化高校学生评价改革的内在逻辑与实践路径［J］.中国高等教育，2021（21）.

［79］王孟成，& 毕向阳.潜变量建模与Mplus应用：进阶篇［M］.重庆：重庆大学出版社，2018.

［80］王守仁.王阳明全集［M］.上海：上海古籍出版社，1992.

［81］王树青，张光珍，陈会昌.大学生亲子依恋、分离—个体化与自我同一性状态之间的关系［J］，心理发展与教育，2014（2）.

［82］王穗苹，莫雷，张卫.当代智力测验的进展及特点［J］.华南师范大学学报（社会科学版），1999（6）.

［83］王学风.美国现代品格教育运动及启示［J］.外国教育研究，2003（8）.

［84］王英杰.美国高等教育的发展与改革［M］.北京：人民教育出版社，1993.

［85］温忠麟，张雷，侯杰泰，刘红云.中介效应检验程序及其应用［J］.心理学报，2004(5).

［86］吴凡.我国研究型大学本科生学习成果的影响机制——兼论大学生学习经验的特殊性［J］.高等教育研究，2017（9）.

［87］吴素梅，宋彩萍.关于高校学生学习性投入状况的调查研究——以上海W大学为例［J］.教育理论与实践，2010（7）.

［88］习近平.高举中国特色社会主义伟大旗帜为全面建设社会主义现代化国家而团结奋斗——在中国共产党第二十次全国代表大会上的报告［Z］.http://www.gov.cn/xinwen/2022-10/25/content_5721685.htm。引用日期：2022年12月10日.

［89］习近平在北京大学师生座谈会上的讲话（2018年5月2日）［Z］.https://www.ccps.gov.cn/xxsxk/zyls/201812/t20181216_125673.shtml，2022年12月19日.

［90］谢维和.教育最大的不幸就是德育和智育的分离［EB/OL］.https://www.

sohu.com/a/134684774_385655.

［91］徐彬，刘志军.作为德性实践的学生评价［J］.教育研究，2023(2).

［92］杨立军，徐隽.区域背景如何影响大学生发展——基于 CCSS 调查的大学生发展指数 GTWR 模型分析［J］.高等教育研究，2021（2）.

［93］杨钋，毛丹."适应"：大学新生发展的关键词［J］.北京教育（高教），2013(4).杨钋，许申.本专科学生能力发展的对比研究——基于"2008 年首都高校学生发展状况调查"相关数据的分析［J］.教育发展研究，2010（5）.

［94］杨延，陈栋.中国本科教学评估制度：历程、经验与前景［J］.新疆师范大学学报（哲学社会科学版），2020(5).

［95］意法建.父母教养方式与大学生社会化的研究［J］,青年研究，1998(12).

［96］约瑟夫.M.朱兰，A.布兰顿.戈弗雷，主编，焦淑斌，等译，朱兰质量手册（第 5 版）［M］.中国人民大学出版社，2003.

［97］张波.立德树人何以实现［Z］.光明日报，2019-07-31.

［98］张岱年，中国哲学中"天人合一"思想的剖析［J］.北京大学学报（哲学社会科学版），1985（1）.

［99］张华峰，赵琳，郭菲.第一代大学生的学习自画像——基于"中国大学生学习发展和追踪调查"的分析［J］.清华大学教育研究，2016（6）.

［100］张倩，杨韶刚.从 DIT 到 ICM：道德判断测验的变迁［J］.教育学报，2017（4）.

［101］张似韵.学校教育体系与社会等级制的再生产——布尔迪厄文化再生产理论述评［J］,社会，2002（1）.

［102］张应强，苏永健.高等教育质量保障：反思、批判与变革［J］.教育研究，2014（5）.

［103］赵崇峰.高校学困生的成因及其转化方法［J］.黑龙江高教研究，2007(7).

［104］赵海燕，徐大慰.美国品格教育项目绩效评估及经验借鉴［J］.现代教育论丛.2017（6）.

［105］赵炬明.关注学习效果：美国大学课程教学评价方法述评［J］.高等工程教育研究，2019（6）.

［106］钟秉林，王新凤.普及化阶段我国高校教学质量评价范式的转变［J］.中国大学教学，2019（9）.

［107］钟秉林.加强教育评价改革与质量保障体系建设［J］.中国教育学刊，2023（2）.

［108］钟秉林等.总结经验教训 研究背景趋势 创新评估思路——新一轮本科教学评估基本问题探析［J］.中国高等教育，2009(1).

［109］周朝森.教育评价理论的新探索——美国"第四代评价"述评［J］.教育研究，1992（2）.

［110］周海涛.世界高等教育质量评估发展背景、模式和趋势［J］.教育研究，2008（10）.

［111］周廷勇，李庆丰.高等教育评价的价值问题探究［J］.国家教育行政学院学报.2011（2）.

［112］周廷勇，周作宇，杜瑞军.大学生发展影响因素模型：一个理论构想［J］.教育学报，2016（5）.

［113］周廷勇，周作宇.高校学生发展影响因素的探索性研究［J］,复旦教育论坛，2012（3）.

［114］周廷勇，周作宇.关于大学师生交往状况的实证研究［J］.高等教育研究，2005(3).

［115］周作宇，周廷勇.大学生就读经验：评价高等教育质量的一个新视角.大学.研究与评价［J］.2007(1).

［116］周作宇.论高等教育中的经济主义倾向［J］.北京师范大学学报（社会科学版），2008（2）.

［117］周作宇.论高等教育中的经济主义倾向［J］.北京师范大学学报（社会科学版），2008（2）.

［118］周作宇.论教育评价的治理功能及其自反性立场［J］.华东师范大学学报（教育科学版）.2021（8）.

［119］周作宇.论教育质量观［J］.教育科学研究，2010（12）.

［120］朱红.高校学生参与度及其成长的影响机制——十年首都大学生发展数据分析［J］.清华大学教育研究，2010(6).

二、英文文献

[1] ACT: The First Fifty Years, 1959-2009.(2009). http://media.act.org/documents/ACT_History.pdf

[2] Ahlgen DJ, Palladino JL. Developing assessment tools for ABET EC2000 [C]. Building on A Century of Progress in Engineering Education. New York: IEEE, 2000.

[3] Alex S. Hall & Jeffrey Parsons, Internet Addiction: College Student Case Study Using Best Practices in Cognitive Behavior Therapy [J],Journal of Mental Health Counseling, vol.23,No.4,2001.

[4] Alexander W. Astin(1991)Assessment for Excellence: the Philosophy and Practice of Assessment and Evaluation in Higher Education [M]. Macmillan Publishing Company.

[5] Alexander W. Astin, Student Involvement: A Developmental Theory for Higher Education,Higher Educational Research Institute, Graduate School of Education, University of California,1984.

[6] Alexander W. Astin, What Matters in College? Four Critical Years Revisited [M], San Francisco: Jossey-Bass Inc,1993.

[7] Alexander W. Astin, et al. Cultivating the Spirit: How College can Enhance Students' In-ner Lives [M].San Francisco: Jossey-Bass, 2011.

[8] Alexander W. Astin, Helen S. Astin &Jennifer A. Lindholm, Cultivating the Spirit: How College Can Enhance Students' Inner Lives [M]. San Francisco, CA :Jossey-Bass, 2011.

[9] Alexander W. Astin. Achieving Educational Excellence: A Critical Assessment of Priority and Practices in Higher Education [M]. San Francisco: Jossey-Bass. Publishers.1985.

[10] American Association for Higher Education. Nine Principles of Good Practice for Assessing Student Learning. http://www.aahe.org/assessment/principl.htm

[11] Angelo,T.A.Reassessing (and redefining) assessment. AAHE Bulletin, 48(3), 7-9,1995.

［12］Annie K. Arseth, Jane Kroger, Monica Martinussen and James E. Marcia,Meta-Analytic Studies of Identity Status and the Relational Issues of Attachment and Intimacy［J］. Identity: An Iternational Journal of Theory and Research, Vol.9,No. 1, 2009,1-32.

［13］Arbuckle, D.S. Student personnel services in higher education ［M］. New York: McGraw-Hill,1953.

［14］Armsden, G. C.and Greenberg, M. T, The Inventory of Parent and Peer Attachment: Individual Differences and Their Relationship to Psychological Well-being in Adolescence ［J］. Journal of Youth and Adolescence, No.16, 1987,427-454.

［15］Atifa Azam and Rubina Hanif，Impact of Parents' Marital Conflicts on Parental Attachment and Social Competence of Adolescents ［J］. European Journal of Developmental Psychology, Vol.8, No.2,2011,157-170.

［16］Banta, T.W., & Pike, G.R. (Jan-Feb, 2007). Revisiting the blind alley of value added ［J］. Assessment Update, 19(1).

［17］Barrett, G. V. & Depinet, R.L. A reconsideration of testing for competence rather than for intelligence ［J］.American Psychologist, 1991, (10).

［18］BLOMD,ROWLEYJ,BENNETTD,etal.Two-wayimpact:institutionale-learning policy/educatorpracticesincreativeartsthroughePortfoliocreation ［C］// Proceedings for the 12th European Conferenceon e-Learning.EU:ECEL,2013.

［19］Brown, R.D. (1972). Student development in tomorrow's higher education—A return to the academy.Alexandria, VA: American College Personnel Association.

［20］Campell, DT, Fiske, DW. Covergent and discriminant validation by the multitrait-multimethod matrix ［J］.Psychological bulletin, 1959, 56(2).

［21］Carol A. Reeves and David A. Bednar.1994. Defining Quality: Alternatives and Implications ［J］. Academy of Management Review, Vol. 19, No. 3,pp 419-445.

［22］Carpenter, D.S. The philosophical heritage of student affairs. In A.Rentz (Ed.), Student affairs functions in higher education (2nd ed., pp.3-27).Springfield, IL: Thomas,1996.

［23］Chickering, A. Education and identity ［M］. San Francisco:Jossey-Bass,1969.

［24］Chickering, A.,&Reisser,L.Education and identity(2nd ed.) ［M］. San Francisco:

Jossey-Bass,1993.

［25］Coleman, J.S., et.al. Equality of educational opportunity. Washington, DC: US Government Printing Office,1966.

［26］Daniel, M.H. Intelligence testing［J］. American Psychologist, 1997, Vol, 52(10):1038-1045.

［27］David D.Dill & Maarja Soo. Academic Quality, League Tables, and Public Policy: A Cross-national Analysis of University Ranking Systems［J］. Higher Education (2005) 49: 495 - 533。

［28］Denzin, N.K.The research act：A theoretical introduction to sociological methods［M］.Chicago: Aldine, 1970.

［29］Dichev, I. News or Noise? Estimating the Noise in the U.S. News' University Rankings［J］. Research in Higher Education. 2001，42. 237 - 266。

［30］Durel, Robert J.The capstone course: a rite of passage［J］.Teaching sociology, 1993, 21.7:223-225.

［31］Elaine EI-Khawas Accreditation in the USA: Origins, Developments and Future Prospects［EB/OL］. http://unesdoc.unesco.org/images/0012/001292/129295e,pdf2004-10-4，2001.

［32］Erik H. Erikson，Identity and the life cycle［J］.Psychological Issues Monograph, 1959,vol.1, No.1.18-164.

［33］Ernest T. Pascarella.College environmental influences on learning and cognitive development: A critical review and synthesis. In J. Smart (Ed.), Higher education: Handbook of theory and research (Vol.1). New York: Agathon, (1985).

［34］Ernest T.Pascarella & Patrick T.Terenzini. How College Affects Students: Findings and Insights from Twenty Years of Research［M］, San Francisco, CA:Jossey-Bass Publishers,1991.

［35］Ernest T.Pascarella, College Environmental Influences on Learning and Cognitive Development: A Critical Review and Synthesis. In J. C. Smart (ed.), Higher Education: Handbook of Theory and Research. New York: Agathon, 1985.

［36］Evans, N.J., Forney, D.S., Guido, F.M., Patton, L.D., & Renn, K.A.Student

Development in college:Theory, research and practice(2nd Edition,pp.8). John Wiley & Sons,Inc, 2010.

[37] Evans, N.J., Forney, D.S., Guido, F.M., Patton, L.D., & Renn, K.A. Student Development in college:Theory, research and practice(2nd Edition,pp.8). John Wiley & Sons,Inc. 2010.Erikson,E.Identity and the life cycle. Psychological Issues Monograph, 1959,1(1),1–171.

[38] Ewell,P.T. Assessment, accountability, and improvement [EB/OL]. https://www.learningoutcomesassessment.org/documents/PeterEwell_008.pdf.

[39] Feigenbaum, A. V. Quality control: Principles, practice, and administration [M]. New York: McGraw-Hill, 1951.

[40] Feigenbaum, A. V.Total quality control (2nd ed.) [M]. NewYork: McGraw-Hill, 1961.

[41] Feigenbaum, A. V.Total quality control (3rd ed.) [M]. New York: McGraw-Hill, 1983.

[42] Feldman, K., & Newcomb, T. The impact of college on students [M]. San Francisco: Jossey-Bass, 1969.

[43] Ferdiana, R. The triangulation assessment model fo capstone project in software engineering [C].2020 12th international coference on information technology and electrical engineering. NewYork: IEEE, 2020:131–134.

[44] Francoise Delamare le Deist & Joanthan Winterton.What Is Competence? [J] Human Resource Development International, 2005 Vol.8,No.1, 27–46.

[45] Gary Rhoadesi & Barbara Sporn. Quality Assurance in Europe and The U.S.: Professional and Political Economic Framing of Higher Education Police [J].Higher education .2002 43. 355–390.

[46] Gary. R. Pike.Measuring Quality: A comparison of U. S. News Rankings and NSSE Benchmarks [J]. Reseach in Higher Education. 2004, Vol.45(2).193–208。

[47] George D. Kuh, Jillian Kinzie, Jennifer A. Buckley, Brian K. Bridges, John C. Hayek.,Piecing Together the Student Success Puzzle: Research, Propositions, and Recommendations [J]. ASHE Higher Education Report 2007.Vol. 32(5).

[48] George D. Kuh, Jillian Kinzie, Jennifer A. Buckley, Brian K. Bridges, John C. Hayek,Piecing Together the Student Success Puzzle: Research, Propositions, and Recommendations,"[Z].ASHE Higher Education Report, Vol.32, No.5,2007:70.

[49] Hartle T.W.The growing interest in measuring the educational achievement of college students[C].Clifford A. Assessment in American higher education: issues and contexts, Washington, DC: Office of Educational Researchi and Improvement, U.S. Department of Education,1985.

[50] Heath, D. Explorations of maturity: Studies of mature and immature college men[M].New York:Appleton-Century-Crofts,1965.

[51] Higbee,J.L.The application of Chickering's theory of student development to student success in the sixties and beyond[J]. Research and Teaching in Developmental Education, 2002, 18(2),24-26.

[52] Holland, J, Making Vocational Choices: A Theory of Vocational Personalities and Work Environments[M], Englewood Cliffs, NJ: Prentice-Hall,1985.

[53] Hu, S., & McCormick, A.C. An Engagement-Based Student Typology and Its Relationship to College Outcomes[C]. Paper presented at the annual forum of the Association for Institutional Research, Toronto, May,2011.

[54] Ivan Goldberg,Internet Addiction Disorder[EB/OL], http://www-usr.rider.edu/~suler/psycyber/supportgp.html。

[55] James S. Coleman, et.al, Equality of Educational Opportunity[Z]. Washington, DC: US Government Printing Office, 1966.

[56] Jean Piaget & Barbel Inhelder.The Psychology of the Child[M]. New York: Basic Books. 1969.

[57] John C.Weidman,Undergraduate Socialization: A Conceptual Approach, In J.C.Smart(Ed.), Higher Education: Handbook of Theory and Research,vol.5,NewYork,NY:Agathon Press,1989.

[58] Kenneth A. Feldman & Theodore M. Newcomb.The Impact of College on Student[M]. San Francisco: Jossey-Bass,1970.

[59] Kimberly.Young. Internet Addiction:The Emergence of a New Clinical Disorder

[J].Cyber Psychology& Cyber Psychology& Behavior,vol.1,No.3,1998,237-244.

[60] Klein, S., Benjamin, R., Shavelson, R., & Bolus, R. , The Collegiate Learning Assessment: Facts and Fantasies [J].Evaluation Review,2007, 31: 415-439

[61] Kuh, G. Director's Message in: Engaged Learning: Fostering Success for All Students.Bloomington, Indiana: National Survey of Student Engagement.2006.

[62] Kuh, G. D. The National Survey of Student Engagement: Conceptual and empirical foundations. In R. M. Gonyea & G. D. Kuh (Eds.), Using NSSE in institutional research. New Directions for Institutional Research, 2009(141), 5 - 20.

[63] Kuh, G.D. Kinzie, J. , Buckley, J. A. , Bridges, B. K. ,and Hayek, J. C.What Matters to Student Success: A Review of Literature [Z], National Postsecondary Education Cooperative (NPEC) Commissioned Paper,2006:31.

[64] Laura Widyanto, Mark D. Griffiths, and Vivienne Brunsden,A Psychometric Comparison of the Internet Addiction Test, the Internet-Related Problem Scale, and Self-Diagnosis [J].Cyber psychology, Behavior, and Social Networking,2011,vol.14,No.3, 141-149.

[65] Lee Harvey & Diana .Green.Defining quality. Assessment & Evaluation in Higher Education [J].1993,Vol. 18, Issue 1, pp9-26.

[66] Lickona, T. Eleven Principles of Effective Character Education [J]. Journal of Moral Education, 1996,25(1):93.

[67] Lindzey, G. On the Clsssification of Projective Techniques [J].Psychological Bulletin,1959 (56): 158-168.

[68] Liu, O. L. Measuring Learning Outcomes in Higher Education Using the Measure of Academic Proficiency and Progress (MAPP) [EB/OL]. ETS. 2008.http://www.ets.org/Media/Research/pdf/RD_Connections10.pdf

[69] Liu, O.L. Value-added assessment in higher education: A comparison of two methods. Paper presented at the 2010 Annual Conference of the American Educational Research Association, Denver.May,2010.

[70] Mayer, J. D. & Cobb, C. D. Educational Policy on Emotional Intelligence: Does It Make Sense? [J]. Educational Psychology Review, 2000, (2).

[71] Mcdonough.P. M., Antonio, A. L. Walpole, M.B., & Perz, L.X. College Rankings: Democratized Knowledge for Whom?[J].Research in Higher Education.1998,39. 513–538.

[72] Morante, E. A., & Ulyske, A. Assessment of Reasoning Abilities [EB/OL]. 1984. http://www.ascd.org/ASCD/pdf/journals/ed_lead/el_198409_morante.pdf.

[73] Nada Dabbaghand Anastasia Kitsantas, "Personal Learning Environments, Social Media, and Self-regulated Learning: A Natural Formula for Connecting Formal and Informal Learning," [J].Internet and Higher Education, No.15, 3–8.

[74] National Survey of Student Engagement. NSSE 2000: National benchmarks of effective educational practice. Bloomington, IN: Indiana Postsecondary Research and Planning 2000.

[75] Nordvall, Robert C. & Braxton, John M. An Alternative Definition of Quality of Undergraduate College Education: Toward Usable Knowledge for Improvement. [J] The Journal of Higher Education. 1996,67(5).481–197。

[76] Nuss, E.M.The development of student affairs. In S.K.Komives, D.B.Woodard, Jr., & Associates, Student services: A handbook for the profession(4th ed., pp.65–88) [M]. San Francisco: Jossey-Bass.2003.

[77] OECD.The Definition and Selection of Key Competencies Executive Summary. [EB/OL]. 2005 http://www.oecd.org/pisa/35.

[78] Ou Lydia Liu, Brent Bridgeman, & Rachel M. Adler.Measuring Learning Outcomes in Higher Education:Motivation Matters [J]. Educational Researcher, 2012,Vol. 41, No. 9, pp. 352 – 362.

[79] Pace, C.R. Measuring the quality of college student experience: An account of the development and use of the College Student Experiences Questionnaire. Los Angeles: University of California, Higher Education Research Institute.1984.

[80] Palomba, C.A., & Banta, T.W. Assessment essentials: Planning, implementing and improving assessment in higher education [M]. San Francisco: Jossey-Bass.1999.

[81] Pascarella, E. T. Identifying Excellence in Undergraduate Education: Are We Even Close? [J] Change. 2001,33(3).18–23。

[82] Provezeis, S.J. Regional accreditation and learning outcomes assessment:

mapping the territory [D]. Urbana-Champaign: University of Illinois at Urbana-Champaign, 2010:18-78.

[83] Richard J. Shavelson.Assessing Learning Responsibly: From History to an Audacious Proposal[J].Change.2007,1.26-33.

[84] Rick D. Axelson and Arend Flick, Defining Student Engagement [J].Change, January/February, 2011,1,38-43.

[85] Robert Kraut,Michael Patterson,Vicki Lundmark,SaraKiesler,Tridas Mukopadhyay &William Scherlis. Internet Paradox: A Social Technology that Reduces Social Involvement and Psychological Well-being? [J]American Psychologist, 1998,Vol.53,No.9,1017-1031.

[86] Robert, H. E. Critical thinking Assessment [EB/OL]. 2001. http://www3.qcc.cuny.edu/WikiFiles/file/Ennis%20Critical%20Thinking%20Assessment.pdf.

[87] Roksa, J., & Arum, R. The state of undergraduate learning [J]. Change, 2011,43(2), 35-38.

[88] Ronald Barnett.Improving higher education: total quality care [M]. SRHE & Open University Press.1992.

[89] Shavelson R J. Assessing Student Learning Responsibly: From History to an Audacious Proposal[J]. Change, 2007(1):26-33.

[90] Shewhart, W. A. Economic control of quality of manufactured product [M]. New York: Van Nostrand,1931.

[91] Steedle, J., Kugelmass, H., & Nemeth, A. What do they measure? Comparing Three Learning Outcomes Assessments [J]. Change: (2010), 42 (4): 33-37.

[92] Talcott Parsons & Gerald M. Platt, The American University [M]. Cambridge, MA: Harvard University Press,1971.

[93] The Study Group on the Conditions of Excellence in American Higher Education . Involvement in Learning :Realizing the Potential of American Higher Education [M]. Washington, D.C: National Institute of Education,1984.

[94] Thorstein Veblen. Higher Learning in America [M]. Transaction Publishers, New Brunswick, New Jersey,1984.

[95] Tiffany A. Pempek, Yevdokiya A. Yermolayeva and Sandra L. Calvert.College Students' Social Networking Experience on Facebook [J].Journal of Applied Developmental Psychology,2009,No.30,227–238.

[96] Tinto, V. Dropout from higher education: A theoretical synthesis of recent research [J]. Review of Educational Research, 1975,45,89–125.

[97] Trudy W. Banta and Associates. Building a Scholarship of Assessment [M]. Jossey-Bass A Wiley Company.2002.

[98] Trudy W. Banta.Reliving the History of Large-Scale Assessment in Higher Education [J]. Assessment Update. 2006,Vol 18, No.4: 3–4。

[99] Upcraft,M.L., & Moore, L.V. Evolving theoretical perspectives of studendent development. In M.J.Barr, M.L.Upcraft, & Associates, New futures for student affair: Building a version for professional leadership and practice(pp.41–68).San Francisco: Jossey-Bass 1990.

[100] Valentine, J.J. & Taub, D.J.Responding to the development needs of student athletes [J]. Journal of College Counseling, 1999,2.164–179.

[101] Vincent Tinto, Dropout From Higher Education: A Theoretical Synthesis of Recent Research[J]. Review of Educational Research,1975,No.45,89–125.

[102] Vincent Tinto, Leaving College: Rethinking the Causes and Cures of Student Attrition [M], Chicago: University of Chicago Press,1987.

[103] White,D.B., & Hood, A.B.An assessment of the validity of Chickering's theory of student development [J]. Journal of College Student Development, 1989,34, 289–294.

[104] William J. Bennett. The Book of Virtues for Young People: A Treasury of Great Moral Stories [M]. New York: Simon & Schuster Books for Young Readers, 1997.

[105] Winston, R.B.Jr. The student developmental task and lifestyle inventory: an approaching to measuring students' psychosocial development [J]. Journal of College Student Development,1990,31,108–120.

[106] Young, J. W. Validity of the Measure of Academic Proficiency and Progress (MAPP) [EB/OL]. 2007. http://www.ets.org/s/mapp/pdf/5018.pdf